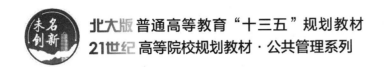

北大版 普通高等教育"十三五"规划教材
21世纪 高等院校规划教材·公共管理系列

建设用地管理理论与实务

李凌　孙广云　主编

北京大学出版社
PEKING UNIVERSITY PRESS

图书在版编目(CIP)数据

建设用地管理理论与实务/李凌,孙广云主编.—北京:北京大学出版社,2020.10
21世纪高等院校规划教材·公共管理系列
ISBN 978-7-301-30294-1

Ⅰ.①建… Ⅱ.①李…②孙… Ⅲ.①城乡建设—土地管理—中国—高等学校—教材 Ⅳ.①F299.232

中国版本图书馆CIP数据核字(2019)第033187号

书　　　名	建设用地管理理论与实务 JIANSHE YONGDI GUANLI LILUN YU SHIWU
著作责任者	李　凌　孙广云　主　编
责任编辑	成　淼
标准书号	ISBN 978-7-301-30294-1
出版发行	北京大学出版社
地　　　址	北京市海淀区成府路205号　100871
网　　　址	http://www.pup.cn　　新浪微博:@北京大学出版社
电子信箱	zyjy@pup.cn
电　　　话	邮购部 010-62752015　发行部 010-62750672　编辑部 010-62704142
印刷者	北京市科星印刷有限责任公司
经销者	新华书店
	787毫米×1092毫米　16开本　18印张　405千字 2020年10月第1版　2020年10月第1次印刷
定　　　价	48.00元

未经许可,不得以任何方式复制或抄袭本书之部分或全部内容。
版权所有,侵权必究
举报电话:010-62752024　电子信箱:fd@pup.pku.edu.cn
图书如有印装质量问题,请与出版部联系,电话:010-62756370

《建设用地管理理论与实务》

编写人员

主　编　李　凌　孙广云

编　委　(按姓氏笔画排序)

　　　　王春艳　王晓玲　孙广云　孙承运

　　　　李　凌　张子雪　程晋南　董晓辉

《毛泽东选集》第四卷

毛泽东

前　言

　　建设用地管理工作是土地管理工作的重要组成部分，是实施土地用途管制制度、合理进行土地资源和土地资产利用、依法保障城乡各项建设用地、严格控制不合理占地的关键措施，也是合理配置土地资源、调控建设用地规模和土地市场的有力手段。严格控制建设用地总规模、减少建设占用耕地、切实保护耕地，有利于促进国民经济持续、稳定、协调发展。随着社会经济建设的不断加快，土地调控中出现了一些新动向、新问题，建设用地总量增长过快，低成本工业用地过度扩张，违法违规用地、滥占耕地现象屡禁不止，严格管理建设用地任务仍然十分艰巨。近年来，国务院及国土资源管理部门在建设用地宏观调控、建设用地审批、土地征收、建设用地有偿供应、建设用地节约集约利用等方面出台了一系列规章制度来规范国有和集体建设用地的管理，并对农村土地制度改革进行了试点和探索，尤其是党的十八届三中全会对农村土地制度改革明确了方向和任务。2015年1月，中共中央办公厅和国务院办公厅联合印发了《关于农村土地征收、集体经营性建设用地入市、宅基地制度改革试点工作的意见》，标志着我国农村土地制度改革进入试点阶段。2015年中央一号文件《关于加大改革创新力度加快农业现代化建设的若干意见》提出了全面深化农村土地改革的7项任务，其中包括稳步推进农村土地制度改革试点。文件指出："在确保土地公有制性质不改变、耕地红线不突破、农民利益不受损的前提下，按照中央统一部署，审慎稳妥推进农村土地制度改革。分类实施农村土地征收、集体经营性建设用地入市、宅基地制度改革试点。"因此，农村集体建设用地管理也面临新形势、新要求。

　　建设用地管理是土地管理实际工作的重要内容，是高等院校土地资源管理专业及相关专业的主干专业课。新的形势对土地管理工作者及土地资源管理专业教育提出了新的要求。为适应我国建设用地管理工作的新形势，山东农业工程学院相关专业的老师广泛参阅了建设用地管理方面的论著及相关法律法规和热点研究成果，并结合建设用地管理工作实践编写了本书。

　　本书以建设用地管理工作中的"批（用地审批）、转（农用地转用、土地征收）、供（用地供应）、用（节约集约利用）、管（全程管理）"为主线组织章节内容，重点研究建设用地管理工作全过程的主要工作任务及管理方法。本书共分9章，各章节编写分工如下：第一、三、四、九章由李凌编写；第二章由孙广云编写；第五章由王晓玲编写；第六章由董晓辉编写；第七章由程晋南、张子雪编写；第八章由王春艳、孙承运编写。本书强化练习题与实践操作由李凌编写，全书由李凌统稿。

　　本书在介绍建设用地管理基本理论知识的基础上，结合建设用地管理实践要求，阐述了建设用地管理工作的具体内容和方法，并对建设用地管理工作中的热点问题进行探讨，同时辅以案例分析和实务操作，并配有强化练习题。本书可供高等院校土地资源管理专业及相关专业的学生使用，也可作为自然资源管理部门和其他相关部门工作人员的工作参考及业务培训资料使用，还可以作为全国土地、房地产方面的执业资格证书考试的参考用书。

　　本书在编写过程中，参考和借鉴了大量的相关教材、论著和网络资料，由于篇幅所限，不一一列出，在此向相关的编著者表示衷心的感谢！本书编写过程中，编者得到了山东省普通本科高校应用型人才培养专业发展支持计划项目的资助，同时还得到了山东农业工程学院的大力支持，以及山东省不动产登记代理与土地估价行业协会潘光明会长的指导和帮助，在此一并表示感谢！

　　由于编者水平有限，加之编写时间仓促，不当之处在所难免，恳请广大读者批评指正。

编　者

2020 年 2 月

目　　录

第一章　建设用地管理概述 ··· 1
第一节　建设用地概述 ··· 2
第二节　建设用地管理 ··· 10

第二章　建设用地的宏观调控 ··· 17
第一节　建设用地宏观调控概述 ·· 17
第二节　建设用地的计划管理 ·· 21
第三节　国有建设用地供应计划管理 ··· 33
第四节　建设项目用地定额指标管理 ··· 38

第三章　建设用地审查报批管理 ··· 47
第一节　建设用地审查报批管理概述 ··· 47
第二节　单独选址的建设项目用地审查报批 ··· 48
第三节　城市分批次建设用地审查报批 ·· 54
第四节　建设项目用地预审 ·· 60
第五节　建设用地全程动态监管 ·· 63

第四章　农用地转用、土地征收管理 ··· 72
第一节　土地用途管制制度 ·· 72
第二节　农用地转用管理 ·· 80
第三节　土地征收管理概述 ·· 84
第四节　土地征收的补偿和安置 ·· 91
第五节　农用地转用、土地征收审查报批管理 ······································ 98
第六节　新增建设用地土地有偿使用费管理 ·· 103

第五章　国有建设用地管理概述 ··· 112
第一节　国有建设用地概述 ·· 112
第二节　国有建设用地供应管理 ·· 114
第三节　国有建设用地使用权收回管理 ·· 119

第六章　国有建设用地使用权出让管理 ················ 129
第一节　国有建设用地使用权出让管理概述 ············ 129
第二节　协议出让国有建设用地使用权管理 ············ 134
第三节　招标拍卖挂牌出让国有建设用地使用权管理 ···· 140
第四节　国有建设用地使用权出让合同管理 ············ 150

第七章　国有建设用地使用权转让、出租、抵押管理 ···· 160
第一节　国有建设用地使用权转让管理 ················ 160
第二节　国有建设用地使用权出租管理 ················ 164
第三节　国有建设用地使用权抵押管理 ················ 167
第四节　划拨国有建设用地使用权的转让、出租、抵押管理 ··· 171

第八章　农村集体建设用地管理 ······················ 176
第一节　农村集体建设用地管理概述 ·················· 176
第二节　乡镇企业、乡（镇）村公共设施和公益事业建设用地管理 ··· 181
第三节　农村宅基地管理 ···························· 183
第四节　农村集体经营性建设用地流转管理 ············ 189

第九章　城乡建设用地节约集约用地管理 ·············· 195
第一节　城乡建设用地节约集约用地概述 ·············· 195
第二节　建设项目节地评价管理 ······················ 208

附录 ·· 216
附录一　建设项目用地预审与选址申请表（格式） ······ 216
附录二　建设项目用地预审与选址意见书（格式） ······ 218
附录三　建设用地申请表（格式） ···················· 219
附录四　建设用地项目呈报材料"一书四方案"（格式） ··· 220
附录五　国有建设用地划拨决定书（格式） ············ 229
附录六　建设用地规划许可证（格式） ················ 234
附录七　征地补偿安置方案（格式） ·················· 235
附录八　＿＿＿市（县）人民政府征收土地方案公告（格式） ··· 237
附录九　＿＿＿市（县）自然资源局征地补偿安置方案公告（格式） ··· 239
附录十　国有建设用地使用权出让意向书（格式） ······ 240
附录十一　国有建设用地使用权招标拍卖挂牌出让方案（格式） ··· 242
附录十二　招标拍卖挂牌出让国有建设用地使用权示范文本 ···· 246
附录十三　国有建设用地使用权出让合同（格式） ······ 260
附录十四　国有土地使用权转让合同（格式） ·········· 267

附录十五　国有土地使用权租赁合同（格式） ········· 269

附录十六　国有土地使用权抵押合同（格式） ········· 273

附录十七　农村村民宅基地申请审批表 ············ 275

参考文献 ································· 277

第一章　建设用地管理概述

人口多、耕地少、耕地后备资源不足，是我国的土地基本国情。我们进行社会主义现代化建设必须从这个基本国情出发，千万不能忘记这一点。但是，由于各种历史和现实的原因，目前，仍有一些人对这一基本国情，以及对珍惜和合理利用土地的必要性、紧迫性没有深刻的认识，甚至有些盲目乐观。他们认为搞建设就要占用耕地，在这种思想指导下，滥占耕地、违法批地、浪费土地现象仍大量存在。1986—1996 年，各项建设占用、农业结构调整及灾毁等，共减少耕地 10 266 万亩，而同期开发复垦的耕地仅 7 368 万亩。增减相抵，10 年间耕地净减少 2 898 万亩。巨额"赤字"，令人触目惊心。随着我国经济的持续快速发展，在当前和今后相当长的时期内，社会对土地的需求将越来越多，全社会用地的需求与供应的矛盾将会更加突出。进入 21 世纪以来，人增地减矛盾不断加剧，社会经济快速发展，用地需求仍大幅度增加。根据自然资源部统计，1996 年我国耕地总量是 19.51 亿亩，2002 年减少到 18.89 亿亩，净减少 6 164 万亩，年均减少 1 027 万亩。而同期人口增加了 6 000 多万人，平均每年增加 1 000 多万人。耕地还面临总体质量恶化、土壤退化、自然灾害等压力，仅水土流失一项，半个世纪以来，毁掉耕地 4 000 多万亩，年均 100 万亩耕地丧失其利用价值（水利部统计）。还有不少基本农田因调整产业结构而被挖鱼塘、种果树。尽管我国自 1999 年实施了土地用途管制制度，严格控制建设用地规模，实行耕地占补平衡，保护耕地，但耕地与吃饭之间的矛盾依然尖锐。据《2017 中国土地矿产海洋资源统计公报》发布的数据，2016 年年末，耕地 13 492.10 万公顷（20.24 亿亩），全国因建设占用、灾毁、生态退耕、农业结构调整等减少耕地面积 34.50 万（亩），通过土地整治、农业结构调整等增加耕地面积 26.81 万（亩），年内净减少耕地面积 7.69 万（亩）。而 2016 年年末全国总人口 13.83 亿人，人均耕地约 0.098 公顷（1.47 亩），远低于世界平均水平，处于世界中下水平。吃饭问题已是刻不容缓的大问题。

耕地的锐减，人口的剧增，生态条件的恶化；"一要吃饭，二要建设，三保生态"；土地在呼唤，耕地在告急。这些是我们面临的严峻的现实问题。因此，控制建设占用土地，特别是建设占用耕地，具有极其重要的意义。

建设用地管理是土地管理工作的重要组成部分，是实施土地用途管制制度、合理进行土地资源和土地资产利用、依法保障城乡各项建设用地、严格控制不合理占地的关键措施，也是合理配置土地资源、调控基本建设规模和土地市场的有力手段。加强建设用地管理，有利于贯彻"十分珍惜和合理利用每寸土地，切实保护耕地"的基本国策，有利于促进国民经济持续、稳定、协调发展。

第一节　建设用地概述

一、建设用地的概念

正确理解建设用地的概念、明确建设用地的类型及范围，对加强土地资源管理、依法实行土地用途管制制度有着十分重要的意义。

建设用地通常是指通过工程措施和资源开发，为人类的生产、生活等方面和物质建设所提供的土地。它利用的是土地的承载力、操作场地和建筑空间及其地下资源，它是把土地作为生产基地、生活场所，而不是以取得生物产品为主要目的的用地。

在 1998 年 8 月 29 日《中华人民共和国土地管理法》（以下简称《土地管理法》）修订之前，《土地管理法》中未对建设用地做出明确界定，但在 1984 年，我国颁布的《土地利用现状调查技术规程》中制定了《土地利用现状分类及其含义》，采用两级分类，其中一级类分为八大类，即耕地、园地、林地、牧草地、居民点及工矿用地、交通用地、水域和未利用土地，一般将居民点及工矿用地和交通用地作为建设用地。

1998 年 8 月 29 日第九届全国人民代表大会常务委员会第四次会议对《土地管理法》进行了全面修订。修订后的《土地管理法》根据建立土地用途管制制度的要求，将土地划分为三类，即农用地、建设用地和未利用土地，并明确界定了各类土地的具体含义。农用地是指直接用于农业生产的土地，包括耕地、林地、草地、农田水利用地、养殖水面等；建设用地是指建造建筑物、构筑物的土地，包括城乡住宅和公共设施用地、工矿用地、交通水利设施用地、旅游用地、军事设施用地等；未利用土地是指农用地和建设用地以外的土地。

为了满足土地用途管制的需要，科学实施全国土地和城乡地政统一管理，扩大调查成果的应用，在研究、分析《土地利用现状分类及其含义》和《城镇土地分类及其含义》两个土地分类基础上，自然资源部制定了城乡统一的全国《土地分类》。2002 年 1 月 1 日起，在全国范围试行全国《土地分类（试行）》。《土地分类（试行）》采用三级分类。其中，一级分为农用地、建设用地和未利用土地 3 类。二级分为耕地、园地、林地、牧草地、其他农用地、商服用地、工矿仓储用地、公用设施用地、公共建筑用地、住宅用地、交通运输用地、水利设施用地、特殊用地、未利用土地和其他土地 15 类。三级分为 71 类。建设用地包括商服用地、工矿仓储用地、公用设施用地、公共建筑用地、住宅用地、交通运输用地、水利设施用地及特殊用地。

2007 年 8 月 10 日，中华人民共和国质量监督检验检疫总局和中国国家标准化管理委员会联合发布《土地利用现状分类》，标志着我国土地资源分类第一次拥有了全国统一的国家标准。《土地利用现状分类》国家标准采用一级、二级两个层次的分类体系，共分 12 个一级类、57 个二级类。建设用地包括一级地类中的商服用地、工矿仓储用地、住宅用地、公共管理与公共服务用地、特殊用地、交通运输用地、水域及水利设施用地中的水库水面与水工建筑物用地、其他土地中的空闲地。

2017年11月1日，由自然资源部组织修订的国家标准《土地利用现状分类》（GB/T 21010—2017），经国家质检总局、国家标准化管理委员会批准发布并实施。新版标准规定了土地利用的类型、含义，将土地利用类型分为耕地、园地、林地、草地、商服用地、工矿仓储用地、住宅用地、公共管理与公共服务用地、特殊用地、交通运输用地、水域及水利设施用地、其他用地等12个一级类、72个二级类。建设用地包括一级地类中的商服用地、工矿仓储用地、住宅用地、公共管理与公共服务用地、特殊用地、交通运输用地（不包括农村道路）、水域及水利设施用地中的水工建筑用地、其他土地中的空闲地，如表1-1所示。

表1-1 土地利用现状分类与《土地管理法》"三级分类"对照表

三级分类	土地利用现状分类	
	类型编码	类型名称
农用地	0101	水田
	0102	水浇地
	0103	旱地
	0201	果园
	0202	茶园
	0203	橡胶园
	0204	其他园地
	0301	乔木林地
	0302	竹林地
	0303	红树林地
	0304	森林沼泽
	0305	灌木林地
	0306	灌丛沼泽
	0307	其他林地
	0401	天然牧草地
	0402	沼泽草地
	0403	人工牧草地
	1006	农村道路
	1103	水库水面
	1104	坑塘水面
	1107	沟渠
	1202	设施农用地
	1203	田坎

(续表)

三级分类	土地利用现状分类	
	类型编码	类型名称
建设用地	0501	零售商业地
	0502	批发市场用地
	0503	餐饮用地
	0504	旅馆用地
	0505	商务金融用地
	0506	娱乐用地
	0507	其他商服用地
	0601	工业用地
	0602	采矿用地
	0603	盐田
	0604	仓储用地
	0701	城镇住宅用地
	0702	农村宅基地
	0801	机关团体用地
	0802	新闻出版用地
	0803	教育用地
	0804	科研用地
	0805	医疗卫生用地
	0806	社会福利用地
	0807	文化设施用地
	0808	体育用地
	0809	公用设施用地
	0810	公园与绿地
	0901	军事设施用地
	0902	使领馆用地
	0903	监教场所用地
	0904	宗教用地
	0905	殡葬用地
	0906	风景名胜设施用地
	1001	铁路用地
	1002	轨道交通用地
	1003	公路用地
	1004	城镇村道路用地
	1005	交通服务场站用地
	1007	机场用地
	1008	港口码头用地
	1009	管道运输用地
	1109	水工建筑用地
	1201	空闲地

(续表)

三级分类	土地利用现状分类	
	类型编码	类型名称
未利用土地	0404	其他草地
	1101	河流水面
	1102	湖泊水面
	1105	沿海滩涂
	1106	内陆滩涂
	1108	沼泽地
	1110	冰川及永久积雪
	1204	盐碱地
	1205	沙地
	1206	裸土地
	1207	裸岩石砾地

二、建设用地的特性

正确认识建设用地的特性对于搞好建设用地管理工作具有十分重要的意义。建设用地除了具备土地的一般特性外，还表现出下列特性。

1. 建设用地的扩展性

土地是自然的产物，其面积是有限的，尤其是耕地面积的有限性更是人们所熟知的。随着各项经济建设的不断加快，建设用地在不断地延伸、扩大，并占用了大量的耕地。1986—1995 年，全国非农建设占用耕地为 2 963 万亩，并且建设占用的大多是城镇周围和交通沿线的质量高、长期投入积累多的粮田，这对粮食安全问题造成了巨大的威胁。尽管为了保护耕地，国家实行了农用地转用审批，占用耕地补偿制度，严格控制建设用地规模，但建设用地规模仍然在增大，2017 年我国建设用地数量达到 3 957.41 万公顷。由于建设用地的扩展性极强，因此在进行建设用地管理时就要求我们必须确定建设用地的合理规模，严格控制农用地转为建设用地，合理依法用地，保护耕地，做到"一要吃饭、二要建设"。因此，《土地管理法》第四条规定："国家实行土地用途管制制度。……严格限制农用地转为建设用地，控制建设用地总量，对耕地实行特殊保护。……使用土地的单位和个人必须严格按照土地利用总体规划确定的用途使用土地。"《土地管理法》第三十七条规定："非农业建设必须节约使用土地，可以利用荒地的，不得占用耕地；可以利用劣地的，不得占用好地。"《土地管理法》第四十四条规定："建设占用土地，涉及农用地转为建设用地的，应当办理农用地转用审批手续。"

2. 建设用地的非生态利用性

建设用地从利用方式上看是利用土地的非生态功能，即土地的承载功能建造建筑物和构筑物，同时为人们提供生活活动的场所和操作空间，以及堆放场地，而不是直接利用土壤，通过吸收水、气、热和土壤养分形成生物量，因此在选择建设用地时，主要考虑土地的非生态因素，而影响土地肥力的生态因素等对建设用地则没有多大关系。建设用地的这一特点要求我们在选择用地时应当尽量把水肥土条件好、产量高的土地优先留给农业使用，而将水肥土条件相对较差但承载功能符合要求的土地作为建设用地，使土地能发挥更大的效益、利用更为合理。

3. 建设用地的可逆性差

一般来说，农用地变为建设用地较为容易，只要地质条件符合工程建设的要求，加以必要的开发和配套建设就可以转变；但是要使建设用地变为农用地，却较为困难。拆除地上的建筑物、构筑物要耗费大量人力、物力，恢复种植条件还需要一定的时间，复垦的成本将会相当高。建设用地的这个特点要求我们在农用地转为建设用地时，一定要慎重考虑，严格农用地转用审批，不要轻易将农用地转为建设用地，因为一旦使用不当就难以恢复。另外，建设用地在利用时也应选择最佳用途，建设用地一旦做了某种用途时，再转变成另外一种用途也很困难。

4. 建设用地的土地利用价值高

农用地或未利用土地变为建设用地后，可以产生更高的经济效益。也就是说，可以引起地价的上涨，有时上涨的幅度可以达到几十倍甚至几十倍、几百倍，因此，人们在经济利益的驱动下，热衷于将农用地开发为建设用地，这就形成了"开发区热"和大量闲置土地。为了限制农用地转为建设用地，我国总结了土地管理的经验和教训，又借鉴了国外管理土地的先进经验，采用了农用地转用审批措施作为国家控制建设用地增长、保护农用地尤其是耕地的手段。

5. 建设用地的区域选择性强

与农用地不一样，建设用地在地域上选择性很强，不是任何一块土地都可以作为建设用地的。一般来说，除了地质条件外，还有地理位置、交通条件、水源条件、矿产资源的分布等因素都决定着土地能否转变为建设用地。因此，在建设用地的选择中，位置起着重要的作用。各种矿产主要由位置决定，道路主要考虑位置，城市发展也是依据其合理的区位，有污染的企业更要选择合适的位置。需要指出的是，位置是一个相对的概念，它的相对性表现在两个方面：一方面是对一种用地是好位置的土地，对于另一种用地则可能是不好的位置；另一方面是位置可以通过周围环境的改变而改变，经济活动对于位置本身的影响也是巨大的。例如，交通的改善可能将一块位置不好的土地变成位置较好的土地。建设用地的这一特性要求我们在安排建设用地时应合理选择其区位，充分发挥土地资源的利用效率。

6. 建设用地的空间利用性

建设用地与农用地在土地利用的相互关系上，有着显著的、本质的区别。一般来说，农用地只能是平面和单层的利用，不存在多层化、高层化进行种植的可能性；而建设用地可以充分利用地上和地下空间，不仅可以平面利用，同时还可以多层、高层或超高层利用。因此，在利用建设用地时应充分利用地上和地下空间，提高建筑容积率，节约集约用地。

7. 建设用地的再生性

对于建设用地而言，利用的是土地的承载力。在自然的土地上，人类可以通过工程手段营造各种建（构）筑物等工程实体，当这些工程实体年代已久不能为人类积极利用时，人类也可以通过工程的手段在这块土地上进行重复的开发、利用，提高土地利用效率。所以在地上建筑物、构筑物的存在影响地块价值的发挥时，人们应进行建设用地的再开发，如旧城、旧村改造就是利用了建设用地的再生性。

三、建设用地的分类

建设用地的分类，因目的不同而有不同的分类方法。体现不同分类统计目的的，常称为分类标志，即以什么为主要划分类型的根据。不同的分类标志可将建设用地分为不同的类型。

1. 按建设用地的利用性质分类

建设用地按其利用性质可以分为农业建设用地和非农业建设用地两大类。

农业建设用地是指农村集体经济组织和个人修建的直接用于农业生产需要或规定用于农业生产配套的工程需要的、长期的、固定的工程设施用地。农业建设用地主要包括农村用于农业生产服务的各种运输道路、农田水利建设工程用地、相对永久性的晒坪等设施用地，而一些大型的水利设施工程用地、公路建设用地则不属于此列。

非农业建设用地是指用于农业生产和建设之外的一切工程建设及其他经济设施所需占用的土地，如城镇建设用地、乡镇企业用地、农村居民建房用地、铁路、公路、机场、码头，以及矿区、废石场和垃圾场等建设所需使用的土地。

2. 按建设用地的权属关系分类

建设用地按其权属关系可以分为国家建设用地和乡（镇）村建设用地两大类。

国家建设用地是指国家进行各项经济、文化、国防建设及兴办各项社会公共事业所需要的建设项目用地，即国家机关、部队、团体、学校及企事业单位（包括国营农场）等一切建设工程需要占用的土地。国家建设用地包括城市市区的土地，铁路、公路、机场、国有企业、港口码头等国家所有土地中的建设用地。

乡（镇）村建设用地是指农村集体经济组织利用集体所有土地，由乡（镇）村集体投资建设的建设项目用地。乡（镇）村建设用地包括农民宅基地、乡（镇）村公共设施、公益事业、乡（镇）村办企业使用农民集体所有土地中的建设用地部分。

3. 按建设项目规模分类

建设项目规模一般是指生产规模或总投资额的大小。建设用地按建设项目生产规模或总投资额的大小分为大型项目建设用地、中型项目建设用地和小型项目建设用地。

明确了建设项目的规模，就可以正确确定项目计划任务书的批准权限，就可以依据建设项目规模的大小来选用相应的用地定额指标。

4. 按建设用地的用途分类

建设用地按其用途可以分为工业建设用地、民用建设用地和军事建设用地三大类。

工业建设用地是指用于进行工业项目或为其配套的其他工程设施建设所需使用的土地。工业是一种对自然资源进行开采，对开采物和农产品进行加工，以及对其他物件进行加工、再加工的物质生产部门。工业建设用地按其对象又可分为采掘工业建设用地、加工工业建设用地和仓储用地三类；工业建设用地按其特点还可分为重工业建设用地和轻工业建设用地两类。运输业虽不生产有形产品，但仍属于物质生产领域，马克思把运输业称为除采掘工业、农业和加工工业以外的第4个物质生产部门。现代运输业主要包括铁路运输、公路运输、水上运输、航空运输和管道运输等，它们在社会生产、流通分配过程中起着重要的作用。所以，运输业建设用地是一种特殊工业建设用地。

民用建设用地是指用于解决城乡人民物质生活需要及其配套设施建设所需使用的土地。例如，城乡居住区用地、文教区用地、公共设施及道路设施用地等，它们都属于民用建设用地的范畴。

军事建设用地是指用于根据国防和战备要求进行各项军事工程建设所需使用的土地。例如，指挥中心、导弹基地、演习靶场、前沿工事及其他设施等用地。

5. 按建设项目使用的期限分类

按建设项目使用的期限可以分为永久性建设用地和临时性建设用地。

永久性建设用地是指建设用地一经使用后就不能再恢复原来状态，丧失了耕种能力的土地。

临时性建设用地是指在实施建设过程中需要临时性使用的土地，如进场施工道路、材料堆场、工棚等。

6. 按建设用地的状况分类

按建设用地的状况可以分为新增建设用地和存量建设用地。

新增建设用地是指新近某一时点以后由其他非建设用地转变而来的建设用地。

存量建设用地是指新近某一时点以前已有的建设用地。

四、建设用地使用权的取得方式

建设用地使用权是指利用土地营造建筑物、构筑物和其他设施的权利。我国土地的社会主义公有制有全民所有制和劳动群众集体所有制两种形式。根据所有权和使用权相分离的原则，建设用地使用权分为国有建设用地使用权和集体建设用地使用权。国有建设用地使用权是指建设用地使用权人依法对国家所有的土地享有占有、使用和收益的权利。集体建设用地使用权是指建设用地使用权人依法对集体建设用地享有占有、使用和收益的权利。城乡各类建设项目主要采取下列方式取得建设用地使用权。

1. 征收集体土地

征收集体土地是指国家根据经济、文化、国防建设及兴办公益事业的需要，以补偿为条件，依照法律规定，将集体所有土地转为国家所有土地的过程。它作为一项国家措施，具有一定的强制性，但用地单位必须依照法律规定，对土地及其附着物给予合理补偿，并对征地造成的剩余劳动力做出妥善安置。经过依法批准征收的土地，其所有权即由集体所有转变为国家所有，再依法划拨或出让给建设单位使用，用地单位只有使用权。

2. 国有建设用地使用权划拨

国有建设用地使用权划拨是指经县级以上人民政府依法批准后，在土地使用者依法缴纳了土地补偿费、安置补偿费及其他费用后，国家将土地交付给土地使用者使用，或者国家将土地使用权无偿交付给土地使用者使用的行为。

3. 国有建设用地使用权出让

国有建设用地使用权出让是指国家以土地所有者的身份将土地使用权在一定年限内让与土地使用者，并由土地使用者向国家支付土地使用权出让金的行为。通过出让方式取得土地使用权的用地者，对土地使用权有转让、出租、抵押的权利。土地使用期限届满应退还土地所有者，需要延期的则按规定办理续期手续。

4. 国有建设用地使用权租赁

国有建设用地使用权租赁是指国家将一定时期内的土地使用权让与土地使用者使用，由土地使用者定期向国家缴纳租金的行为。这种方式解决了国有土地使用权出让中用地单位一次性支付出让金的困难；对于中小投资者和不需要长时期使用土地的土地使用者更具有灵活性。同时，对现有划拨土地使用权逐步纳入有偿使用轨道也是一种很好的办法。

5. 国有建设用地使用权作价出资（入股）

国有建设用地使用权作价出资（入股）是指将一定时期的国有土地使用权出让金作价，作为国家的投资或股份投入到企业的运营中。这种方式在国有企业改制中采用较多，有利于促进国有企业改制中土地资产的处置，加快企业改制的步伐。但企业新增建设用地一般不能采用这种方式。

6. 国有建设用地使用权转让

国有建设用地使用权转让是指土地使用者将土地使用权再转移的行为，是土地使用者之间国有土地使用权的转移，包括出售、交换、赠予及其他转移国有土地使用权的行为。

7. 集体土地使用权的转移

集体土地使用权的转移是指因村镇建设而使用农村集体经济组织内部的土地，但不改变土地所有权性质的用地方式。其中，乡（镇）办企业使用村民集体土地或乡

（镇）公共设施、公益事业，需要使用集体所有土地的，均须参照国家建设征收土地办理，并按照省、自治区、直辖市的规定给予适当补偿。

以上几种建设用地的取得方式是从用地者的角度阐述的，如图1-1所示。

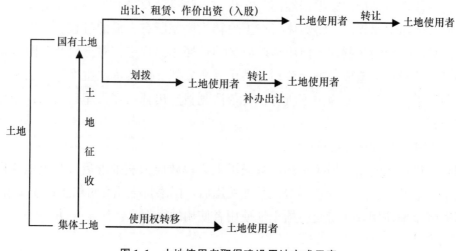

图1-1　土地使用者取得建设用地方式示意

第二节　建设用地管理

一、建设用地管理的概念、对象

建设用地管理是土地利用管理的重要内容，是指国家为维护社会主义土地公有制，调整建设用地关系，合理组织建设用地利用而采取的行政的、法律的、经济的和工程技术的综合性措施。其管理的对象是指已利用土地中除农业用地之外的一切非农业生产用地，即广义的建设用地。

所谓调整建设用地关系，是指建设用地权属的确立与变更，以及理顺和协调在解决建设用地的分配和再分配过程中所产生的各种关系。建设用地权属的确立与变更是指国有土地使用权和集体土地建设用地使用权的确立与变更，一般通过土地征收、划拨、城镇国有土地使用权的出让、转让及集体土地使用权的转移等来实现。而土地分配和再分配过程中所产生的各种关系有：建设用地与农业用地之间的关系；城镇与郊区之间的用地关系；建设用地单位之间的关系；各部门之间的用地关系；建设单位与主管部门之间的用地关系；征地单位与被征地单位之间的关系；建设用地与环境保护、生态系统平衡之间的关系等。

所谓合理组织建设用地利用，是指对建设用地进行组织、利用、控制、监督。建设用地的组织是指对建设项目的可行性研究、布局、选址、规划及设计方案的实施，参与组织指导工作；建设用地的利用则是指国家对建设用地的开发及再开发采取的引导和约束的措施；建设用地的控制是指对建设用地采用宏观调控和微观管理措施；建设用地的监督是指对建设用地的动态变化趋势的监测，以及对规划方案的实施和建设用地计划指标执行情况进行的监督，是国家对一切非农业用地的开发和再开发，以及合理利用的控制、指导和监督。

实践证明，建设用地管理靠单一行政手段是管不好的，必须采取行政、法律、经济和技术手段相结合的综合措施。

二、建设用地管理的基本思想

严格控制建设用地总规模，减少建设占用耕地，切实保护耕地有利于促进国民经济持续、稳定、协调发展。在建设用地管理方面的基本思想有以下几点。

（1）实行严格的土地用途管制制度，严格控制农用地特别是耕地向非农业建设用地转化。

（2）建设用地必须走集约用地之路，实现建设用地从粗放低效利用向高效集约利用转变。

（3）在供地方式上要从传统的行政划拨方式转到有偿使用的轨道上来，充分发挥经济杠杆在建设用地供求中的调节作用。

（4）建设用地管理要微观管理和宏观管理相结合，重视土地利用规划、计划在建设用地供应中的宏观调控作用。

（5）实行建设用地管理政务公开。

（6）加强建设用地全程监管。

三、建设用地管理的原则

对我国建设用地管理采取的原则是由我国的基本国情决定的。第一，我国实行的是土地的社会主义公有制，即国家所有和农村集体所有两种所有制形式。第二，我国是一个人多地少的国家，土地资源相对不足，人地矛盾尖锐。第三，我国土地使用制度实行无偿使用和有偿使用"双轨制"。第四，由于土地的不合理使用和过度开发，生态环境已经面临着严峻的考验，再不能走以牺牲环境发展经济的模式。这就决定了我国在建设用地管理中必须坚持以下几项原则。

1. 国家对建设用地实行统一管理的原则

对建设用地实行统一管理是指国家在管理建设用地上实行统一的法律和政策，由统一的管理部门负责管理，采取统一的措施，制定统一的规划、计划和建设用地标准。我国对建设用地实行统一管理是从1986年开始的，在这之前，土地是由部门分头管理的，城市土地由建设部门管，农村土地由农业部门管，造成了政出多门和建设用地的大量增长和浪费。1986年，我国颁布了第一部《土地管理法》，并成立了统一的土地管理部门，实行了城乡地政、全国土地的统一管理。

国家对建设用地实行统一管理，包括对土地用途的确定和变更，土地征收、供应、使用监督、流转等都必须由国家统一管理。

2. 规划对建设用地的总体控制原则

为了控制建设用地的无限制扩展，国家以土地用途管制制度代替了以往的分级限额审批制度，强调了土地利用总体规划对建设用地的宏观控制作用。建设用地管理必须强调规划对建设用地的控制作用，建设用地能否批准用地、能否将农用地转为建设用地，首先要看是否符合土地利用总体规划，规划上是建设用地的则可转变，规划上不是建设用地的不得批准。如果确需改变，应当通过修改规划的程序先对土地利用总体规划进行修改，否则就不能批准转为建设用地。这将会对控制建设用地的总规模，促进建设用地集约、合理利用，保护耕地，发挥重要作用。

3. 节约用地、合理利用每寸土地，保护耕地和提高土地利用率的原则

由于我国人多地少，土地资源相对不足，要求我们搞一切建设，都要精打细算，尽量少用土地，节约和合理用地，使之发挥最大的效益。"十分珍惜和合理利用每寸土地，切实保护耕地"是我国的基本国策。这就要求我们管理建设用地必须以节约、集约和合理利用土地为前提，在符合土地利用总体规划的前提下尽量少批地，批用荒地、劣地、次地。城市建设和村庄、集镇建设应当充分挖掘现有建设用地的潜力，提高土地利用率，促进现有闲置土地的利用。国家重点建设项目用地也要优化设计，尽量少用地，特别是少用耕地。其他项目用地也要严格控制，以挖潜改造为主。

4. 实行建设用地的有偿使用原则

《土地管理法》中规定，除国家机关、军事、城市基础设施、公益事业及国家重点扶持的能源、交通、水利等基础设施用地外，国有建设用地供应原则上都应实行有偿使用，土地有偿使用将成为今后国有建设用地供应的基本制度。实行土地有偿使用，不但可以增加国家收入、防止国有资产的流失，还可以促进土地资源节约、集约和合理使用，是控制建设用地增长的经济手段。

5. 社会效益、经济效益和生态效益相统一的原则

选择、安排建设用地不仅要考虑经济效益，而且还要考虑社会效益、生态效益，必须从"三大效益"统一高度着眼，选择最佳方案，力求获得最好的经济、社会、生态效益。例如，安排有污染的企业用地，要从长远的、整体的利益考虑，严格把好审批中环境影响评价一关，坚持污染治理与生产建设同时进行，尽量把这些企业安排在影响最小的地段，为子孙后代的生存发展创造良好的生态环境。

四、建设用地管理的主要内容与任务

（一）建设用地管理的主要内容

建设用地管理是一项涉及面广、政策性强、业务要求高的土地管理工作。根据建立社会主义土地市场和土地使用制度改革的需要，围绕实施土地用途管制制度这一目标，建设用地管理的主要内容包括建设用地的"批、转、供、用、管"五项基本内

容，其具体内容如下。

（1）建设用地宏观调控管理。编制土地利用总体规划、土地利用年度计划、建设用地供应计划、建设用地定额指标，以及建立健全建设用地管理的宏观调控体系；会同有关部门制定建设用地管理的行政法规、经济管理办法和技术标准规范，逐步实现建设用地管理的科学化、规范化。

（2）建设项目用地审批管理。建设项目用地审批管理包括农用地转用审批、土地征收审批、建设项目供地审批。进行建设项目用地预审，受理用地申请，编制建设项目用地呈报说明书，拟订农用地转用方案、补充耕地方案、土地征收方案和供地方案，建设项目用地的上报审批。

（3）农用地转用管理。严格农用地转用审批，做好耕地补偿，确保耕地占补平衡。

（4）土地征收管理。严格土地征收审批，做好土地征收补偿安置工作。

（5）建设用地的供应管理。组织建设用地使用权的供给，包括划拨、出让供应的组织、实施等。

（6）建设用地使用权流转管理。建设用地使用权流转管理包括对国有土地使用权转让、出租、抵押的监督管理及农村集体建设用地流转管理。

（7）建设用地节约集约利用管理。建设用地节约集约利用管理包括建设用地节约集约利用制度及政策措施，建设项目节地评价管理。

（8）建设用地全程管理。管理贯穿于建设用地管理工作的全过程中，包括宏观管理、微观管理（审批、转用、供应、收回、集约利用、流转管理等过程的具体管理）及全过程的监管。建设用地全程动态监管包括建设用地审批监管、建设用地供应监管、建设用地利用监管、补充耕地监管和违法用地查处监管，通过建设建设用地"批、供、用、补、查"综合监管平台，实现建设用地全面监管、全程监督。

（二）建设用地管理的主要任务

新时期，建设用地管理工作要围绕统筹推进"五位一体"总体布局和协调推进"四个全面"战略布局，牢固树立新发展理念，落实节约优先战略，严格执行最严格的节约用地制度，聚焦节约集约用地和城乡统一建设用地市场建设两条业务主线，深化改革，创新建设用地管理机制，促进建设用地的高效配置和合理利用，为我国经济平稳健康发展提供有力保障。建设用地管理工作的主要任务如下。

（1）通过建设用地科学管理，控制建设用地总规模、实现建设用地合理分配、提高建设用地集约利用程度，缓解当前我国存在的尖锐的人地矛盾。

（2）深化土地使用制度改革，有计划、有步骤地全面推行建设用地有偿使用。

（3）继续推行建设用地全程管理，在充分发挥建设用地计划管理宏观调控作用的同时，切实做好建设用地审批管理，进一步健全各项规章制度，完善配套措施，增强服务意识，把建设用地管理提高到一个新水平。

本章小结

1. 建设用地的概念及其包括的地类。
2. 建设用地的特性及分类。
3. 建设用地的取得方式。
4. 建设用地管理的概念、对象。
5. 建设用地管理的基本思想与原则。
6. 建设用地管理的主要内容及任务。

建设用地　建设用地使用权　建设用地管理

案例1　××村非法占用耕地建不锈钢制品厂

2018年2月，××镇××村村委会为增加本村集体经济组织收入，与章老板合资，在未办理合法用地手续的情况下，平整该村委会约10亩耕地用于建设不锈钢制品厂，并建起钢筋框架厂房及一排砖混平房作为办公用房，总建筑面积约2 100 m^2，同时在平整好的土地四周砌起了围墙。上述土地在土地利用总体规划中划定的用途为农用地，该建设项目也不符合城乡建设规划要求。

案例解析

《土地管理法》第四条规定："国家实行土地用途管制制度。严格限制农用地转为建设用地，控制建设用地总量，对耕地实行特殊保护。使用土地的单位和个人必须严格按照土地利用总体规划确定的用途使用土地。"《土地管理法》第四十四条规定："建设占用土地，涉及农用地转为建设用地的，应当办理农用地转用审批手续。"本案中，村委会和章老板合资建设不锈钢制品厂占用的是耕地，该土地在土地利用规划中属于农用地，因此不符合土地利用总体规划，同时，按照《土地管理法》第四十四条规定涉及农用地转为建设用地的，应当办理农用地转用审批手续。本案中建设不锈钢制品厂并未办理农用地转用审批手续，因此该建设项目用地属于违法用地。

案例2　违法租用集体土地建厂房

2016年10月，光明建材公司与××村村委会签订了土地租用合同，租用该村集体土地53.1亩（其中耕地49.9亩）用于厂房建设，租期20年，土地用途全部不符合土地利用总体规划。

案例解析

尽管《土地管理法》（2019年修正）删除了《土地管理法》（2004年修正）中的第四十三条"任何单位和个人进行建设，需要使用土地，必须使用国有土地"的规定，但并不意味着集体农用地不经征收就能用于国有建设项目。《土地管理法》（2019年修正）第四十四条规定："建设占用土地，涉及农用地转为建设用地的，应当办理农用地转用审批手续。"《土地管理法》（2019年修正）第六十三条规定："土地利用总体规划、城乡规划确定为工业、商业等经营性用途，并经依法登记的集体经营性建设用地，土地所有权人可以通过出让、出租等方式交由单位或者个人使用，并应当签订书面合同，载明土地界址、面积、动工期限、使用期限、土地用途、规划条件和双方其他权利义务。"因此，法律规定只有集体经营性建设用地方可通过出让、出租等方式交由单位和个人使用，未经农用地转用审批，直接租用集体农用地用于建设项目，仍是违法行为。本案中光明建材公司未经用地审批，直接与××村签订土地租用合同，将租来的集体土地用于厂房建设，这是明显的"以租代征"行为。"以租代征"，即通过租用农民集体土地进行非农业建设，擅自扩大建设用地规模。其实质是规避法定的农用地转用和土地征收审批，在规划计划之外扩大建设用地规模，同时逃避了缴纳有关税费、履行耕地占补平衡法定义务。其结果必然会严重冲击土地用途管制等土地管理的基本制度，影响国家宏观调控政策的落实和耕地保护目标的实现。"以租代征"是一种用地违法形式。

实务操作

实务操作1　绘制耕地和建设用地面积变化趋势图

查找相关数据，绘制我国近十年来耕地和建设用地面积变化趋势图，了解我国建设用地和耕地变化情况及吃饭和建设之间的矛盾。

实务操作2　总结建设用地管理工作任务由哪些部门承担

根据建设用地管理工作任务的主要内容，总结建设用地管理工作由基层自然资源主管部门哪些科室承担，并做好PPT进行交流汇报。

 复习思考题

1. 什么是建设用地？土地利用现状分类中建设用地包括哪些地类？
2. 建设用地的特性有哪些？这些特性在建设用地管理中有哪些指导意义？
3. 建设用地是如何分类的？
4. 取得国有建设用地使用权的方式有哪些？
5. 简述建设用地管理的概念及其应遵循的原则。
6. 建设用地管理的主要内容有哪些？

第一章　强化练习题

第二章 建设用地的宏观调控

第一节 建设用地宏观调控概述

一、建设用地宏观调控的概念

宏观经济是一个国家或地区的全局（或整体）的经济行为或经济活动的总称。

宏观调控是相对微观管理而言的一种管理方式，是指为了使宏观经济发展中实现社会总供给及其结构与社会总需求及其结构相协调而进行的总量控制和调节。宏观调控是一种政府行为，是国家政权的重要职能。宏观调控的目标有两个：一是为了实现整个国民经济社会总供给和社会总需求在总量上的平衡；二是为了实现结构平衡，即社会总需求与社会总供给在结构上的平衡，进行宏观调控可以减少由于市场缺陷和市场失灵而引起的经济波动，使整个国民经济向着预定的目标平衡运行。

土地是人类生活和从事各项生产活动所不可缺少的基地和场所，而建设用地则是人类生活和从事生产所不可缺少的先决条件。我国人口多，土地资源数量有限，尤其是耕地严重不足，"吃饭"和"建设"的矛盾日益尖锐，必须实行建设用地的宏观调控。

建设用地的宏观调控是指为了在宏观经济发展中，实现土地资源总供给及其结构与建设用地总需求及其结构相协调，所必须进行的总量控制和调节。

二、建设用地宏观调控的必要性

1. 由土地资源的稀缺性和使用的排他性决定的

土地的面积是有限的，可作为建设用地的土地更有限，而土地的用途是多方面的。随着经济的发展和人民生活水平的提高，人们对土地的需求不断增加，虽然土地的用途是多方面的，但一旦做了某种用途时就排斥了其他用途，这就使得有限的土地难以满足国民经济各部门、各行业的需求。而农业是国民经济的基础，"无农不稳，无粮则乱，无田必危"，只有保证足够数量的农业用地，才能满足人们生活需要和为加工工业提供农产品原料。因此，必须针对各行各业对土地的需要，由国家从全局利益出发，对建设用地实行宏观调控，并纳入整个土地利用计划管理体系之中。

2. 由我国经济发展规律决定的

为了使国民经济按比例协调发展，国家必须通过宏观调控来指导和管理各方面的经济活动。土地是最基本的生产资料，土地资源的分配和使用是否合理，在很大程度上影响各方面的经济活动，因此，国家必须实行建设用地的宏观调控来控制建设用地的总量，在各部门、各行业间合理分配和使用。

3. 由我国当前建设用地供需矛盾与保护耕地的要求决定的

从我国土地供应的能力上看，有以下几个特点：一是人均耕地少。2016年年末，全国耕地面积为20.24亿亩，人均耕地1.47亩，不及世界人均耕地3.75亩的40%。二是耕地后备资源短缺，可供开发利用的耕地后备资源数量有限，区域分布不平衡。2014年全国耕地后备资源调查评价数据显示，全国耕地后备资源总面积8 029.15万亩。近期可供开发利用的耕地后备资源面积为3 307.18万亩，占耕地后备资源总量的41.1%。其中，集中连片耕地后备资源仅有940.26万亩，且分布极不均衡。新疆、黑龙江两省区之和占集中连片耕地后备资源总量的49.5%，而东部11个省（市）之和仅占11.7%，每省（市）平均不足10万亩。三是耕地总体质量差、生产水平低。自然资源部发布的《2016年全国耕地质量等别更新评价主要数据成果的公告》显示，优等地面积为389.91万公顷（5 848.58万亩），占2.90%；高等地面积为3 579.57万公顷（53 693.58万亩），占26.59%；中等地面积为7 097.49万公顷（106 462.40万亩），占52.72%；低等地面积为2 395.43万公顷（35 931.40万亩），占17.79%。四是耕地退化严重，尤其是西北广大土地受沙漠化的威胁越来越严重。

再从全国用地的需求上看，其主要特点是：一是人口继续增加，预计到2030年左右，中国的人口将达到16亿。如此众多的人口，仅吃饭一项就需要不少于现有耕地面积的耕地。二是现代化建设进程对土地的需求越来越大。在一些发达地区，经济发展能否再上一个新台阶，关键在于能否提供可利用建设的土地。土地供应问题已经成为经济发展的"瓶颈"。

经济建设已经大量挤占了耕地，在建设用地管理中我们必须采取宏观调控的措施，合理控制建设用地过度扩展，保护耕地。

三、建设用地宏观调控的主要内容

建设用地宏观调控，既控制建设用地总量，又调节建设用地结构，同时也改革建设用地分配方式。建设用地宏观调控不是以影响和阻碍各项建设事业进一步发展为基础的，而是以实现国家的宏观经济目标，使国民经济各部门沿着正确的方向，持续、稳定、协调地发展为前提的，并做到尽可能地为国民经济各部门（特别是农业）发展创造一个宽松的用地环境。

1. 控制建设用地总量

控制建设用地总量，就其目的来说，首先必须保持人口和耕地之间宏观比例的平衡和协调，必须保持农业在国民经济发展中宏观比例的平衡和协调。从土地利用上来看，必须根据现有条件，尽量提高非农用地土地利用率，运用政策手段并结合其他手段，有效地将建设用地引导到大量非耕地中去，扩大潜在的建设用地供给能力，降低对占用耕地的依赖程度，促使建设用地总需求和总供给之间在一个更高水平上维持平衡。

2. 调节建设用地结构

通过调节建设用地结构，使建设用地结构符合市场经济发展的需要，符合各部门、各行业发展对用地的需要。

3. 改革建设用地分配方式

改革建设用地分配方式，实行建设用地统一管理，有计划、有偿、有限期、有流动地使用土地。

四、建设用地宏观调控的目标

正确确定宏观调控的目标，不仅是评价建设用地管理工作成就所必需的，而且也是选择有效的调节控制手段并协调多种手段配合运用的必要前提。

根据其内涵不同，我国建设用地宏观调控的总体目标可分为长期目标和近期目标两个方面。

1. 长期目标

建设用地宏观调控的长期目标是指国家通过一系列的经济、法律、行政手段，对建设用地的供给和需求进行调节和干预，以保证我国耕地总量的动态平衡，使整个国民经济沿着正确、持续、稳定、协调的目标发展。

2. 近期目标

建设用地宏观调控的近期目标是指通过建设用地的宏观调控，逐步缓解建设用地的供需矛盾，从而使国民经济各部门，尤其是农业部门，能够在一个比较宽松的环境中稳定发展。具体地讲，就是在近期内应保证建设用地规模的适度增长，不断提高土地利用率，保持耕地面积的基本稳定。

建设用地宏观调控的长期目标是在很长一段时间内应当努力的目标，是制定近期目标的前提和依据。近期目标又是实现长期目标的基础，只有通过实现近期目标才能实现长期目标。

五、建设用地宏观调控的措施

(一) 建设用地宏观调控的方式

按其作用的方式不同，建设用地宏观调控的方式可分为直接调控和间接调控两大类。

1. 直接调控

直接调控是指国家通过强制性的行政手段，达到对建设用地的供需总量和结构进行调节和控制活动的总称。例如，对建设用地实行的计划管理、工程建设项目用地指标管理都属于直接调控的范畴。

2. 间接调控

间接调控是指国家运用经济手段，通过调节利益关系，引导用地单位从自身经济决策建立自我约束机制，达到调节和控制建设用地活动的总称。间接调控主要有财政、税收、价格、信贷等手段，如征收耕地占用税、新菜地开发建设基金等就属于间接调控的手段。

（二）建设用地宏观调控的手段

按其功能不同，建设用地宏观调控的手段可以划分为经济手段、法律手段和行政手段三种。

1. 经济手段

经济手段是指政府根据宏观调控的目标，利用经济政策、经济参数调节建设用地供需总量和结构的一种管理手段。经济手段是政府实施建设用地宏观调控的一种重要手段。

经济手段具有以下特点。

（1）适用性。经济手段对所有的建设用地使用者都起作用，不具有针对性。

（2）间接性。利用经济手段对建设用地进行调控，不直接干预建设用地的开发利用活动，而是通过一系列的决策来调节建设用地使用者的经济利益关系，促使土地使用者调整自己的用地行为，自觉地把自己的用地行为纳入国家建设用地计划之中，促进建设用地的合理流动和配置。

（3）灵活性。用经济手段调控经济运行，可根据实际情况确定调控对象、范围、目标，并可随时进行调整，具有较大的灵活性。

（4）及时性。发现问题可及时使用，见效较快。

（5）综合性。对建设用地进行宏观调控，既可以只使用一种经济政策，也可以同时使用多种经济政策。

2. 法律手段

法律手段是指国家通过立法和司法，运用法律的强制力来调控建设用地的一种手段。法律规范表现为针对建设用地管理所制定的一系列法律、法规，法律规范的实质是以法律的权威性为作用机制，调整人们在建设用地管理中的各种关系，使土地使用者明白"应该做什么""不应该做什么"及"不应该做的而做了后果如何"，以此把土地使用者的行为纳入宏观调控的轨道上来。

法律手段具有如下特点。

（1）权威性。法律反映统治阶级意志，经国家权力机关认可，便可以上升为国家意志，具有很大的权威性，任何单位和个人都必须无条件服从，在法律允许的范围内从事各项活动。

（2）强制性。法律、法规明确规定了许多法律关系主体的权利和义务。任何单位和部门违反法律、法规时，都应被给予相应的制裁。

（3）稳定性。法律的制定必须经过法定的程序来进行，法律、法规一经颁布，不能随意变动，并可以在一定时期被重复使用，因而同其他手段相比具有较大的稳定性。

（4）统一适应性。法律、法规对任何建设用地使用者都起到约束作用，不因被管理者的级别高低、单位性质、规模不同而有所区别。

3. 行政手段

行政手段是指政府依靠行政权力，通过命令、指示、计划等形式，按照行政组织系统和行政隶属关系，对宏观经济进行调控的方法。行政手段是建设用地宏观调控中常用的手段，它具有如下特点。

（1）强制性。行政手段的实施，是以管理对象必须服从、执行为先决条件的，因而具有强制性。它不同于经济手段的诱导作用，不允许根据自身利益自主选择，对于违反行政命令的要给予相应的行政处罚。

（2）直接性。行政手段的内容较为单一，一般具有较强的针对性，即直接针对某事、某单位、某行业或某人，直接影响被管理者的意志和行为，具有较强的直接性。

（3）层次性。行政手段的实施按行政隶属关系，以纵向垂直的形式贯彻执行，从中央到地方具有多个不同的层次。

在三种调控手段中，以经济手段最为合理有效，但这种方式往往具有一定的时滞，有时见效很慢。法律手段具有权威性、强制性及作用范围广的特点，但只适用于对某些相对稳定的经济关系的调解。对大量变化迅速，需要及时进行调控的用地活动，则必须用经济或行政手段来解决。行政手段虽然作用单一，但可以对用地过程中出现的问题进行有效处理。因此三种手段各有千秋，应当根据建设用地宏观调控中出现的具体问题，综合考虑是采用其中一种还是几种手段综合运用。

第二节　建设用地的计划管理

一、建设用地计划管理的概念

建设用地计划管理是建设用地管理过程中的一个重要环节。所谓建设用地计划，是指事先对建设用地所做的具体部署和安排。建设用地计划是国民经济和社会发展计划中土地利用计划的重要组成部分，是加强土地资源宏观管理、调控固定资产投资规模和实施产业政策的重要措施，是审核建设项目可行性研究报告和初步设计及审批建设用地的重要依据。

建设用地计划管理是指对建设用地计划的编制、执行、监察、修改和总结等各个工作环节所进行的管理活动。它既是建设用地管理的一项重要职能，又是建设用地宏观调控的重要组成部分，也是建设用地管理工作的重要工作内容。只有通过建设用地计划管理，才能做好各个环节的工作，使建设用地计划真正得到落实。

建设用地计划同其他计划和管理活动有着密切的联系。建设用地计划是实施土地利用总体规划的重要手段和具体措施，土地利用总体规划是制订建设用地计划的基础和依据，两者是局部和整体的关系。建设用地计划是国民经济和社会发展计划的重要组成部分，它们之间相互衔接、相互制约，有着密切的内在联系。国民经济和社会发展计划为建设用地计划规定了任务、方向和政策，是编制建设用地计划的主要依据；同时，建设用地计划的制订和实施又为国民经济和社会发展计划的制订和实施提供了有力的保证。

二、建设用地计划管理的任务

建设用地计划管理的基本任务是从我国的基本国情出发，兼顾需要和可能，本着"一要吃饭、二要建设、三保生态"的原则，对国民经济各部门、各行业以至城乡个人的建设用地，进行中长期和年度的具体部署和安排，以保证整个国民经济持续、稳定、协调和健康发展。

建设用地计划管理的具体任务如下。

（1）编制和实施建设用地计划，促进土地利用总体规划目标的实现。

（2）合理确定各类建设用地计划指标，建立较为合理的建设用地结构，促进国民经济各部门、各行业有计划、按比例、均衡、协调发展。

（3）研究制定实施建设用地计划的各种政策，采取行之有效的调节控制手段，确保建设用地计划的顺利落实。

三、建设用地计划体系

建设用地计划体系是由相互联系、相互制约，完整地、全面地、系统地反映建设用地情况的计划所组成的有机统一整体。建设用地计划体系是土地利用计划体系中的一个子系统，是土地利用计划体系的组成部分。建设用地计划体系体现了建设用地计划的层次、内容、性质和时序要求。按照不同的分类标准，建设用地计划可按下列几种序列进行分类。

（一）按时间序列分类

按此序列，建设用地计划可分为长期计划、中期计划和短期计划。

1. 长期计划

长期计划一般是指计划期在十年及以上的用地计划。建设用地长期计划是根据最重要的社会经济因素（如人口增长、技术进步、工业化、城镇化、农业现代化等）对建设用地影响的长期趋势做出预测，制定长远性的、战略性的建设用地管理的目标、基本方针和政策。建设用地长期计划是以土地利用总体规划中对建设用地的长期安排为依据，并通过中期和短期建设用地计划来实施。

2. 中期计划

中期计划一般是指计划期为五年左右的用地计划,在我国中期计划就是五年计划。由于我国经济增长存在着周期性变化,一些能较深刻地影响社会经济的经济管理措施(包括土地管理措施)的实施和取得成效一般需要几年时间。建设用地中期计划是建设用地的阶段性实施计划,它和国民经济和社会发展五年计划期相一致。和长期计划相比,五年计划又因时间期限较短而可以对建设用地情况的变化前景做出比较准确的估计,从而可以制定比较切合实际的目标和任务。中期计划为编制短期计划提供依据,起着承上启下的作用,在建设用地计划体系中起着重要作用。

3. 短期计划

短期计划一般是指时间期限在二年以内的用地计划,短期计划可分为年度计划、季度计划等。短期计划是连接中期计划和现实用地活动之间的重要纽带,其作用是提出各种办法来实现中期计划的目标和任务,解决当前建设用地活动中的矛盾。短期计划是中期计划的具体化,但不是对中期计划的机械分段,而是在不断总结经验的基础上,充分考虑本地区当年的实际情况,根据中期计划所规定的分年任务,进行必要的调整和补充,对本年度的建设用地计划做出具体的安排。因此,短期计划是具体的执行计划,短期计划以年度计划为主。

(二) 按管理序列分类

按此序列,建设用地计划可分为国家计划和地方计划。

1. 国家计划

国家计划是全国的建设用地计划,体现国家全局的土地利用中建设用地决策,它规定国民经济各部门、各行业及城乡个人建设的用地总控制比例和规模,以及实现计划的一些重大政策措施等。国家计划在制订上主要体现全局性和战略性,是地方制订建设用地计划的重要依据。

2. 地方计划

地方计划是指省(自治区、直辖市、计划单列市)、市、县等各级人民政府的用地计划,它是国家计划在各地区的具体化。地方计划的编制是以全国计划中按地区分配指标为基本依据,结合本地区的实际情况,因地制宜地对本地区的建设用地做出的具体安排。当地方计划和国家计划发生矛盾时,地方计划应首先保证国家计划的实现,即地方计划必须服从国家计划。

(三) 按调节控制程度序列分类

按此序列,建设用地计划可分为指令性计划和指导性计划。

1. 指令性计划

指令性计划是由国家直接控制、统一制订的,具有法律效力和强制性的计划。我国的国情是人口多、土地相对数量少、耕地严重不足,这就要求我们针对国情,首先解决"吃饭",即确保用于农业生产的耕地数量,在许可的情况下,满足其他建设用地。因此,指令性的建设用地计划指标一经下达,各级土地管理部门必须按照计划控制的限额逐级进行控制,以保证其实现。指令性计划指标分为高限指标和低限指标。高限指标要求严格控制,不得任意突破,如建设用地占用耕地指标;低限指标要求保证完成或超额完成。

2. 指导性计划

指导性计划是指只规定一定的幅度,用以指导国民经济各部门、各行业及城乡个人建设用地的占地,一般不具有强制性和法律约束力。国家往往是通过经济手段,如经济政策、经济杠杆、经济法规等进行指导和调节,必要时辅之以行政手段。对指导性计划,各执行单位要以指导性计划为依据,并结合本地区的具体情况来安排计划,可以在一定幅度内有所调整,并报计划主管部门备案。目前对非农业建设占用非耕地的面积实行指导性计划。

（四）按建设类别分类

建设用地计划按建设类别可分为国家建设用地计划、乡镇集体建设用地计划、农村个人建房用地计划。

1. 国家建设用地计划

国家建设用地计划是指县及县以上全民所有制和城市大集体所有制投资、列入国家固定资产投资计划或准许建设的各项基本建设用地计划。行业有工业、建筑业、地质勘探、农业、林业、水利、气象、运输、邮电、商业、饮食服务业、物资供应、科研文教卫生、社会福利及城市公共事业等。

2. 乡镇集体建设用地计划

乡镇集体建设计划是指乡镇企业、乡镇村公共设施和公益事业用地计划。

3. 农村个人建房用地计划

农村个人建房用地计划是指农业和非农业人口（包括回乡落户的离休、退休、退职职工和军人,回乡定居的华侨等）使用集体土地建设住宅的用地计划。

农村个人建房用地又称居住用地或宅基地,它是乡镇村建设的主体,也是乡镇建设用地的基本单元。

四、建设用地计划的编制与实施

建设用地计划的编制,要根据国家确定的长期、中期和年度的占用耕地和非耕地的计划指标的要求来进行。

建设用地计划是整个国民经济计划的组成部分,所以编制建设用地计划必须和土地利用计划一起,按照国民经济计划编制的程序和方法来进行。建设用地计划以各级自然资源主管部门为主,在不突破国家制定的土地利用计划指标的前提下,会同有关部门一起拟订,然后报同级发展改革部门综合平衡,要与其他计划平衡。建设用地计划一旦制订，固定资产投资的安排、重大项目的安排等都要与每年占用耕地的计划指标等协调一致。

建设用地计划下达后，由各级自然资源主管部门组织实施。在实施过程中，由各级自然资源主管部门和发展改革部门共同负责检查监督。

（一）编制建设用地计划应遵循的原则要求

1. 统筹兼顾的原则

（1）安排好农业生产用地和建设用地。正确协调处理好农业生产用地与建设用地之间的矛盾，按"一要吃饭，二要建设"的先后次序安排好农业生产用地和建设用地的需要。无论是国家建设用地计划的编制还是地方建设用地计划的编制，都要统筹规划、综合平衡、保证重点、兼顾一般，尽量避免建设与农业争地，在条件许可的情况下，尽量满足人民生活与建设对土地的需要。

（2）在国家确定的用地计划指标范围内，合理分配各部门、各系统、各地区的用地指标，保证各类建设必不可少的建设用地。

纳入用地计划的单项建设工程，必须符合国家产业政策和项目管理的各项有关规定，凡列入国家国民经济和社会发展计划的建设项目，都是社会主义现代化建设的有机组成部分，与广大人民群众的生产、生活有着广泛密切的联系，用地必须保证。

（3）正确处理好整体与局部、眼前和长远的利益。局部服从整体、眼前服从长远，坚决反对只顾局部利益、眼前利益，而不顾整体利益、长远利益的行为。对建设用地的安排，各地方首先必须服从国家的统一安排，按国家下达的计划指标去执行。

2. 节约用地、保护基本农用地的原则

各地应从实际出发，把节约用地、保护基本农用地的原则贯穿于建设用地管理工作的始终。对建设占用耕地计划，必须从严安排，尽量挖掘现有建设用地的潜力，能利用荒山、荒地的，尽量少占或不占耕地，切实保证建设占用耕地计划的实现，以保证国家占用耕地计划的落实。

3. 与土地管理其他措施相协调的原则

建设用地计划必须与土地利用计划中的其他用地计划相协调，必须符合土地利用总体规划和上级下达的建设用地计划的要求，在其控制和指导下进行。建设用地计划必须与土地开发、复垦计划相结合，做到建设用地计划与土地开发、复垦计划相协调、平衡。

（二）建设用地计划的编制、下达

建设用地计划编制程序是指建设用地计划的编制过程和次序，建设用地计划和其他用地计划一起构成完整的土地利用计划，并由各级自然资源主管部门负责编制，同级发展改革部门综合平衡后，纳入国民经济和社会发展计划。我国建设用地计划的编制分四级：国家级、省级（自治区、直辖市、计划单列市）、省辖市级（地区、自治州）、县级（县级市、区）。县级为基层计划单位。

建设用地计划编制本着"一要吃饭，二要建设，三保生态"的原则，统筹安排进行，采用上下结合，多次反馈的方法进行编制和下达。

（1）准备工作。各级建设用地计划由各级自然资源主管部门编制，编制计划之前，应明确编制计划的范围、级别和计划期。建设用地计划编制时间和计划期应与国民经济和社会发展计划相同，同时通过收集资料或调查，掌握制订计划所需的第一手材料，其中主要有：计划期内的经济形势、固定资产投资形势、工农业生产发展速度、当地土地资源情况及总供给量、以往建设用地需求量、上年度的建设用地计划执行情况、预期开发和用地重点的预测等。

（2）测算全国建设用地计划控制指标。自然资源部会同国家发展改革委以全国土地利用总体规划安排为基础，根据经济社会发展状况和各地用地实际等情况，测算全国未来三年新增建设用地计划指标控制总规模。

（3）申报用地计划。需国务院及国家发展改革委等部门审批、核准和备案的重点建设项目拟在计划年度内使用土地，涉及新增建设用地的，由行业主管部门按项目向自然资源部提出计划建议，同时抄送项目拟使用土地所在地的省、自治区、直辖市自然资源主管部门以及发展改革部门。县级以上地方自然资源主管部门，以本级土地利用总体规划安排为基本依据，综合考虑本地规划管控、固定资产投资、节约集约用地、人口转移等因素，测算本地未来三年新增建设用地计划指标控制规模，以此为基础，按照年度间相对平衡的原则，会同有关部门提出本地计划期的建设用地计划建议，经同级政府审查后，报上一级自然资源主管部门。计划单列市、新疆生产建设兵团的建设用地计划建议在相关省、自治区的计划建议中单列。

（4）编制全国建设用地计划草案。自然资源部会同国家发展改革委根据未来三年全国新增建设用地计划指标控制总规模，结合省、自治区、直辖市和国务院有关部门提出的计划指标建议，编制全国建设用地计划草案，纳入国民经济和社会发展计划草案，报国务院批准，提交全国人民代表大会审议确定后，下达各地执行。

（5）国家建设用地计划下达。全国建设用地计划下达到省、自治区、直辖市以及计划单列市、新疆生产建设兵团。国务院及国务院有关部门、中央军委或者中央军委授权的军队有关机关审批、核准、备案的单独选址重点基础设施建设项目，所需的新增建设用地计划指标不下达地方，在建设项目用地审批时直接安排。其他项目所需的新增建设用地计划指标和城乡建设用地增减挂钩指标、工矿废弃地复垦利用指标等每年一次性全部下达地方。新增建设用地计划指标下达前，各省、自治区、直辖市、计划单列市及新疆生产建设兵团，可以按照不超过上一年度国家下达新增建设用地计划指标总量的百分之五十预先安排使用。

（6）地方建设用地计划指标分解、下达。省级以下自然资源主管部门应当将上级下达的新增建设用地年度计划指标予以分解，经同级人民政府同意后下达。省、自治区、直辖市自然资源主管部门应当将分解下达的建设用地年度计划报自然资源部。省、自治区、直辖市自然资源主管部门应当根据省级重点建设项目安排、建设项目用地预审和市县建设用地需求，合理确定预留省级的建设用地计划指标和下达市县的建设用地计划指标，并保障农村居民申请宅基地的合理用地需求。市县的建设用地计划指标应当一次性全部下达。

（三）建设用地计划管理

（1）各项建设用地必须纳入用地计划，必须严格按用地审批程序和权限报批。凡未纳入年度用地计划的建设项目，不得批准用地，项目不得开工建设。

（2）建设项目在可行性研究报告评估和初步设计审查时，须有自然资源主管部门参加，并提出对项目用地的意见。自然资源主管部门对不符合土地利用总体规划、国家区域政策、产业政策和供地政策的建设项目，不得安排建设用地年度计划指标。没有建设用地年度计划指标擅自批准用地的，按照违法批准用地追究法律责任。

（3）国家建设项目申请年度用地计划，必须持有国家主管部门批准的初步设计或其他文件。乡（镇）村集体建设用地项目，必须有有关主管部门批准文件，方可申报用地。农村个人建房用地，必须符合村（镇）总体规划，并经乡（镇）以上人民政府批准，方可申请用地。

（4）用地计划中的新增建设用地指标属指令性指标，不得突破。国家在编制用地计划时，可适当留有机动指标（包括在总指标内）。各省、自治区、直辖市确需调整计划、增加指标时，按计划编报程序报批。

（四）建设用地计划实施的监督检查

各级发展改革部门、自然资源主管部门要加强对用地计划的管理特别是加强计划执行过程中的监督检查，坚决杜绝计划外用地。

1. 建立计划综合监管信息平台和计划台账在线备案制度

根据"按项目安排指标—政务大厅窗口接件—审批办审核并建立台账—内设规划机构核销—联席对接与审核—信息中心在线网络直报备案—纳入一张图综合监管平台"的要求，建立无缝对接机制。市、县（市）自然资源主管部门应按照国土资源"一张图"综合监管平台建设要求，落实计划执行在线备案。

县级以上地方自然资源主管部门应当加强建设用地计划执行监管，严格执行建设用地年度计划指标使用在线报备制度，对建设用地年度计划指标使用情况及时进行登记，并按月在线上报。自然资源部依据在线报备数据，按季度对各省、自治区、直辖市建设用地计划安排使用情况进行通报。

2. 建立建设用地计划执行情况报告制度

各级自然资源主管部门按要求定期将用地计划的执行情况向上级自然资源主管部门做出报告，同时抄报同级人民政府及发展改革部门，并附计划执行情况分析报告。省、自治区、直辖市自然资源主管部门应当加强对建设用地年度计划执行情况的跟踪检查，于每年1月底前形成上一年度建设用地年度计划执行情况报告报自然资源部，抄送同级发展改革部门。

3. 建立定期检查评估考核制度

省级自然资源主管部门对各市、县自然资源主管部门建设用地计划执行情况进行跟踪检查，每年7月和次年1月分别对1月至6月和全年的建设用地计划执行情况进行中期检查和年度评估考核。市、县自然资源主管部门必须在7月20日、1月20日前完成对建设用地计划指标执行情况的中期检查、年度评估考核，并将检查报告和评估报告上报省级自然资源主管部门，省级自然资源主管部门将每季度通报各市重大项目用地计划执行情况。中期检查、年度评估考核以在线备案的计划管理、建设用地审批、供地等台账以及相关土地利用数据为主要依据。省级自然资源主管部门对各市县建设用地计划执行情况，于每年1月底前形成上一年度建设用地年度计划执行情况报告报自然资源部，抄送同级发展改革部门。

上级自然资源主管部门应当对下级自然资源主管部门建设用地年度计划的执行情况进行年度评估考核。建设用地年度计划以每年一月一日至十二月三十一日为考核年度。

新增建设用地计划执行情况考核，以农用地转用审批、土地利用变更调查等数据为依据，重点考核新增建设用地总量、新增建设占用耕地计划执行情况和农村宅基地指标保障情况。

土地利用年度计划执行情况年度评估考核结果，应当作为下一年度土地利用年度计划编制和管理的重要依据。

4. 建立奖优惩劣机制

对土地管理成效突出的地方予以增加指标奖励，对工作推进不力的地方扣减指标。对超出国家计划用地的地区和单位，由计划下达部门负责核减其下年度的用地计划指标，由自然资源主管部门负责注销其土地使用权，并根据情节轻重予以通报批评，追究当地政府和单位主要负责人的责任。

对实际新增建设用地面积超过当年下达计划指标的，视情况相应扣减下一年度计划指标。

对建设用地整治利用中存在侵害群众权益、整治利用未达到时间、数量和质量要求等情形，情节严重的，扣减下一年度用地计划指标。

节余的新增建设用地计划指标，经自然资源部审核同意后，允许在3年内结转使用。

五、建设用地计划指标的组成与确定

（一）建设用地计划指标的组成

建设用地计划指标是建设用地计划的重要组成部分，它从数量关系上提出建设用地的规模等。建设用地计划指标是土地利用计划指标中的重要组成部分。《土地利用年度计划管理办法》（自然资源部令第66号）中指出，本办法所称土地利用年度计划，是指国家对计划年度内新增建设用地量、土地整治补充耕地量和耕地保有量的具体安排。其中，新增建设用地量，包括建设占用农用地和未利用地。城乡建设用地增减挂钩和工矿废弃地复垦利用，依照本办法的规定纳入土地利用年度计划管理。

土地利用年度计划指标包括新增建设用地计划指标、土地整治补充耕地计划指标、耕地保有量计划指标、城乡建设用地增减挂钩和工矿废弃地复垦利用指标。其中，新增建设用地计划指标包括新增建设用地总量和新增建设占用农用地及耕地指标。新增建设用地总量指标可分为城镇村建设用地指标和能源、交通、水利、矿山、军事设施等独立选址的重点建设项目用地指标。各地可以根据实际需要，在上述分类的基础上增设控制指标。其中，新增建设用地计划指标实行指令性管理，不得突破。新增建设用地计划中城镇村建设用地指标和能源、交通、水利、矿山、军事设施等独立选址的重点项目建设用地指标不得混用。没有新增建设用地计划指标擅自批准用地的，或者没有新增建设占用农用地计划指标擅自批准农用地转用的，按非法批准用地追究法律责任。

(二) 建设用地计划指标的确定

建设用地计划指标的确定方法应该简单易行，并有一定的科学性，以提高建设用地计划指标的科学性。确定建设用地计划指标的方法有经济分析法、综合平衡法、因素分析法、计划演算法等；新的、现代的经济数学方法和经济数学模型也正在逐步试用。确定不同的建设用地计划指标应采用相应的方法。下面分别介绍国家建设、村镇集体建设和农村个人建房用地及建设用地占用耕地计划指标的确定。

1. 国家建设用地计划指标的确定

（1）加权移动平均系数法。

此法认为，越接近该时期的数据对现实的影响作用就越大，因而要给以较大的"权"；而越远离该时期的数据的作用就弱，给以较小的"权"。在此基础上利用前几年的基建投资占地系数求加权平均数，作为计划年的基建投资占地系数。以此系数乘以计划期基建投资额，从而计算出计划年的国家建设用地数。

国家建设用地计划数 = 计划年基建投资额 × 计划年基建投资占地系数

若国家最近三年的基建投资占地系数分别为 $d_{(i-3)}$、$d_{(i-2)}$、$d_{(i-1)}$，求第四年（计划年）的国家建设用地计划指标。令第四年的用地系数（m_i）为前三年用地系数的加权平均数，假设第1、2、3年的权数分别是1、2、3，则可以用以下表达式计算第四年的用地系数：

$$m_i = 1/(1+2+3) \times [d_{(i-3)} \times 1 + d_{(i-2)} \times 2 + d_{(i-1)} \times 3]$$
$$= 1/6 \times [d_{(i-3)} + 2d_{(i-2)} + 3d_{(i-1)}]$$

式中　m_i——计划年基建投资占地系数；

d——各年基建投资占地系数；

i——年份，计算第几年的用地系数，则 i 就表示具体年份数字。

同理，算得第五年基建投资占地系数为前 2、3、4 年基建投资占地系数的加权平均数，权数仍用 1、2、3，以此类推。

从表 2-1 可以看出，采用加权移动平均系数法计算出的系数比算术平均数求出的系数更接近现实经济现象，比较准确。但由于这种方法把与用地有关的基本建设投资作为单一的因素来研究，忽略了其他因素的作用，过于笼统，不可能很精确，因此系数法只是用于编制宏观用地计划的方法之一。

表 2-1 加权移动平均系数法演示表

年 份	每万元基建投资实际占地面积（d_i）	三年加权移动平均数（m_i）
1（2010）	0.20	
2（2011）	0.30	
3（2012）	0.25	
4（2013）	0.20	1/6 ×（0.20 ×1 + 0.30 ×2 + 0.25 ×3） = 0.26
5（2014）	0.25	1/6 ×（0.30 ×1 + 0.25 ×2 + 0.20 ×3） = 0.23
6（2015）	0.10	1/6 ×（0.25 ×1 + 0.20 ×2 + 0.25 ×3） = 0.23
7（2016）	0.15	1/6 ×（0.20 ×1 + 0.25 ×2 + 0.10 ×3） = 0.17
8（2017）	0.10	1/6 ×（0.25 ×1 + 0.10 ×2 + 0.15 ×3） = 0.15
9（2018）	0.05	1/6 ×（0.10 ×1 + 0.15 ×2 + 0.10 ×3） = 0.12
10（2019）		1/6 ×（0.15 ×1 + 0.10 ×2 + 0.05 ×3） = 0.08

（2）计划演算法。

此法是根据计划期基本建设计划项目和项目用地面积逐项累计计算，其数量之和就是计划期间的用地数。

运用这种方法，必须全面掌握基本建设和更新改造投资项目及项目的选址和用地定额或已批准的用地面积，只有这样才能对计划期的用地做出准确的测算。其优点是准确度高，但这种方法的工作量较大，因此只适宜基层用地计划指标的确定。

（3）人均建设用地指标法。

此法是根据计划期末城市总人口和城市人均建设用地标准来测算计划期建设用地数量的一种方法，测算公式如下。

计划期末城市用地总量 = 计划期末城市总人口 × 规划城市人均建设用地标准

计划期国家建设用地数量 = 计划期末城市用地总量 - 计划基期城市用地总量

城市人口的准确预测是用地总量预测的关键。规划城市人均建设用地标准严格按照《城市用地分类与规划建设用地标准》（GB 50137—2011）执行。

2. 村镇集体建设用地计划指标的确定

（1）因素分析法。

这是一种把质的分析和量的计算有机结合起来确定某项经济指标的方法。

运用因素分析法进行村镇集体建设用地计划指标的测算，首先要找出影响村镇集体建设用地的因素，如投资额、投资方向、投资结构、纯收入等；然后应搜集以上因素的历史资料，并分析以上因素与占地间的关系，并推导出计算公式；最后将计划期的有关数据代入计算公式，得出计划期用地数。

由于这种方法是通过对各种因素分析，间接推测用地数的，若资料不全或影响因素考虑不全，用地计划数与实际用地数就会出现差距。因此，在执行计划时，还要有一套严格的用地审批手续，以配合计划的实施。

（2）计划演算法。

由于因素分析法存在比较大的局限，为了准确地推测计划用地数，对于村镇集体建设已纳入计划管理的地区，可采取计划演算法来编制用地计划指标。

（3）人均建设用地指标法。

计划期村镇用地总量 = 计划期村镇总人口 × 规划村镇人均建设用地标准

计划期村镇集体建设用地数量 = 计划期村镇用地总量 – 计划期村镇用地总量

村镇人口的准确预测是用地总量预测的关键。规划村镇人均建设用地标准严格按照《镇规划标准》（GB 50188—2007）执行。

3. 农村个人建房用地计划指标的确定

（1）因素分析法。

该法通过对影响农村个人建房用地的因素的分析找出影响因素与用地间的关系，推导出计算公式，将计划年有关的因素代入公式，即可计算出计划用地数。目前影响农村个人建房用地的因素有人口、耕地、总户数、目前农户居住状况、户均宅基地标准、空闲地面积、人均收入增加情况及其他经济和社会因素。例如，某县运用因素分析法建立的计算公式如下。

计划期农户总数 = 计划期农业人口/计划期户均人口

计划期新增农户数 = 计划期农户总数 – 计划期农户数

计划期建房面积 = 计划期新增农户数 × 每户宅基地标准

计划期占用耕地面积 = 计划期建房面积 – 占用空闲地建房面积

（2）耕地面积控制法。

根据人均耕地面积的多少，按照每年建房占用耕地的百分比计算，用公式表示：

$$P = P_{总} \times K$$

式中 P——计划年农村个人建房用地面积；

$P_{总}$——耕地总面积；

K——按人均耕地面积的多少规定每年建房占用耕地与总耕地的百分比。

在分别确定了以上三项建设用地计划指标后，如果建设用地计划的总面积与国家下达的建设用地控制面积不符合，则需要进行综合平衡，确定建设用地指标。采用上述方法，主要用于对三项建设用地计划总量指标的确定。在具体确定用地计划指标时，应根据各地的经济条件、居住条件及社会因素等区别对待，在公式推导的基础上，根据有关因素及土地管理工作的实际适当调整，力求使用地计划指标符合实际。

4. 建设用地占用耕地计划指标的确定

由于我国人口多、耕地少，建设用地占用耕地实行指令性计划。但制定建设用地占用耕地计划指标时，必须立足于以下几点。

① 保证人民基本生产、生活所必需的耕地面积，即必须保证农作物种植及其他工业原料生产有足够的耕地面积。

② 在确保吃饭所必需的耕地之后，尽可能满足各项建设发展所必需的建设场地。建设尽量少占或不占耕地，但在经过详细的技术论证，确需占用耕地时，允许占用一部分属于计划之内的耕地指标。

③ 单项工程的用地面积有超出指令性用地指标的趋势时不足部分不能追加，而只能采取各种节约用地的技术措施，压缩占地范围，使用地计划指标不被突破。

我国建设用地占用耕地的计划指标的确定，是以确保全国及各省、市、县所辖区域范围内规划年限内，全部人口所拥有的最低限度的耕地面积（耕地面积的保护量）为主要依据来进行计算的，具体确定方法如下。

（1）确定耕地保护量。

$$M(0) = (C \times Y + D)/A + M(5)$$

式中 $M(0)$——必须确保的最低限度的耕地面积，即耕地面积的保护量（公顷）；

C——人均粮食需要量（千克/人）；

Y——规划年份内的人口规模（人）；

A——单位面积粮食产量（千克/公顷）；

D——规划年份内所需商品粮的数量（千克），如调入取负值，储备、调出取正值；

$M(5)$——规划年份内必须确保的蔬菜地和其他经济作物所需的耕地面积（公顷）。

实践证明，要稳定粮食的生产、要把农业搞上去，除了靠政策、靠科学之外，还必须要靠一定数量的耕地。需要特别指出的是，现有耕地产出的粮食还不能满足人民生活水平的提高和经济发展日益增长的需要。

搞建设必须以耕地面积的保护量为限，考虑耕地的承受能力，不能只从局部的、眼前的经济利益考虑，而要从宏观经济、全局利益出发去认识这个问题。因此，我们在确定用地计划指标、执行用地计划时，不要突破用地计划，而要力争节约用地，尽量减少对耕地的占用。

（2）计算建设用地每年占用耕地的计划指标。

$$M = M(1) + M(2) + M(3) - [M(0) + M(4)]$$

式中 M——规划期内允许占用耕地的计划指标总数（公顷）；

$M(1)$——现有耕地面积总数（公顷）；

$M(2)$——规划期内垦荒面积的总数（公顷）；

$M(3)$——规划期内通过其他途径增加的耕地面积总数（公顷）；

$M(0)$——规划期内必须确保的最低限度的耕地面积，即耕地面积的保护量

（公顷）；

$M(4)$——规划期内由于其他原因损失的耕地面积（如沙漠化，水土流失，退耕还林、还草、还湖、还渔，三废污染，水利工程淹没，地下采空区引起的塌陷及其他自然灾害造成的耕地减少数量）（公顷）。

$$m = M/N$$

式中 m——每年占用耕地的计划指标（公顷/年）；

M——规划期内允许占用耕地的计划指标总数（公顷）；

N——规划年限（年）。

对于国家确定的每年建设用地占用耕地的计划指标，主要是依据"吃饭第一，建设第二"的国民经济发展总方针和"十分珍惜和合理利用每一寸土地，切实保护耕地"的基本国策，不能按照基本建设投资与用地之间的比例关系（即系数法），也不能按照基本建设项目用地逐项累计（即计划演算法）等方法计算，如按投资、产值、建设规模的需要去决定建设用地占用耕地的计划指标，就会造成要多少给多少，而失去对耕地的保护作用。

第三节 国有建设用地供应计划管理

城市建设离不开土地，加强土地资源管理工作，特别是做好建设用地供应管理工作，对合理利用土地资源，加快城市建设起着积极促进作用。国有建设用地供应计划管理是建设用地宏观管理的重要内容。编制国有建设用地供应计划有利于客观、准确地了解实际用地需求，科学安排国有建设用地供应，提高供地的科学性、针对性和合理性，保证土地利用总体规划和年度计划的有效实施，促进土地供应的规范化、制度化、科学化，提高土地参与国家宏观调控的能力。为指导各地编制国有建设用地供应计划，根据《土地管理法》《城市房地产管理法》和《国务院办公厅关于促进房地产市场平稳健康发展的通知》（国办发〔2010〕4号）等法律政策规定，自然资源部研究制订并印发了《国有建设用地供应计划编制规范（试行）》，自2010年9月1日起实施。

一、国有建设用地供应计划的概念

国有建设用地供应计划是指市、县人民政府在计划期内对国有建设用地供应的总量、结构、布局、时序和方式做出的科学安排。

国有建设用地供应总量是指计划期内各类国有建设用地供应的总规模。

国有建设用地供应结构是指计划期内商服用地、工矿仓储用地、住宅用地、公共管理与公共服务用地、特殊用地、水域及水利设施用地、交通运输用地等各类国有建设用地的供应规模和比例关系。

国有建设用地供应布局是指计划期内国有建设用地供应在空间上的分布。

国有建设用地供应时序是指计划期内国有建设用地供应在不同时段的安排。

国有建设用地供应方式包括划拨、出让、租赁、作价出资或入股等方式。

二、国有建设用地供应计划的内容

国有建设用地供应计划的编制内容主要包括以下几方面：①明确国有建设用地供应指导思想和原则；②提出国有建设用地供应政策导向；③确定国有建设用地供应总量、结构、布局、时序和方式；④落实计划供应的宗地；⑤实施计划的保障措施。

三、编制依据与原则

（一）编制依据

国有建设用地供应计划的编制依据主要包括以下几方面：①国民经济与社会发展规划；②土地利用总体规划；③土地利用年度计划；④住房建设规划与计划；⑤年度土地储备计划；⑥军用空余土地转让计划；⑦建设用地使用标准。

（二）编制原则

国有建设用地供应计划的编制遵循以下原则：①城乡统筹原则；②节约集约用地原则；③供需平衡原则；④有保有压原则。

四、计划编制范围、期限、组织实施

（一）计划范围

市、县行政辖区内计划期供应的全部国有建设用地纳入计划。

（二）计划期限

国有建设用地供应计划的计划期为一年。计划年度为每年1月1日至12月31日。

有条件的市、县，可增加编制一年内分季度的阶段性计划。

有条件的市、县，可在编制年度供应计划及年度内阶段性计划的同时，增加编制三年左右的滚动计划。

（三）计划编制的组织实施

1. 编制主体

市、县国有建设用地供应计划由市、县自然资源主管部门组织编制。

2. 组织方式

市、县自然资源主管部门组织编制国有建设用地供应计划，可以根据实际情况选择以下方式。

（1）由市、县自然资源主管部门自行编制。

（2）由市、县自然资源主管部门指定或授权下属事业单位编制。

（3）由市、县自然资源主管部门委托专业机构编制。

市、县人民政府可根据实际，设立由自然资源主管部门和相关部门组成的国有建设用地供应计划编制协调决策机构，负责解决计划分配等计划编制中的重大问题，集体决定有关事项。

五、计划编制程序

1. 发布编制国有建设用地供应计划通知

市、县自然资源主管部门应当提请同级人民政府于每年的10月31日前，向下级人民政府、本级人民政府相关部门、开发区管委会、国家和省重点建设项目实施单位、军队单位等相关部门发布编制下年度国有建设用地供应计划的通知。

发布编制国有建设用地供应计划通知的内容包括以下几点。

（1）计划编制的工作思路。

计划编制的工作思路包括计划编制的指导思想、计划编制的工作重点、计划编制的阶段安排、计划编制的任务分工。

（2）对发布对象的要求。

① 提供计划期本辖区国有建设用地供应计划建议，包括：国有建设用地供给能力和需求分析；国有建设用地供应的总量、结构、布局、时序、方式、宗地等。

② 提供计划期本行业、本领域国有建设用地需求，包括：国有建设用地需求分析；国有建设用地需求的规模、结构、布局、时序等；存量建设用地开发的基本信息等。

③ 提供计划期对供应计划安排的建议，包括计划期的政策导向、重点发展区域、重点建设项目等。

以上材料，应当于11月30日前提交到市、县自然资源主管部门。

2. 调查分析国有建设用地供应能力

（1）调查分析国有建设用地供应潜力。

市、县自然资源主管部门应当会同相关部门，对土地利用现状和土地利用总体规划、城市规划进行对比分析，依据规划实施状况，初步确定国有建设用地供应潜力。

市、县自然资源主管部门通过对依法办理农用地或未利用地转用和征收的建设用地、政府收购储备的土地、政府收回的土地、围填海（湖）造地形成的建设用地、待转让的军队空余土地、增减挂钩的建设用地和年度土地利用计划中当年拟供应土地等来源，进行潜力分析。

（2）确定计划期内可实施供应的国有建设用地。

市、县自然资源主管部门在分析国有建设用地供应潜力工作基础上，依据土地前期开发程度、土地权属状况、土地利用计划及转用征收审批手续办理情况、宗地规划手续办理情况、军用空余土地转让许可手续办理情况等，综合确定计划期内可实施供应的国有建设用地。

有条件的市、县，可将计划期内可实施供应的国有建设用地细化到宗地，建立计划供应宗地数据库，数据库包括计划供应宗地的面积、用途、规划建设条件、土地使用标准、空间矢量等信息。

3. 预测国有建设用地需求量

国有建设用地需求预测主要包括国有建设用地需求总量和商服用地、工矿仓储用地、住宅用地（包含廉租房用地、经济适用房用地、商品房用地等）、公共管理与公共服务用地、交通运输用地、水域及水利设施用地、特殊用地等各类国有建设用地需求量预测。

市、县自然资源主管部门在组织开展本辖区经济社会发展情况、土地利用、地产市场状况等调查分析的基础上，科学预测国有建设用地需求总量和结构，结合对本辖区、相关单位申报的国有建设用地需求审核情况，综合确定国有建设用地需求量。

（1）开展相关调查和分析。

市、县自然资源主管部门应会同相关部门，对本地区人口状况、城市化水平、经济发展水平、人均住房面积、房地产市场走势、产业结构、主导产业和优势产业、经济社会发展战略等进行调查，对计划期内宏观经济走势和政策取向进行分析。

市、县自然资源主管部门对近年来已供应国有建设用地的总量、用途、方式、分布、时序、价格及开发利用情况等开展土地利用和地产市场状况调查，掌握地产市场发展状况和运行规律。

有条件的市、县，可对近年来供应的保障性住房用地，工业、商业、旅游、娱乐和商品住宅等各类经营性用地的面积及构成比例、年度（季度）变化情况、开发利用情况等开展详细调查。

（2）运用科学方法预测国有建设用地需求量。

国有建设用地需求量预测方法主要有趋势预测法、线性回归法、指数平滑法、用地定额指标法。

市、县自然资源主管部门在对经济社会发展状况和走势进行调查分析、土地利用和地产市场状况调查的基础上，根据不同的土地类型和当地的实际情况，选用两种以上方法，预测国有建设用地需求量。

（3）用地需求审核。

对于用地部门申报的用地需求材料，市、县自然资源主管部门会同相关部门明确审核标准，组织对申报的国有建设用地需求进行审核，确定通过审核的国有建设用地需求量。

（4）测算国有建设用地需求量。

市、县自然资源主管部门依据预测的建设用地需求量和审核各部门提出的用地需求量得出的国有建设用地需求量，经综合平衡分析，测算计划期国有建设用地需求量。

市、县自然资源主管部门测算计划期国有建设用地需求量时，应当确定优先保障的重点项目、重要产业国有建设用地需求量。

4. 拟订国有建设用地供应计划草案

（1）确定供应计划指标。

市、县自然资源主管部门依据计划期内可实施供应的国有建设用地量和测算出的计划期国有建设用地需求量，统筹确定国有建设用地供应计划指标。

（2）分解供应计划指标。

市、县自然资源主管部门可按行政辖区、城市功能区、住房和各业发展用地需求、土地用途和供应方式，对国有建设用地供应计划指标进行分解。

（3）拟订供应计划草案。

市、县自然资源主管部门完成供应计划指标确定、分解等相关工作后，拟订国有建设用地供应计划草案。计划草案包括计划文本、编制说明、图件及附件。

国有建设用地供应计划文本内容主要包括：计划的目的、意义；指导思想、原则；编制依据、适用范围；计划指标；政策导向；保障措施；国有建设用地供应计划表；国有建设用地供应计划图。

计划编制说明内容主要包括编制计划的背景、编制计划的过程、编制计划的技术路线、确定计划指标的过程和依据。

国有建设用地供应计划应形成相关图件成果，计划图件应明确名称、比例尺、具体上图要素及制图标准等。

5. 国有建设用地供应计划征求意见和报批

市、县自然资源主管部门应当将形成的国有建设用地供应计划草案征询各相关单位意见，修改完善后，报同级人民政府批准。

县人民政府批准国有建设用地供应计划前，应当征得上一级自然资源主管部门同意。

国有建设用地供应计划应报省（自治区、直辖市）自然资源主管部门备案。

6. 国有建设用地供应计划公布和实施

市、县人民政府应在每年3月31日前，公布年度国有建设用地供应计划。

年度国有建设用地供应计划应当在自然资源部门户网站（中国土地市场网）和相关媒体公开。

市、县自然资源主管部门应依据批准的国有建设用地供应计划，编制国有建设用地供应方案，实施国有建设用地供应。

7. 国有建设用地供应计划调整

土地利用年度计划实施、土地市场调控政策变化等确需调整国有建设用地供应计划的，由国有建设用地供应计划编制协调决策机构集体研究确定后，报原批准机关同意，并重新公布。

六、加强国有建设用地供应计划编制和实施的保障措施

1. 建立计划公示制度

《国有建设用地供应计划》经批准后，应在自然资源主管部门门户网站和相关媒体公开。公开的内容包括：计划期限和范围，计划供应总量、结构、布局，政策导向等。对供应计划实施和管理动态进行公示，建立实施国有建设用地供应计划的公众自由咨询制度，为广大人民群众提供方便、快捷的土地供应管理服务。

2. 建立协调配合的有效机制

对列入年度土地供应计划的项目，用地单位应切实负责，积极筹措资金，办理相关用地手续，各有关部门对项目办理土地供应涉及相关手续应予充分支持。市政府对列入市级年度土地供应计划的项目进行跟踪管理。积极协调项目推进中出现的征地、拆迁等问题，以保障年度项目建设用地供应顺利完成。

3. 建立计划执行情况定期通报制度

为保证年度土地供应计划的有效实施，自然资源主管部门、发改委会同建设及规划部门在每季度末召开一次计划执行情况协调会。与重点项目工程责任单位等沟通计划执行情况，协调解决计划执行过程中出现的问题和困难。

4. 建立计划调整及供应实施率的考核制度

受国家宏观调控政策、土地市场和重大建设项目具体安排情况变化等因素影响，土地实际供应情况可能与既定计划不完全相符，需要按照"计划严格执行、调整服从程序"的原则进行调整。调整国有建设用地供应计划需经市国有建设用地供应计划编制领导小组集体研究报市、市人民政府批准，并报原备案机关备案。同时，应严格实施土地供应率的考核制度，应确保供应实施率达到70%以上，低于70%或超过100%的应通过制定国有建设用地供应计划实施的细则进行绩效考核。

5. 加强计划执行动态监管

建立健全土地供应监督制度，实行专项检查与经常性的监督检查相结合，对国有建设用地供应计划执行情况进行动态监管；及时发现、制止不按计划供地的行为，定期公布计划执行情况；加大执法力度，坚决依法查处违反计划供地行为。

第四节 建设项目用地定额指标管理

一、建设项目用地定额指标管理的概念

国家通过对每类建设项目制定具体的、统一的数额规定，作为建设项目用地的最高限额约束。这种以科学技术为依据，依靠行政权力、采用行政命令，对建设项目用地实行定额指标控制的方法称为建设项目用地的指标管理，简称建设用地定额管理。

建设项目用地定额指标，简称建设用地指标，是指在综合考虑国家经济发展状况、土地资源状况、当前社会经济活动采用的先进技术和工艺平均水平等情况下，对建设项目用地规模做出的定性和定量的规定，是衡量建设项目用地是否科学、合理和集约的综合指标，也是核定、审批建设项目用地和进行工程勘察、设计、咨询的重要依据。

建设项目用地定额指标颁布实施后的结果表明，认真执行用地指标可以提高建设用地审批管理的科学性，促进建设用地集约利用，有助于提高建设项目勘察、设计和咨询水平，降低投资成本。

二、建设项目用地定额指标管理的作用

建设项目用地指标是编制和审批建设项目可行性研究报告的重要依据，是编审初步设计文件、核定建设用地规模的尺度，各级自然资源主管部门和建设行政主管部门及工程项目建设单位（业主）、各勘察、设计、咨询单位均应贯彻执行。各级自然资源主管部门和建设行政主管部门要按照《土地管理法》的规定，熟悉和掌握建设用地指标内容。各勘察、设计、咨询单位在进行可行性研究和初步设计时，要按用地指标要求，对建设项目用地进行科学设计、合理布局，并在设备选型、工艺安排上尽可能采用先进技术，以达到集约用地的目的。凡设计用地超出规定用地指标的，要进行技术、经济论证，说明理由。没有相应用地指标的项目用地，可比照现有标准和设计规范确定用地规模，并做出详细说明。

总之，编制建设项目用地定额指标，无论在宏观指导上，还是在微观调控上，对加强建设项目用地全程管理与提高建设项目决策的科学化水平、节约用地、推广新技术、新工艺、节约投资、提高经济效益，都具有十分重要的作用。

从宏观的角度来看，其作用有以下几点。

（1）为编制国民经济计划、土地利用规划和建设用地计划提供了科学的手段，并且为宏观上控制土地的利用提供了可靠的保证。

（2）为各级领导在项目决策中确定土地使用数量方面提供了可靠的依据，避免了各级领导由于不掌握情况而造成的失误。

从微观的角度上看，其作用有以下几点。

（1）它是编制、审批建设项目建议书、设计任务书，可行性研究报告，以及确定建设项目用地规模的依据。

（2）它是编制审查初步设计文件、核定审批建设用地面积的尺度，同时还可以提高建设项目用地审批的质量和效率。

三、建设项目用地定额指标的分类

建设项目用地定额指标根据不同用途、不同系列可分为不同类型的定额指标，但根据对建设项目用地定额指标实施管理的方式不同，建设项目用地定额指标可分为两大类实施管理。

1. 建设项目用地指令性定额指标

指令性定额指标具有强制性和法律权威性特点，还具有不可退让性，指令性定额指标可分为高限约束和低限控制两种指标。

高限约束指标主要是对建设项目的总用地数量实行严格约束，在任何情况下，都不允许突破的用地指标。这是国家对建设用地的总需求量进行宏观调控的一种重要措施，带有一定的强制性，在工业企业项目建设用地定额指标中，主要包括厂矿主要生产设施、辅助生产设施、动力公用设施、仓库储运设施、行政管理设施、厂内交通设施及绿化设施等的总占地面积的定额。至于厂矿外部的辅助设施（如铁路、公路等）及生活福利设施的建设用地定额指标，需要采用相关行业的建设用地定额指标。

建设项目用地指令性定额指标中的低限控制指标主要用于建设项目内部各单项工程的布局时，对用地方式进行约束。它规定最小数值，使用地只能增加，不能减少，具有规范性的特点，故又称为规范性定额指标。

对于一个建设项目来说，凡是对内部各单项工程（如车间与车间、车间与道路、道路与管网、管网与管网等）之间，为了确保防火、防爆、防震及各种卫生、安全上的要求，为了满足地上、地下工程管网的铺设和交通运输上的要求，规定了各种最小的水平间距，这种决定各单项工程及建筑物之间的最小工程间距的用地指标属于低限指标。各单项工程之间的水平间距，采用偏小的数值，则不能满足要求，但如果采用过大的数值，则又造成用地面积的增加和浪费，所以对低限控制指标应在满足定额指标的前提下，力求使它们之间的间距保持在最低的水平上，力求用地布局高度紧凑。

2. 建设项目用地指导性定额指标

指导性定额指标不具有强制性，可根据建设项目的具体情况参照执行。指导性定额指标可分为参考性定额指标和建议性定额指标。

对于一部分工程建设用地，在影响用地的因素较多、波动幅度较大等无规律的情况下，根据积累的经验结合国内实测这类工程项目占地面积，确定一个大体的项目用地指标，供项目审批、设计时参考。例如，采矿企业露天坑开采境界及排土场用地面积大小，根据现有资料统计来看，不同矿山差异很大，所以类似于这类指标的都是一种参考性的用地定额指标。

国家级的建设项目用地定额指标批准发布之后，许多建设项目可以根据已经颁发的定额指标去审核，但可以肯定地说，今后还有大量的建设项目不可能根据已经颁布的定额指标去审核。这是一种不可避免的现象，原因是随着生产技术的飞跃发展，许多新的工业部门、新的工业产品不断地涌现，它们的用地指标不可能在其出现前就预先制定出来。另外，现在制定的建设项目用地定额指标纲目适应不了千变万化的组合项目用地指标的准确选用，碰到这类情况时，只有采取建议性的定额指标加以补充完善以解建设用地管理的燃眉之急。

四、工业项目建设用地控制指标

2004年10月，为贯彻落实《国务院关于深化改革严格土地管理的决定》（国发

〔2004〕28号），加强工业项目建设用地管理，促进建设用地的集约利用，自然资源部研究制定了《工业项目建设用地控制指标（试行）》。2008年，为贯彻落实《国务院关于促进节约集约用地的通知》（国发〔2008〕3号）精神，切实加强对工业项目建设用地的管理和节约集约利用，自然资源部于2008年2月发布了《工业项目建设用地控制指标》（以下简称《控制指标》）。《控制指标》由投资强度、容积率、建筑系数、行政办公及生活服务设施用地所占比重、绿地率5项指标构成。

投资强度是指项目用地范围内单位面积固定资产投资额。

$$投资强度 = 项目固定资产总投资/项目总用地面积$$

项目固定资产总投资包括厂房、设备和地价款。

容积率是指项目用地范围内总建筑面积与项目总用地面积的比值。

$$容积率 = 总建筑面积/总用地面积$$

建筑物层高超过8 m的，在计算容积率时该层建筑面积加倍计算。

行政办公及生活服务设施用地所占比重是指项目用地范围内行政办公、生活服务设施占用土地面积（或分摊土地面积）占总用地面积的比例。

$$行政办公及生活服务设施用地所占比重 = 行政办公、生活服务设施占用土地面积/项目总用地面积 \times 100\%$$

当无法单独计算行政办公和生活服务设施占用土地面积时，可以采用行政办公和生活服务设施建筑面积占总建筑面积的比重计算得出的分摊土地面积代替。

建筑系数是指项目用地范围内各种建筑物、用于生产和直接为生产服务的构筑物占地面积总和占总用地面积的比例。

$$建筑系数 = (建筑物占地面积 + 构筑物占地面积 + 堆场用地面积)/项目总用地面积 \times 100\%$$

绿地率是指规划建设用地范围内的绿地面积与规划建设用地面积之比。

$$绿地率 = 规划建设用地范围内的绿地面积/项目总用地面积 \times 100\%$$

绿地率所指绿地面积包括厂区内公共绿地、建（构）筑物周边绿地等。

投资强度按地区、行业确定，在具体应用本控制指标时，首先确定项目所在城市的土地等别，再根据确定的各行业分类和工业用地的投资强度控制指标。土地等别按自然资源部《关于调整部分地区土地等别的通知》（国土资发〔2008〕308号）中确定的土地等别执行；工业行业分类按《国民经济行业分类》（GB/T 4754—2017）执行工业项目建设用地控制指标规定。

工业项目的建筑系数应不低于30%。工业项目所需行政办公及生活服务设施用地面积不得超过工业项目总用地面积的7%。严禁在工业项目用地范围内建造成套住宅、专家楼、宾馆、招待所和培训中心等非生产性配套设施。工业企业内部原则上不得安排绿地。但因生产工艺等有特殊要求需要安排一定比例绿地的，绿地率不得超过20%。

工业项目的投资强度控制指标要求见表2-2。

工业项目的容积率控制指标要求见表2-3。

表2-2 投资强度控制指标　　　　　　　　　　　　　　　单位：万元/公顷

地区分类市县等别行业代码	一类 第一、二、三、四等	二类 第五、六等	三类 第七、八等	四类 第九、十等	五类 第十一、十二等	六类 第十三、十四等	七类 第十五等
13	≥1 935	≥1 555	≥1 125	≥780	≥660	≥590	≥440
14	≥1 935	≥1 555	≥1 125	≥780	≥660	≥590	≥440
15	≥1 935	≥1 555	≥1 125	≥780	≥660	≥590	≥440
16	≥1 935	≥1 555	≥1 125	≥780	≥660	≥590	≥440
17	≥1 935	≥1 555	≥1 125	≥780	≥660	≥590	≥440
18	≥1 935	≥1 555	≥1 125	≥780	≥660	≥590	≥440
19	≥1 935	≥1 555	≥1 125	≥780	≥660	≥590	≥440
20	≥1 555	≥1 245	≥900	≥625	≥520	≥470	≥440
21	≥1 815	≥1 450	≥1 055	≥725	≥605	≥555	≥440
22	≥1 935	≥1 555	≥1 125	≥780	≥660	≥590	≥440
23	≥2 590	≥2 070	≥1 505	≥1 035	≥865	≥780	≥440
24	≥1 935	≥1 555	≥1 125	≥780	≥660	≥590	≥440
25	≥2 590	≥2 070	≥1 505	≥1 035	≥865	≥780	≥440
26	≥2 590	≥2 070	≥1 505	≥1 035	≥865	≥780	≥440
27	≥3 885	≥3 105	≥2 260	≥1 555	≥1 295	≥1 175	≥440
28	≥3 885	≥3 105	≥2 260	≥1 555	≥1 295	≥1 175	≥440
291	≥2 590	≥2 070	≥1 505	≥1 035	≥865	≥780	≥440
292	≥2 070	≥1 660	≥1 210	≥830	≥690	≥625	≥440
30	≥1 555	≥1 245	≥900	≥625	≥520	≥470	≥440
31	≥3 105	≥2 485	≥1 815	≥1 245	≥1 035	≥935	≥440
32	≥3 105	≥2 485	≥1 815	≥1 245	≥1 035	≥935	≥440
33	≥2 590	≥2 070	≥1 505	≥1 035	≥865	≥780	≥440
34	≥3 105	≥2 485	≥1 815	≥1 245	≥1 035	≥935	≥440
35	≥3 105	≥2 485	≥1 815	≥1 245	≥1 035	≥935	≥440
36	≥3 885	≥3 105	≥2 260	≥1 555	≥1 295	≥1 175	≥440
37	≥3 885	≥3 105	≥2 260	≥1 555	≥1 295	≥1 175	≥440
38	≥3 105	≥2 485	≥1 815	≥1 245	≥1 035	≥935	≥440
39	≥4 400	≥3 520	≥2 575	≥1 760	≥1 470	≥1 330	≥440
40	≥3 105	≥2 485	≥1 815	≥1 245	≥1 035	≥935	≥440
41	≥1 555	≥1 245	≥900	≥625	≥520	≥470	≥440
42	≥1 555	≥1 245	≥900	≥625	≥520	≥470	≥440

表 2-3　容积率控制指标

行业分类		容积率
代码	名称	
13	农副食品加工业	≥1.0
14	食品制造业	≥1.0
15	酒、饮料和精制茶制造业	≥1.0
16	烟草制品业	≥1.0
17	纺织业	≥0.8
18	纺织服装、服饰业	≥1.0
19	皮革、毛皮、羽毛及其制品和制鞋业	≥1.0
20	木材加工和木、竹、藤、棕、草制品业	≥0.8
21	家具制造业	≥0.8
22	造纸及纸制品业	≥0.8
23	印刷业和记录媒介复制业	≥0.8
24	文教、工美、体育和娱乐用品制造业	≥1.0
25	石油、煤炭及其他燃料加工业	≥0.5
26	化学原料和化学制品制造业	≥0.6
27	医药制造业	≥0.7
28	化学纤维制造业	≥0.8
291	橡胶制品业	≥0.8
292	塑料制品业	≥1.0
30	非金属矿物制品业	≥0.7
31	黑色金属冶炼和压延加工业	≥0.6
32	有色金属冶炼和压延加工业	≥0.6
33	金属制品业	≥0.7
34	通用设备制造业	≥0.7
35	专用设备制造业	≥0.7
36	汽车制造业	≥0.7
37	铁路、船舶、航空航天和其他运输设备制造业	≥0.7
38	电气机械和器材制造业	≥0.7
39	计算机、通信和其他电子设备制造业	≥1.0
40	仪器仪表制造业	≥1.0
41	其他制造业	≥1.0
42	废弃资源综合利用业	≥0.7

五、建设项目用地定额指标管理的方法

建设项目用地指标是编制和审批建设项目可行性研究报告的重要依据，是编审初步设计文件、核定建设用地规模的尺度，各级自然资源主管部门和建设行政主管部门及工程项目建设单位、各勘察、设计、咨询单位均应贯彻执行。

只有通过对建设项目实行用地指标管理，才能为编制建设用地长、中、短期计划，分解用地计划指标，编制建设项目计划任务书，选址定点及进行初步设计提供用地的技术依据，才能使建设用地布局松散与利用率过低的现象得到控制，才能使建设用地计划管理工作真正落到实处。

在建设项目用地定额指标管理中，各级自然资源主管部门应根据目前项目用地指

标管理工作实际，分如下三种类型进行管理。

1. 有用地定额指标的用地项目

各级自然资源主管部门要严格执行《控制指标》与相关工程项目建设用地指标，从严控制供地。不符合《控制指标》要求的工业项目，不予供地或对项目用地面积予以核减。对因工艺流程、生产安全、环境保护等有特殊要求确需突破《控制指标》的，在申请办理建设项目用地预审和用地报批时应提供有关论证材料，确属合理的，方可通过预审或批准用地，并将项目用地的批准文件、土地使用合同等供地法律文书报省（自治区、直辖市）国土资源管理部门备案。市、县自然资源主管部门在供应土地时，必须依据《控制指标》的规定，在土地使用合同或《划拨用地决定书》等供地法律文书中明确约定投资强度、容积率等控制性指标要求及违约责任。不能履行约定条件的用地者，应承担违约责任。省（自治区、直辖市）自然资源主管部门要切实加强对《控制指标》实施情况的监督管理，积极探索在招商引资、促进工业化进程中集约用地的好经验、好做法，总结典型，加大宣传推广的工作力度，不断完善和规范实施《控制指标》的程序与办法。要加强对工业用地利用状况的评价与分析，大力推进工业用地集约利用。要根据本地区实际，在符合《控制指标》要求的前提下，制定本地的工业项目建设用地控制指标，并报部备案。

2. 无定额指标，有同类工厂用地对照的

此类项目在审批用地时，要求用地单位或设计单位对该项目的用地尽可能提出与之同类工厂的地点、规模和用地面积的对比材料，便于自然资源主管部门进一步调查核实。调查结果如多占土地，设计单位又无充足的理由从技术上说明时，多余的面积应予核减。在调查中，应考虑同类工厂布局特点及用地节约情况。

3. 无定额指标，又无同类工厂用地对照的

该项目可根据项目计划任务书及初步设计文件中所规定的建设用地面积，按一般工厂建筑系数不小于30%的情况，用反推法计算出该建设项目应占用的土地总面积，如果该项目占地超过反推出来的土地总面积，在没有可靠论证的情况下，超出的面积应予核减。

本章小结

1. 建设用地宏观调控的概念、必要性、主要内容及目标。
2. 建设用地宏观调控的方式及手段。
3. 建设用地计划的概念、体系。
4. 建设用地计划管理的概念及任务。
5. 建设用地计划的编制与实施。
6. 建设用地计划指标的组成与确定。
7. 新增建设用地计划指标的构成、分配及管理。

8. 国有建设用地供应计划的编制与管理。
9. 建设项目用地定额指标管理的概念、作用。
10. 建设项目用地定额指标的概念及分类。
11. 建设项目用地定额指标管理的方法。
12. 工业项目建设用地控制指标。

建设用地宏观调控　建设用地计划　新增建设用地计划指标
国有建设用地供应计划　建设项目用地定额指标

实务操作1　利用加权移动平均系数法求取基建投资占地系数

××市近三年的基建投资占地系数分别为 0.15、0.19 和 0.17，请用加权移动平均系数法求取计划年第四年和第五年的基建投资占地系数。

实务操作2　计算农村个人建房计划指标

××省××县 2016 年集体耕地总面积为 3.01 万公顷，农村人口为 26.51 万人，人均耕地为 0.11 公顷，假设按此人均耕地面积规定每年建房占用耕地量与总耕地的百分比为 0.35%，那么该县 2016 年的农村个人建房计划指标为多少？

实务操作3　计算占用耕地计划指标

××县以 2015 年为基期，制订 2020 年的建设用地计划，要计算 2020 年的建设用地计划中占用耕地计划指标。预计该县 2020 年人口规模为 76 万人，人均粮食需求量为 500 千克，储备商品粮人均 50 千克，必须确保的蔬菜和其他经济作物所需的耕地面积为人均 0.01 公顷，粮食单产为 7 500 千克/公顷，求该县规划期内的耕地保护量。若该县现有耕地 6.37 万公顷，规划期内可通过垦荒等途径增加耕地 65 公顷，水土流失、三退等原因减少耕地 50 公顷，求该县每年可占用耕地计划指标。

1. 简述建设用地宏观调控的概念、内容。
2. 简述建设用地计划的分类及编制程序。
3. 简述建设用地计划的实施，如何监督检查。

4. 建设用地计划指标有哪些指标组成？
5. 如何加强新增建设用地计划指标的管理？
6. 建设用地计划实施监督监管的制度有哪些？
7. 简述国有建设用地供应计划的概念、内容及编制程序。
8. 加强国有建设用地供应计划编制和实施的保障措施有哪些？
9. 简述建设项目用地定额指标的概念及建设项目用地定额指标管理的方法。
10. 工业项目建设用地控制指标由哪几类指标构成？

第二章 强化练习题

第三章 建设用地审查报批管理

第一节 建设用地审查报批管理概述

为了加强土地管理，规范建设用地审查报批工作，根据《中华人民共和国土地管理法》《中华人民共和国土地管理法实施条例》（以下简称《土地管理法实施条例》），1999年2月24日自然资源部第4次部务会议通过了《建设用地审查报批管理办法》（自然资源部令第3号）。2010年11月30日，根据《自然资源部关于修改部分规章的决定》修正了《建设用地审查报批管理办法》，并以自然资源部令第49号进行发布。2016年11月25日，根据《自然资源部关于修改〈建设用地审查报批管理办法〉的决定》进行第二次修正，并以自然资源部令第69号进行发布，自2017年1月1日起施行。

一、建设用地审查报批的意义

建设用地审查报批是建设项目合法用地的基础，也是保障经济建设发展用地需要，以及促进稳增长、调结构和经济发展方式转变的一项重要的土地管理工作。随着社会经济的发展，我国建设项目大幅度增加，加强和规范建设用地审查报批工作，切实提高用地审批效率，有利于增强用地保障能力。加强建设用地报批管理，提高各级政府机关依法行政效能，有利于推进依法管理土地，节约集约使用土地。

二、建设用地审查报批的依据

建设用地审查报批的依据主要有以下几项。

(1)《土地管理法》。
(2)《土地管理法实施条例》。
(3)《建设用地审查报批管理办法》（自然资源部令第69号）。
(4)《建设项目用地预审管理办法》（自然资源部令第68号）。
(5)《国务院关于深化改革严格土地管理的决定》（国发〔2004〕28号）。
(6)《国务院关于加强土地调控有关问题的通知》（国发〔2006〕31号）。
(7)《国务院关于促进节约集约用地的通知》（国发〔2008〕3号）。
(8)《自然资源部关于改进报国务院批准单独选址建设项目用地审查报批工作的

通知》（国土资发〔2009〕8号）。

（9）《自然资源部关于改进和优化建设项目用地预审和用地审查的通知》（国土资规〔2016〕16号）。

（10）《自然资源部关于以"多规合一"为基础推进规划用地"多审合一、多证合一"改革的通知》（自然资规〔2019〕2号）。

三、建设用地审查报批的类型

建设用地审查报批类型主要有以下三种类型。

1. 单独选址建设项目用地

单独选址建设项目用地是指在土地利用总体规划确定的建设用地范围外单独选址的建设项目用地，即在土地利用总体规划确定的城市和村镇建设用地范围以外选址的能源、交通、水利、采矿、军事设施等建设项目用地，由建设单位向土地所在地的市、县人民政府自然资源主管部门提出用地申请。并由市县自然资源主管部门拟订农用地转用方案、补充耕地方案、征收土地方案、供地方案，编制建设用地呈报说明书，经同级政府审查同意后，报上一级自然资源主管部门审查，逐级上报有批准权的机关批准。

2. 城市分批次建设用地

城市分批次建设用地是指在土地利用总体规划确定的城市建设用地范围内，为实施城市规划占用土地的，主要指城市建设项目用地、工业建设项目用地等。并由市、县自然资源主管部门按照土地利用年度计划分批次拟订农用地转用方案、补充耕地方案、征收土地方案，编制建设用地呈报说明书，经同级政府审核同意后，报上一级自然资源主管部门审查，逐级上报有批准权的机关批准。

3. 村镇建设用地

村镇建设用地是指在土地利用总体规划确定的村庄和集镇建设用地范围内，为实施村庄和集镇规划占用土地的，由市、县人民政府自然资源主管部门拟订农用地转用方案、补充耕地方案，编制建设项目用地呈报说明书，经同级人民政府审核同意后，报上一级自然资源主管部门审查，逐级上报有批准权的机关批准。

第二节　单独选址的建设项目用地审查报批

一、单独选址的建设项目用地审查报批程序

根据《建设用地审查报批管理办法》的规定，单独选址的建设项目用地审查报批程序如下。

1. 用地预审与选址申请

在建设项目审批、核准、备案阶段，建设单位应当向建设项目批准机关的同级自

然资源主管部门提出建设项目用地预审与选址申请。(《建设项目用地预审与选址申请表》见本书附录一)

受理预审与选址申请的自然资源主管部门应当依据土地利用总体规划、土地使用标准和国家土地供应政策，对建设项目的有关事项进行预审，向建设单位核发建设项目用地预审与选址意见书。(《建设项目用地预审与选址意见书》见本书附录二)

2. 用地申请

建设单位持项目有关批准文件，向土地所在地的市、县人民政府自然资源主管部门提出用地申请，填写《建设用地申请表》，并附具有关材料。(《建设用地申请表》见本书附录三)

国家重点建设项目中的控制工期的单体工程和因工期紧或者受季节影响急需动工建设的其他工程，可以由省、自治区、直辖市自然资源主管部门向自然资源部申请先行用地。经批准先行用地的，应当在规定期限内完成用地报批手续。

3. 编制"一书四方案"

市、县自然资源主管部门对材料齐全、符合条件的建设用地申请，应当受理，并在收到申请之日起30日内拟订农用地转用方案、补充耕地方案、征收土地方案和供地方案，编制建设项目用地呈报说明书，即"一书四方案"，经同级人民政府审核同意后，报上一级自然资源主管部门审查。(建设用地项目呈报材料"一书四方案"见本书附录四)

建设只占用国有农用地的，市、县人民政府自然资源主管部门只需拟订农用地转用方案、补充耕地方案和供地方案。

建设只占用农民集体所有建设用地的，市、县人民政府自然资源主管部门只需拟订征收土地方案和供地方案。

建设只占用国有未利用地，按照《土地管理法实施条例》第二十四条规定，应由国务院批准的，市、县人民政府自然资源主管部门只需拟订供地方案；其他建设项目使用国有未利用地的，按照省、自治区、直辖市的规定办理。

4. 方案审查报批

有关自然资源主管部门收到上报的建设项目用地呈报说明书和有关方案后，对材料齐全、符合条件的，应当在5日内报经同级人民政府审核。同级人民政府审核同意后，逐级上报有批准权的人民政府，并将审查所需的材料及时送该级自然资源主管部门审查。

对依法应由国务院批准的建设项目用地呈报说明书和有关方案，省、自治区、直辖市人民政府必须提出明确的审查意见，并对报送材料的真实性、合法性负责。

省、自治区、直辖市人民政府批准农用地转用、国务院批准征收土地的，省、自治区、直辖市人民政府批准农用地转用方案后，应当将批准文件和下级自然资源主管部门上报的材料一并上报。

有批准权的自然资源主管部门应当自收到上报的农用地转用方案、补充耕地方案、征收土地方案和供地方案并按规定征求有关方面意见后30日内审查完毕。

建设用地审查应当实行自然资源主管部门内部会审制度。

农用地转用方案、补充耕地方案、征收土地方案和供地方案经有批准权的人民政府批准后，同级自然资源主管部门应当在收到批件后5日内将批复发出。

未按规定缴纳新增建设用地土地有偿使用费的，不予批准建设用地。

农用地转用方案和补充耕地方案符合下列条件的，自然资源主管部门方可报人民政府批准。① 符合土地利用总体规划。② 确属必须占用农用地且符合土地利用年度计划确定的控制指标。③ 占用耕地的，补充耕地方案符合土地整理开发专项规划且面积、质量符合规定要求。④ 单独办理农用地转用的，必须符合单独选址条件。

征收土地方案符合下列条件的，自然资源主管部门方可报人民政府批准。① 被征收土地界址、地类、面积清楚，权属无争议的。② 被征收土地的补偿标准符合法律、法规规定的。③ 被征收土地上需要安置人员的安置途径切实可行。

建设项目施工和地质勘查需要临时使用农民集体所有的土地的，依法签订临时使用土地合同并支付临时使用土地补偿费，不得办理土地征收。

供地方案符合下列条件的，自然资源主管部门方可报人民政府批准。① 符合国家的土地供应政策。② 申请用地面积符合建设用地标准和集约用地的要求。③ 只占用国有未利用地的，符合规划、界址清楚、面积准确。

5. 方案实施

经批准的农用地转用方案、补充耕地方案、征收土地方案和供地方案，由土地所在地的市、县人民政府组织实施。

建设项目补充耕地方案经批准下达后，在土地利用总体规划确定的城市建设用地范围外单独选址的建设项目，由市、县自然资源主管部门负责监督落实。

征收土地公告和征地补偿、安置方案公告，按照《征收土地公告办法》的有关规定执行。

征地补偿、安置方案确定后，市、县自然资源主管部门应当依照征地补偿、安置方案向被征收土地的农村集体经济组织和农民支付土地补偿费、地上附着物和青苗补偿费，并落实需要安置农业人口的安置途径。

以有偿使用方式提供国有土地使用权的，由市、县自然资源主管部门与土地使用者签订土地有偿使用合同，并向建设单位颁发《建设用地批准书》。

以划拨方式提供国有土地使用权的，由市、县自然资源主管部门向建设单位颁发《国有建设用地划拨决定书》和《建设用地批准书》。建设项目施工期间，建设单位应当将《建设用地批准书》公示于施工现场。

根据《自然资源部关于以"多规合一"为基础推进规划用地"多审合一、多证合一"改革的通知》（自然资规〔2019〕2号）的规定，将建设用地规划许可证、建设用地批准书合并，自然资源主管部门统一核发新的建设用地规划许可证，不再单独核发建设用地批准书。

以划拨方式取得国有土地使用权的，建设单位向所在地的市、县自然资源主管部门提出建设用地规划许可申请，经有建设用地批准权的人民政府批准后，市、县自然资源主管部门向建设单位同步核发建设用地规划许可证、国有建设用地划拨决定书。（《国有建设用地划拨决定书》和《建设用地规划许可证》见本书附录五、附录六）

以出让方式取得国有土地使用权的，市、县自然资源主管部门依据规划条件编制土地出让方案，经依法批准后组织土地供应，将规划条件纳入国有建设用地使用权出让合同。建设单位在签订国有建设用地使用权出让合同后，市、县自然资源主管部门向建设单位核发建设用地规划许可证。

市、县自然资源主管部门应当将提供国有土地的情况定期予以公布。

6. 土地登记

土地使用者依法按照规定办理土地登记。

二、单独选址的建设项目用地审查报批内容及权限

《土地管理法》设定了农用地转用、土地征收和建设项目供地审批三项审批内容，具体对应着农用地转用方案、补充耕地方案、土地征收方案和供地方案四大方案。

1. 报批内容及拟订方案

城市建设用地区外单独选址的建设项目用地是指必须在城市建设用地区外单独选址的使用国有建设用地的建设项目用地的办理情况。如果项目使用集体所有农用地的，要经过农用地转用、土地征收及建设项目用地审批三个步骤，须拟订农用地转用方案、补充耕地方案、土地征收方案和供地方案四大方案。使用集体建设用地或集体未利用土地的，只需办理土地征收审批和建设项目供地审批，须拟订征收土地方案和供地方案。使用国有农用地的需办理农用地转用审批和建设项目供地审批，拟订农用地转用方案、补充耕地方案和供地方案。项目只使用国有未利用土地的，只需办理建设项目供地审批，拟订供地方案。

2. 审批权限之间的关系

（1）农用地转用批准权属于国务院，而土地征收权限属于国务院或省级人民政府的，国务院批准农用地转用时，同时批准土地征收和建设项目用地，不再另行办理征地和建设项目供地审批。

（2）农用地转用和土地征收审批都在省、自治区、直辖市人民政府权限内的，省、自治区、直辖市人民政府批准农用地转用时，同时批准土地征收和建设项目用地。

（3）农用地转用在省级人民政府批准权限内，而土地征收在国务院批准权限内的，先由省级人民政府办理农用地转用审批，再报国务院批准土地征收和建设项目用地。

（4）项目用地供地方案由批准土地征收的人民政府在批准土地征收方案时一并批准。

（5）项目用地只使用国有农用地的，供地方案由批准农用地转用的人民政府在批农用地转用方案时批准。

（6）农用地转用方案、补充耕地方案、土地征收方案和供地方案的实施和办理国

有土地建设项目用地使用权的出让或划拨的具体手续，由当地县、市人民政府自然资源主管部门负责。

三、单独选址的建设项目用地审查报批必备的材料

单独选址的建设项目用地审查报批必备的材料主要有以下几方面。

1. 建设用地申请表

建设用地申请表，并附具下列材料：① 建设项目用地预审意见；② 建设项目批准、核准或者备案文件；③ 建设项目初步设计批准或者审核文件。

建设项目拟占用耕地的，还应当提出补充耕地方案；建设项目位于地质灾害易发区的，还应当提供地质灾害危险性评估报告。

国家重点建设项目中的控制工期的单体工程和因工期紧或者受季节影响急需动工建设的其他工程，可以由省、自治区、直辖市自然资源主管部门向自然资源部申请先行用地。

申请先行用地，应当提交下列材料：① 省、自治区、直辖市自然资源主管部门先行用地申请；② 建设项目用地预审意见；③ 建设项目批准、核准或者备案文件；④ 建设项目初步设计批准文件、审核文件或者有关部门确认工程建设的文件；⑤ 自然资源部规定的其他材料。

2. 建设项目用地呈报说明书

建设项目用地呈报说明书应包括项目具体用地安排情况、拟使用情况等，并应附具下列材料。

（1）经批准的市、县土地利用总体规划图和分幅土地利用现状图，占用基本农田的，同时提供乡级土地利用总体规划图。

（2）有资格的单位出具的勘测定界图及勘测定界技术报告书。

（3）地籍资料或者其他土地权属证明材料。

（4）为实施城市规划和村庄、集镇规划占用土地的，提供城市规划图和村庄、集镇规划图。

3. 农用地转用方案、补充耕地方案、土地征收方案及供地方案

农用地转用方案，应当包括占用农用地的种类、面积、质量等，以及符合规划计划、基本农田占用补划等情况。

补充耕地方案，应当包括补充耕地的位置、面积、质量，补充的期限，资金落实情况等，以及补充耕地项目备案信息。

土地征收方案，应当包括征收土地的范围、种类、面积、权属，土地补偿费和安置补助费标准，需要安置人员的安置途径等。

供地方案，应当包括供地方式、面积、用途等。

4. 其他材料

《自然资源部关于改进和优化建设项目用地预审和用地审查的通知》（国土资规

〔2016〕16号）对报国务院批准单独选址建设项目用地报批材料进行了简化，报部审查材料目录如表3-1和表3-2所示。简化报国务院批准单独选址建设项目用地报部审查材料后，省级自然资源主管部门根据审查责任和本地实际，对地方各级自然资源主管部门受理的用地报批材料做出规定。要利用统一的建设用地报盘软件，通过自然资源主干网由省（自治区、直辖市）向部报送电子材料。省级自然资源主管部门向部报送用地报批材料时，同时将电子材料抄送派驻地方的有关国家自然资源督察局。

表3-1　报国务院批准土地征收的单独选址建设项目用地报批材料目录

序号	报批材料名称	电子化格式	纸质材料
1	省级人民政府用地请示文件（附省级自然资源主管部门的审查报告）	PDF文档	是
2	建设项目农用地转用批复	PDF文档	是
3	"一书两方案"（即建设项目呈报说明书、土地征收方案、供地方案）	数据库表及PDF文档	是
4	建设项目用地预审批复文件	PDF文档	是
5	建设项目批准、核准或备案文件	PDF文档	是
6	建设项目初步设计批准或审核文件	PDF文档	是
7	建设项目用地土地分类面积汇总表	数据库表	否
8	建设项目用地勘测定界界址点坐标成果表（1980国家大地坐标系）	数据库表	否

表3-2　报国务院批准农用地转用和土地征收的单独选址建设项目用地报批材料目录

序号	报批材料名称	电子化格式	纸质材料
1	省级人民政府用地请示文件（附省级自然资源主管部门的审查报告）	PDF文档	是
2	"一书四方案"（即建设项目呈报说明书、农用地转用方案、补充耕地方案、土地征收方案、供地方案）	数据库表及PDF文档	是
3	建设项目用地预审批复文件	PDF文档	是
4	建设项目批准、核准或备案文件	PDF文档	是
5	建设项目初步设计批准或审核文件	PDF文档	是
6	建设项目用地土地分类面积汇总表	数据库表	否
7	建设项目用地勘测定界界址点坐标成果表（1980国家大地坐标系）	数据库表	否
8	补划基本农田地块边界拐点坐标表（1980国家大地坐标系）	数据库表	否

四、单独选址的建设项目用地报批条件

单独选址的建设项目用地符合下列条件，方可批准。

（1）符合土地利用总体规划。需调整土地利用总体规划的，应完成规划修改方案的编制、论证、听证。

（2）符合城市总体规划或城镇、村庄规划，取得规划部门的选址意见。

（3）已取得用地预审与选址意见。

（4）已取得发改部门可行性研究、初步设计批复。

（5）已落实林业、水利、环保等其他部门的前置审批。

（6）已落实耕地占补平衡（补充耕地、补划基本农田、补建标准农田）。

（7）已履行征地批前程序、拟订征地补偿安置方案，落实被征地农民基本生活保障制度。

（8）其他。

第三节 城市分批次建设用地审查报批

一、城市分批次建设用地审查报批程序

（一）报省级人民政府批准城市建设用地审查报批程序

在土地利用总体规划确定的城市建设用地区内，为实施城市规划占用土地的，分两个阶段办理用地手续。

1. 第一阶段，分批次办理农用地转用、土地征收手续

具体程序如下。

（1）编制方案。

在土地利用总体规划确定的城市建设用地范围内，为实施城市规划占用土地的，由市、县自然资源主管部门拟订农用地转用方案、补充耕地方案和土地征收方案，编制建设项目用地呈报说明书，经同级人民政府审核同意后，报上一级自然资源主管部门审查。

（2）方案审查报批。

程序同城市建设用地区外单独选址建设项目用地审查报批程序的第四步。

（3）方案实施。

农用地转用方案、补充耕地方案、征收土地方案经批准后，由市、县人民政府组织实施。

2. 第二阶段，具体建设项目占用城市建设用地区内的国有建设用地

在土地利用总体规划确定的城市建设用地范围内，为实施城市规划占用土地的，

经依法批准后，市、县自然资源主管部门应当公布规划要求，设定使用条件，确定使用方式，并组织实施供地。

(二) 报国务院批准城市建设用地审查报批程序

《关于调整报国务院批准城市建设用地审批方式有关问题的通知》（国土资发〔2006〕320号）中规定，在土地利用总体规划确定的城市建设用地范围内，依法由国务院分批次审批的农用地转用和土地征收，从2007年起调整为每年由省级人民政府汇总后一次申报，经自然资源部审核，报国务院批准后由省级人民政府具体组织实施，实施方案报自然资源部备案。

报国务院批准城市建设用地审批方式调整后，省级人民政府将对城市建设用地负总责，有利于加强土地宏观调控，强化省级政府责任；有利于减少审批环节，提高行政效能；有利于自然资源部转变职能，强化用地监管。

自然资源部依据规划和计划，对农用地转用和土地征收方案审查把关；指导、监督与核查地方组织实施工作。省级自然资源主管部门按照有关规定和省级人民政府要求，负责本行政区内城市农用地转用和土地征收方案的审查汇总上报；农用地转用和土地征收实施方案的审核、实施、监督检查和报自然资源部备案等工作。有关城市自然资源主管部门按规定要求，负责农用地转用和土地征收方案与实施方案的编制与报批；具体实施征地与供地及报省（区）、自然资源部备案等工作。

报国务院批准城市建设用地审批方式调整后，城市建设用地报批和实施，按照报国务院批准农用地转用和土地征收、省级人民政府负责组织实施、城市人民政府具体实施三个阶段组织进行。

1. 报国务院批准农用地转用和土地征收

（1）城市自然资源主管部门编制农用地转用和土地征收方案。

依法需报国务院批准建设用地的城市自然资源主管部门，在提出土地利用年度计划建议时，就根据土地利用总体规划确定的中心城市建设用地范围内实施城市规划的用地需求，编制农用地转用和土地征收方案，在上级机关正式下达计划指标后，填报《××市××年度农用地转用和土地征收方案表》，报城市人民政府审核同意后，由城市人民政府一次性向省级人民政府申报，同时抄送省级自然资源主管部门。

（2）省级自然资源主管部门对农用地转用和土地征收方案审查，汇总上报。

省级自然资源主管部门依据国家产业政策、经国务院批准的城市土地利用总体规划、下达的中心城市年度用地计划指标及新增建设用地的有关规定，对农用地转用和土地征收方案进行审查，提出书面审查意见。

省级自然资源主管部门将本行政区域内所有需报国务院批准的城市建设用地请示汇总，填报《××省××年度国务院批准建设用地城市农用地转用和土地征收方案申报汇总表》，连同对各城市农用地转用和土地征收方案书面审查意见，报省级人民政府同意后，由省级人民政府一年一次性呈报国务院，同时抄送自然资源部和派驻地区的国家自然资源督察局。

（3）自然资源部对农用地转用和土地征收方案审查，报国务院批准。

自然资源部收到国务院办公厅转来的省级人民政府关于城市建设用地请示后，根据国家宏观经济政策、土地管理法律法规和有关规定要求，依据土地利用总体规划与城市总体规划及年度用地计划，重点对农用地转用和土地征收方案中涉及的城市新增建设用地的规模、区位、规划用途，以及征地补偿安置、补充耕地进行总体审查，形成审查报告，呈报国务院审批。

城市建设用地经国务院批准后，自然资源部办理建设用地批复文件，有针对性地批复有关省级人民政府，同时抄送派驻地区的国家自然资源督察局。省级人民政府应及时通知有关城市人民政府，组织实施农用地转用和土地征收方案。

2. 省级人民政府组织实施农用地转用和土地征收

（1）城市自然资源主管部门确定农用地转用与土地征收实施方案。

根据国务院已批准的农用地转用和土地征收方案，城市自然资源主管部门按照城市人民政府的要求，分期分批地确定划拨用地项目和有偿出让土地范围，落实具体地块或区位，在进行建设用地勘测定界、履行征地前期规定程序、落实征地补偿资金、确定征地安置方案、完成先行补充耕地、拟订供地方式后，填报《××市农用地转用和土地征收实施方案表》，由城市人民政府审定后上报省级人民政府，同时抄送省级自然资源主管部门。

（2）省级自然资源主管部门审核农用地转用和土地征收实施方案。

省级自然资源主管部门根据国家产业政策、土地征收和土地利用等有关规定，对城市人民政府报送的农用地转用和土地征收实施方案进行审核；符合国务院批准的农用地转用和土地征收方案与有关要求的，建议省级人民政府予以同意；在城市人民政府按有关规定缴纳了新增建设用地土地有偿使用费后办理回复文件。

（3）农用地转用和土地征收实施方案报自然资源部备案。

省级人民政府在审核同意城市农用地转用和土地征收实施方案后，应将有关情况报自然资源部备案，同时抄送派驻地区的国家自然资源督察局。由省级自然资源主管部门于每季度第一个月10日以前，汇总城市上一季度实施方案审核同意情况，填报《××省××年××季度国务院批准建设用地城市农用地转用和土地征收实施方案备案表》并附标注申请用地和补充耕地位置的标准分幅土地利用现状图、建设用地勘测定界技术报告和勘测定界图（电子软盘）报自然资源部。

3. 城市人民政府具体实施征地和供地

（1）城市自然资源主管部门组织征地和供地。

城市农用地转用和土地征收实施方案经省级人民政府审核同意后，由城市人民政府予以公告，自然资源主管部门具体实施，按国家有关政策组织征地和供地。

（2）城市自然资源主管部门将建设用地供应情况上报备案。

城市自然资源主管部门按照《关于进一步完善和严格执行建设用地备案制度的通

知》（国土资发〔2003〕400号）和《关于报送建设用地备案数据有关要求的通知》（国土资厅发〔2004〕38号）规定要求，按季度汇总城市建设用地的具体供应情况，填报城市建设用地供应情况有关备案表，由城市人民政府于当年第2~4季度第一个月的10日前和下一年1月15日前将上一季度汇总情况和备案表分别报省级人民政府和自然资源部备案。

二、城市分批次建设用地的审批内容及权限

今后，除能源、交通、水利、矿山、军事设施等必须在城市建设用地区外单独选址外，都必须实行由县、市人民政府统一征收、统一开发、统一供地的办法，城市建设用地区内用地是指按照土地利用总体规划划定的城市建设用地区，由县、市人民政府按土地利用总体规划、土地利用年度计划按批次征收和农用地转用的土地，具体建设项目使用城市建设用地内的土地，应先分批次办理土地征收和农用地转用，然后再按具体建设项目供地。

（一）报批内容及应拟订的方案

第一阶段农用地转用与土地征收审批中，市、县人民政府自然资源主管部门应报批农用地转用、土地征收审批，拟订相应的农用地转用方案、补充耕地方案和征收土地方案。

第二阶段国有建设项目用地供地，应进行建设项目用地供地审批，拟订供地方案。

（二）审批权限之间的关系

1. 第一阶段农用地转用与土地征收审批

按《土地管理法》规定，农用地转用批准权属于国务院，而土地征收批准权属于国务院或省级人民政府的，国务院批准农用地转用时，同时批准征收土地。不再另行办现征地审批。

农用地转用和征收土地审批权都在省级人民政府的，省级人民政府批准农用地转用时，同时批准征收土地。

农用地转用审批权在省人民政府，而土地征收审批权在国务院的，先办理农用地转用审批，再报国务院办理土地征收审批。

2. 第二阶段国有建设项目用地供地审批

由省级以上人民政府批准农用地转用和征收土地后，具体的建设项目用地（国有建设用地使用权划拨或出让）由市县人民政府负责，不再报上级政府批准。但上级人民政自然资源主管部门可以对土地的使用情况进行监督检查。

三、城市分批次建设用地审查报批必备的材料

（一）报省级人民政府批准的城市建设用地审查报批必备的材料

报省级人民政府审批的城市分批次用地，应附具以下材料。

（1）设区市和县（市）人民政府请示文件，征地明细表。

（2）市或县（市）人民政府关于征地补偿合法性、安置可行性，以及保障资金落实情况、征地听证与供地情况说明。

（3）建设项目用地呈报说明书、农用地转用方案、补充耕地方案、征收土地方案。

（4）市、县政府对本年度城市用地和项目建设的总体安排意见。

（5）拟征占地土地权属情况汇总表。

（6）征地听证材料。

（7）设区市自然资源主管部门补充耕地验收文件、验收表、补充耕地位置图。

（8）1∶10 000标准分幅土地利用现状图。

（9）土地勘测定界图（在图上标明坐标值和地类面积）。

（10）标注征地位置的土地利用总体规划图。

（二）报国务院批准的城市建设用地审查报批必备的材料

1. 省级人民政府向国务院呈报城市建设用地请示时，需提交的材料

省级人民政府向国务院呈报城市建设用地请示时，需提交以下材料。

（1）省级人民政府关于××年度城市建设用地请示文件。

（2）省级自然资源主管部门对××市××年度建设用地审查报告。

（3）××省××年度国务院批准建设用地城市农用地转用和土地征收方案申报汇总表。

（4）标注申请用地位置的城市中心城区土地利用总体规划图。

需要其他申报材料的，由省级自然资源主管部门自行确定。

2. 城市申报实施方案时，需提交的材料

城市人民政府向省级人民政府申报农用地转用和土地征收实施方案时，需提交以下材料。

（1）××市建设用地请示文件。

（2）××市农用地转用和土地征收实施方案表。

（3）申请用地位置的标准分幅土地利用现状图。

（4）建设用地勘测定界技术报告和勘测定界图。

需要其他申报资料的，由省级自然资源主管部门自行确定。

建设用地报批材料目录及方案申报汇总表，如表3-3和表3-4所示。

表3-3 报国务院批准城市建设用地报批材料目录

序号	报批材料名称	电子化格式	纸质材料
1	省级人民政府用地请示文件（附省级自然资源主管部门的审查报告）	PDF文档	是
2	省级汇总有关城市的农用地转用土地征收补充耕地方案	数据库表	是

表3-4 _____省（区、市）_____年度国务院批准建设用地城市农用地转用土地征收补充耕地方案申报汇总表

填表单位：（盖章）_____省（区、市）自然资源厅（局、委）　　　　单位：公顷、万元、万元/公顷

城市	土地利用计划		申请用地面积						征地补偿安置					补充耕地			规划用途						
	新增建设用地		合计	国有	集体	新增建设用地			征收面积	补偿标准	征地补偿费用			面积	耕地开垦费标准	耕地开垦费概算	交通运输用地	公共管理与公共服务用地	商服用地	工矿仓储用地	住宅用地	其他用地	
	农用地					农用地					社保费用	政府补贴社保费用									保障性安居工程用地	特殊用地	
		耕地					耕地																
(1)	(2)	(3)	(4)	(5)	(6)	(7)	(8)	(9)	(10)	(11)	(12)	(13)	(14)	(15)	(16)	(17)	(18)	(19)	(20)	(21)	(22)	(23)	(24)	(25)	(26)
合计											—	—				—	—								

审核人：　　　　　　填表人：　　　　　　填表时间：

第四节　建设项目用地预审

为保证土地利用总体规划的实施，充分发挥土地供应的宏观调控作用，控制建设用地总量，根据《土地管理法》、《土地管理法实施条例》和《国务院关于深化改革严格土地管理的决定》，自然资源部于2001年6月28日自然资源部第5次部务会议通过了《建设项目用地预审管理办法》，并于2004年10月29日自然资源部第9次部务会议修订。2008年11月12日自然资源部第13次部务会议第一次修正，并于2009年1月1日施行（自然资源部令第42号）。2016年11月25日，根据《自然资源部关于修改〈建设项目用地预审管理办法〉的决定》第二次修正（自然资源部令第68号）。

一、建设项目用地预审的概念、作用

建设项目用地预审是指自然资源主管部门在建设项目审批、核准、备案阶段，依法对建设项目涉及的土地利用事项进行的审查。

建设项目用地预审是土地管理从源头上控制和引导建设项目用地的重要手段，是实施土地利用总体规划、落实土地用途管制的重要措施，也是土地利用管理的关键环节。

预审意见是有关部门审批项目可行性研究报告、核准项目申请报告的必备文件。预审意见提出的用地标准和总规模等方面的要求，建设项目初步设计阶段应当充分考虑。建设用地单位应当认真落实预审意见，并在依法申请使用土地时出具落实预审意见的书面材料。

二、建设项目用地预审应遵循的原则

建设项目用地预审应当遵循下列原则：① 符合土地利用总体规划；② 保护耕地，特别是基本农田；③ 合理和集约利用土地；④ 符合国家供地政策。

三、建设项目用地预审的机关

建设项目用地实行分级预审。

需人民政府或有批准权的人民政府发展和改革等部门审批的建设项目，由该人民政府的自然资源主管部门预审。

需核准和备案的建设项目，由与核准、备案机关同级的自然资源主管部门预审。

为了落实国务院关于职能转变、简政放权的决定，自然资源部办公厅下发了《关于下放部分建设项目用地预审权限的通知》（国土资厅发〔2013〕44号），通知规定按照投资管理权限规定原相应须报自然资源部用地预审的备案类项目由省级自然资源

主管部门预审。《建设项目用地预审管理方法》规定应当由自然资源部负责预审的输电线塔基、钻探井位、通信基站等小面积零星分散建设项目用地,由省级自然资源主管部门预审,并报自然资源部备案。

四、建设项目用地预审的程序

1. 提出预审申请

需审批的建设项目在可行性研究阶段,由建设用地单位提出预审申请。需核准的建设项目在项目申请报告核准前,由建设单位提出用地预审申请。需备案的建设项目在办理备案手续后,由建设单位提出用地预审申请。建设单位在预审申请时应填写建设项目预审申请表,编制建设项目用地预审申请报告,并向预审的自然资源主管部门提供相应材料。

为落实党中央、国务院推进政府职能转变、深化"放管服"改革和优化营商环境的要求,自然资源部以"多规合一"为基础推进规划用地"多审合一、多证合一"改革,将规划选址和用地预审进行合并。

涉及新增建设用地,用地预审权限在自然资源部的,建设单位向地方自然资源主管部门提出用地预审与选址申请,由地方自然资源主管部门受理;经省级自然资源主管部门报自然资源部通过用地预审后,地方自然资源主管部门向建设单位核发建设项目用地预审与选址意见书。用地预审权限在省级以下自然资源主管部门的,由省级自然资源主管部门确定建设项目用地预审与选址意见书办理的层级和权限。

2. 受理申请

由有预审权限的自然资源主管部门受理预审申请。其中,应当由自然资源部预审的建设项目,自然资源部委托项目所在地的省级自然资源主管部门受理,但建设项目占用规划确定的城市建设用地范围内土地的,委托市级自然资源主管部门受理。受理后,提出初审意见,转报自然资源部。涉密军事项目和国务院批准的特殊建设项目用地,建设用地单位可直接向自然资源部提出预审申请。应当由自然资源部负责预审的输电线塔基、钻探井位、通信基站等小面积零星分散建设项目用地,由省级自然资源主管部门预审,并报自然资源部备案。

符合规定的预审申请和自然资源主管部门委托的初审转报件,自然资源主管部门应当受理和接收。不符合的,应当场或在5日内书面通知申请人和转报人,逾期不通知的,视为受理和接收。受自然资源部委托负责初审的自然资源主管部门应当自受理之日起20日内完成初审工作,并转报自然资源部。

3. 预审审查,出具预审意见

自然资源主管部门应当自受理预审申请或者收到转报材料之日起20日内,完成审查工作,并出具预审意见。20日内不能出具预审意见的,经负责预审的自然资源主管部门负责人批准，可以延长 10 日。

预审意见应当包括预审审查内容的结论性意见和对建设用地单位的具体要求。

预审意见是有关部门审批项目可行性研究报告、核准项目申请报告的必备文件。

《自然资源部关于以"多规合一"为基础推进规划用地"多审合一、多证合一"改革的通知》（自然资规〔2019〕2号）规定："将建设项目选址意见书、建设项目用地预审意见合并，自然资源主管部门统一核发建设项目用地预审与选址意见书，不再单独核发建设项目选址意见书、建设项目用地预审意见。"

建设项目用地预审与选址意见书有效期为三年，自批准之日起计算。已经预审的项目，如需对土地用途、建设项目选址等进行重大调整的，应当重新申请预审。

未经预审或者预审未通过的，不得批复可行性研究报告、核准项目申请报告；不得批准农用地转用、土地征收，不得办理供地手续。预审审查的相关内容在建设用地报批时，未发生重大变化的，不再重复审查。

五、建设项目用地预审所需要的材料

1. 建设用地单位申请预审应提交的材料

申请用地预审的项目建设单位，应当提交下列材料：

（1）建设项目用地预审与选址申请表。

（2）建设项目用地预审申请报告，内容包括拟建项目的基本情况、拟选址占地情况、拟用地是否符合土地利用总体规划、拟用地面积是否符合土地使用标准、拟用地是否符合供地政策等。

（3）审批项目建议书的建设项目提供项目建议书批复文件，直接审批可行性研究报告或者需核准的建设项目提供建设项目列入相关规划或者产业政策的文件。

2. 受自然资源部委托负责初审的自然资源主管部门在转报用地预审申请时提交的材料

受自然资源部委托负责初审的自然资源主管部门在转报用地预审申请时，应当提供下列材料：

（1）初步审查意见，内容包括拟建设项目用地是否符合土地利用总体规划、是否符合国家供地政策、用地标准和总规模是否符合有关规定、补充耕地初步方案是否可行等。

（2）标注项目用地范围的土地利用总体规划图、土地利用现状图及其他相关图件。

（3）建设项目用地需修改土地利用总体规划的，应当出具规划修改方案。

报自然资源部建设项目用地预审材料目录如表 3-5 所示。

表 3-5　报自然资源部建设项目用地预审材料目录

序　号	材料名称	电子化格式	纸质材料
1	建设项目用地预审与选址申请表	数据库表及 PDF 文档	是
2	建设项目用地预审申请报告	PDF 文档	是
3	省级自然资源主管部门初审意见	PDF 文档	是
4	项目建设依据（项目建议书批复文件、项目列入相关规划文件或者相关产业政策文件）	PDF 文档	是
5	标注项目用地范围的土地利用总体规划图、土地利用现状图及其他相关图件	—	是
6	建设项目用地需要修改土地利用总体规划的，应提供土地利用总体规划修改方案	PDF 文档	是
7	项目用地边界拐点坐标表（1980 国家大地坐标系）	数据库表	否

六、预审的审查内容

预审应当审查以下内容：

（1）建设项目用地是否符合国家供地政策和土地管理法律、法规规定的条件。

（2）建设项目选址是否符合土地利用总体规划，属《土地管理法》（2019 年修正）第二十五条规定情形，建设项目用地需修改土地利用总体规划的，规划修改方案是否符合法律、法规的规定。

（3）建设项目用地规模是否符合有关土地使用标准的规定；对国家和地方尚未颁布土地使用标准和建设标准的建设项目，以及确需突破土地使用标准确定的规模和功能分区的建设项目，是否已组织建设项目节地评价并出具评审论证意见。

占用基本农田或者其他耕地规模较大的建设项目，还应当审查是否已经组织踏勘论证。

第五节　建设用地全程动态监管

建设用地全程动态监管是土地管理工作的核心环节之一，是加强和改善土地参与宏观调控、贯彻落实国家调控政策，促进依法依规、节约集约用地的重要抓手、平台和载体。为适应政府行政职能由重审批向重监管方向的转变，加强土地供应和供后开发利用的监管，加快形成建设用地的有效供给，从 2003 年起，自然资源部在全国范围内建立了土地市场动态监测制度，实现了对土地供应环节的动态监测，开通了中国土地市场网，搭建了社会监督的平台；2008 年以后，自然资源部加快建设了建设用地"批、供、用、补、查"综合监管平台，建立合同网上填报系统，向社会公开合同约定的开、竣工时限，督促土地利用主体按照合同约定进行开发建设；2012年以后，自然资源部通过试点先行，在全国范围了初步建立了土地利用动态巡查制度，动态公开大企业、大地块的开发利用情况，进一步提高了对于供后开发利用行为的监管力度，突出了对闲置土地的调查、认定和处置。

经过近十年来的发展，建设用地的监测监管工作有力地促进了土地节约集约利用：一是通过土地市场动态监测监管，切实掌握了全国土地供应的总量、结构、价格、节奏等情况，为加强和改进宏观调控、推进节约集约用地提供了基础数据和宏观决策的支撑；二是通过土地市场动态监测监管，切实掌握了全国建设用地批而未征、征而未供、供而未用的基本情况，推进了批而未供土地和闲置土地的消化处置，督促各级政府优化审批、供应流程和缩短工作周期，督促土地利用主体按期开、竣工建设，加快形成有效供给；三是通过土地市场动态监测监管，及时向社会发布已供土地的开发利用信息，建立健全了开发利用环节的社会监督机制。

一、建设用地全程动态监管的含义

建设用地全程动态监管，是自然资源主管部门依托建设用地监管平台，按照全面监管、全程监管、动态监管的要求，通过信息监测、动态巡查和实地核查等手段，实现对建设用地审批、供应、利用、补充耕地和违法用地查处（以下简称"批、供、用、补、查"）等有关情况的监督管理，从源头上遏制违法违规违约行为的发生，促进依法依规用地，提高节约集约用地水平。

在土地管理新形势下，进一步加强建设用地全程动态监管，是落实节约集约用地、建立最严格节地制度的必然产物和重要措施；是转变政府职能、创新行政管理方式的重要内容；是提高自然资源管理水平，促进各项建设依法依规用地的重要抓手。各级自然资源主管部门均应高度重视，切实加强组织领导，积极推进机制创新，着力强化技术支撑，全面促进用地监管任务的落实，实现常态化。

建设用地全程动态监管应面向国家、省、市、县、乡（镇）五级自然资源主管部门，依据建设用地"批、供、用、补、查"环节的业务特点，构建基于对地观测与地面观测相结合的建设用地数据采集、数据处理与组织集成、建设用地变化信息动态识别、现场移动巡查核查、室内业务处理与辅助决策等一体化的空地协同的建设用地全程监管工作模式，利用建设用地移动监管技术装备与业务系统，提高建设用地动态监管效率，满足不同行政等级自然资源主管部门、不同地域类型、不同区域特征、不同用地类型建设用地全业务、全流程的信息化监管的要求。

二、建设用地全程动态监管的内容

按照全面监管、全程监督、动态监管的要求，要切实加强对建设用地"批、供、用、补、查"等有关情况的动态监管，具体内容包括以下几个方面。

1. 建设用地审批监管

建设用地审批权限落实、规划计划执行、征地补偿安置、耕地占补平衡、新增建设用地土地有偿使用费收缴、挂钩项目拆旧复垦实施、挂钩周转指标使用、实施征地等。

2. 建设用地供应监管

土地供应政策（包括供地方式、用地标准和产业政策等）执行情况；供地计划、程序、结果信息公开，划拨决定书或出让合同签订等情况；地价管理及房地产调控政策落实等情况。

3. 建设用地利用监管

禁止、限制供地政策和用地标准落实情况；用地单位依照划拨决定书或出让合同约定的建设条件和标准使用土地情况；土地开发利用与闲置等情况。

4. 补充耕地监管

各地按照耕地占补平衡政策要求落实补充耕地情况；用地单位履行补充耕地义务，自行补充耕地或按规定缴纳耕地开垦费后有关责任单位完成补充耕地情况。

5. 违法用地查处监管

各类违法违规用地的查处情况，重点是非法征占农用地及违法违规重大案件的查处等情况；地方政府和自然资源主管部门对违法违规用地的发现、制止、查处和报告情况。

6. 专项监督管理

结合年度重点工作安排及土地管理工作实际，对重点工作任务落实情况、重大改革试点项目实施情况及土地管理工作中的突出问题等实施专项监督管理。

三、建设用地全程动态监管平台

各地要按自然资源部的要求，全面运用建设用地监管信息系统。自然资源部结合金土工程建设，尽快建立国家土地督察业务系统，探索建立国家土地督察巡查监控系统和土地违法违规网上督察举报系统，并纳入自然资源管理业务网。督察信息与各建设用地监管系统信息实现共享，运用计算机网络技术、全球定位系统和遥感监测系统，构建统一的网络监管平台，提高建设用地监管水平。

1. 建设用地审批备案系统

各省（自治区、直辖市）自然资源主管部门应用建设用地审批备案系统，通过自然资源业务网向自然资源部实时报送批准用地的位置、面积、用途、耕地占补平衡等信息，以及违法用地依法查处后补办用地手续等有关信息。

2. 征地批后实施监管信息系统

县级自然资源主管部门负责填报征地批后实施信息，加强用地批后监管。

3. 土地市场动态监测与监管系统

市、县自然资源主管部门要按照土地供应与利用信息备案的有关要求，应用建设用地供应备案系统、土地市场动态监测系统和土地交易合同网上填报服务系统，通过自然资源业务网向自然资源部实时报送供地面积、用途、方式、容积率、绿地率、建筑密度、投资强度和项目开、竣工时间等土地供应与利用信息。未开通自然资源业务网的市、县，通过互联网报送相关信息。

4. 土地整理复垦开发项目信息备案系统

省级自然资源主管部门要按照部土地整理复垦开发项目备案和相关信息系统建设的要求，建立土地整理复垦开发项目数据库，通过自然资源业务网实时向部报送项目立项、实施、验收、补充耕地数量、质量和资金等信息。

5. 城乡建设用地增减挂钩在线监管系统

定位于监管平台"批、供、用、补、查"中"批""补"的监管，用于全面掌握城乡建设用地增减挂钩项目区的审批规模、实施进展、建设成效的监管。

6. 国土资源执法监察管理信息系统

地方各级自然资源主管部门要按照要求，应用国土资源执法监察管理信息系统开展案件查处、案件统计和卫片检查等执法监察工作，通过自然资源业务网实时逐级向部报送相关信息。

7. 土地利用监管"一张图"

建立集遥感信息、土地利用现状及变化信息于一体的全国土地利用监管"一张图"。在信息资源共享基础上，各省（自治区、直辖市）自然资源主管部门要建立本辖区土地利用"一张图"，适时对土地利用总体规划修编和土地区位调整、征占用耕地、土地供应、土地开发利用及违法违规用地案件查处等查对分析，强化对建设用地的动态监管。

自然资源主管部门应集成各类监管信息系统和全国土地利用"一张图"，形成统一的建设用地监管平台。以"一张图"为基础，结合土地利用总体规划，运用实时获取的建设用地"批、供、用、补、查"和国家土地督察等信息，分析土地利用变化情况，实施建设用地动态监管，实现"以图管地"。

四、建设用地全程动态监管工作责任

加强建设用地全面、全程监管是土地资源管理的一项重要任务。各级自然资源主管部门要充分认识监管工作的重要性，明确职责，建章立制，周密部署，落实任务；部内相关司、局与国家自然资源督察机构应各司其职，密切配合，按照"整合力量、做好衔接、确保效果"的要求，共同做好监管工作。

1. 自然资源部的监管职责

自然资源部负责统筹部署建设用地监管工作，主要包括：加强各监管系统建设，完善运行制度，构建国家统一的监管平台；适时组织开展建设用地专项监督检查，分析评价和通报监管情况；督导地方建设用地监管工作，对存在的问题督促整改；各派驻地方的国家自然资源督察局按职责重点开展日常监管工作。

2. 省级自然资源主管部门的监管职责

省级主要组织落实建设用地监管任务，主要包括：建立和完善全省建设用地全程动态监管的工作制度；省级自然资源主管部门按照监管工作和监管信息系统建设要求，根据本地实际，建立本地区的建设用地监管平台；组织开展建设用地"批、供、用、补、查"监督检查，总结情况，发现问题，督促市、县及时整改；分析评价和通报监管情况；严格按照部有关要求，认真组织做好监管信息报备工作。

3. 市、县自然资源主管部门的监管职责

市、县自然资源主管部门负责建设用地全程动态监管工作的具体实施，主要包括：市、县自然资源主管部门结合土地执法动态巡查、建设项目竣工土地检查核验、土地变更调查等相关业务工作，积极开展建设用地供应、利用、补充耕地和违法用地等情况的日常监督检查；落实整改要求，对发现的问题及时进行整改和查处；严格按照监管信息系统规定要求，对日常监督检查情况实行信息化管理，及时录入、上报、更新监管信息，并确保信息真实准确。

各级自然资源主管部门要加强沟通与协调，充分发挥管理部门、事业单位、专业机构的作用，明确责任单位，健全监管队伍，落实监管人员，充分整合所属事业单位、自然资源分局和基层自然资源所的力量，与既有的巡查队伍进行有序衔接，确保建设用地全程动态监管落实到位。

五、加强建设用地全程动态监管的措施

1. 加快建设用地全程监管平台建设

建设用地全程监管平台是建设用地全程动态监管工作的重要技术支持和保障。建设用地监管信息系统有建设用地审批备案系统、征地批后实施监管信息系统、土地市场动态监测与监管系统、土地整理复垦开发项目信息备案系统、增减挂钩在线监管系统、废弃地复垦试点管理系统、国土资源执法监察管理信息系统等。各级自然资源主管部门要采取切实有力的措施，不断提升运用系统进行监测监管的能力，充分发挥系统对用地监管工作的技术保障作用。

2. 建立监管"一张图"，实现"以图管地"

尽快建立全程监管"一张图"，适时对土地利用总体规划调整、征占用耕地、土地供应、土地开发利用及违法违规用地案件查处等查对分析，实现建设用地的动态监管，从而实现"以图管地"。

3. 积极开展日常监督检查

市、县自然资源主管部门要结合土地执法动态巡查、土地利用动态巡查、建设项

目用地竣工验收、土地变更调查等相关业务工作，积极开展建设用地批后实施、供应、利用、补充耕地和违法用地等情况的日常监督检查。

逐步建立全方位的监管工作组织架构和科学高效的运行机制，充分运用信息公示、监测预警、现场核查、跟踪管理、竣工验收、检查、抽查、考核等各种监管手段，保障发现、反馈、整改、查处等监管流程的有效运转，实现对违法违规违约行为的综合防控，对监管工作中发现的问题，及时纠正、整改和查处，确保监管效果。

本章小结

1. 建设项目用地审查报批的意义、类型、依据。
2. 单独选址的建设项目用地的审查与报批。
3. 城市分批次建设用地的审查与报批。
4. 建设项目用地预审的概念、机关、程序、材料及内容。
5. 建设用地全程动态监管的含义、内容、平台及其工作责任。

关键术语

建设项目用地审查报批　单独选址的建设项目用地　城市分批次建设用地
村镇建设用地　建设项目用地预审　建设用地全程动态监管

案例分析

案例1　违法占用耕地，河北涉县20 MW光伏发电项目叫停

2014年9月，某光伏电力开发有限公司未经批准，擅自占用涉县某村耕地建设办公楼和维护站，占地面积6.56亩。2015年1月8日，涉县国土资源局依法立案查处，3月17日依法下达《处罚决定书》：没收非法占用土地上的建筑物和其他设施，并处以罚款6.569 6万元。某光伏电力开发有限公司在规定时间内既未申请行政复议，又未提起行政诉讼，又不履行处罚决定。2015年11月30日，涉县国土资源局依法申请涉县人民法院强制执行。目前，已没收非法占用土地上的建筑物和其他设施。

该案中某光伏电力开发有限公司若想合法取得某村耕地建设维护站,应进行哪些审批?本案建设项目申请用地后,县级自然资源主管部门应拟订的"一书四方案"是什么?符合哪些条件方可审批?

案例解析

根据《土地管理法》(2019年修正)和《土地管理法实施条例》(2014年修正)的规定,国家保护耕地,严格控制耕地转为非耕地。国家实行占用耕地补偿制度。非农业建设必须节约使用土地,可以利用荒地的,不得占用耕地;可以利用劣地的,不得占用好地。建设占用土地,涉及农用地转为建设用地的,应当办理农用地转用审批手续。

由于占用的土地为某村集体的耕地,除进行农用地转用审批外,还应进行土地征收审批、建设项目供地审批。县级自然资源主管部门接到用地申请后,对符合规划和用地条件的,在30日内应编制建设项目用地呈报说明书、并拟订农用转用方案、补充耕地方案、土地征收方案和供地方案。

建设占用土地涉及农用地转为建设用地的,应当符合土地利用总体规划和土地利用年度计划中确定的农用地转用指标;城市和村庄、集镇建设占用土地,涉及农用地转用的,还应当符合城市规划和村庄、集镇规划。不符合规定的,不得批准农用地转为建设用地。

未经批准或者采取欺骗手段骗取批准,非法占用土地的,由县级以上人民政府自然资源主管部门责令退还非法占用的土地,对违反土地利用总体规划擅自将农用地改为建设用地的,限期拆除在非法占用的土地上新建的建筑物和其他设施,恢复土地原状,对符合土地利用总体规划的,没收在非法占用的土地上新建的建筑物和其他设施,可以并处罚款;对非法占用土地单位的直接负责的主管人员和其他直接责任人员,依法给予行政处分;构成犯罪的,依法追究刑事责任。

实务操作

实务操作1 建设项目用地预审材料编制

××市220千伏输变电工程项目,项目投资2亿元,项目批准类型为核准,拟建地点为××市××县(区)×镇,项目建设依据为省发展改革委《关于××项目开展前期工作告知函》,用地总面积为2公顷,其中农用地为1公顷,耕地0.8公顷,建设用地0.5公顷,未利用土地0.5公顷。项目功能分区用地情况:巡检中心用地××公顷,主控楼区用地××公顷,220千伏配电装置区用地××公顷,主变区用地××公顷,堆料区用地××公顷,10千伏配电区用地××公顷,110千伏配电装置区用地××公顷,绿化用地××公顷。征地补偿标准按××市××县(区)

现行征地补偿标准。

（1）该项目应由哪个部门受理预审？

（2）申请预审的建设单位应提交哪些材料？

（3）请根据所给材料填写建设项目用地预审与选址申请表，编制建设项目用地预审申请报告。

（4）自然资源主管部门收到预审申请后，应预审审查哪些内容？

（5）自然资源主管部门根据预审情况编制预审意见。

实务操作2　单独选址建设项目用地审批材料编制

南水北调东线一期工程××县配套工程项目建设用地，属于单独选址的建设项目用地，该建设项目申请用地总面积为116.999 6公顷，全部属于新增建设用地，农用地为116.999 6公顷，其中耕地为105.235 3公顷，园地为0.176 6公顷，其他农用地为11.587 7公顷，均为集体建设用地，项目已经通过预审，预审机关为××市国土资源管理局，批复文号为××国土资审发（预字）〔2018〕72号，项目批准机关为××市发展和改革委员会，批准文号为××发改农经〔2018〕498号，建设规模总库容量为995.3万立方米，工程设计批准文件批准机关为××市发展和改革委员会，批准文号为××发改农经〔2018〕616号。项目功能分区：水库围坝部分为16.591 1公顷，水库水面为98.720 9公顷，上坝路为0.114 0公顷，入库水道为0.192 7公顷，管理区（含泵房、配电室）为1.380 9公顷。需征收高庄镇李家、赵家村和新河镇祝家、穆家村4村的集体土地。

（1）请根据以上所给材料，结合某市土地征收补偿安置标准，填写建设用地申请表，编制"一书四方案"。

（2）本项目用地经批准后以划拨方式供地，请填写国有建设用地划拨决定书和建设用地规划许可证。

复习思考题

1. 建设用地审查报批的类型有哪些？
2. 如何加强建设用地审查报批？
3. 简述单独选址的建设项目用地审查报批的程序。
4. 报国务院批准单独选址建设项目用地的报批材料有哪些？
5. 单独选址的建设项目用地报批符合哪些条件，方可批准？
6. 简述报省级人民政府批准城市建设用地的审查报批程序。
7. 简述报国务院批准城市建设用地的审查报批程序。
8. 简述建设项目用地预审的概念和作用。
9. 建设项目用地预审的原则有哪些？应审查哪些内容？

10. 建设用地全程动态监管的内容有哪些？
11. 加强建设用地全程动态监管的措施有哪些？

第三章　强化练习题

第四章 农用地转用、土地征收管理

第一节 土地用途管制制度

一、实行土地用途管制的背景

长期以来,我国实行的是"分级限额审批"的用地管理制度。这种制度最大的问题是不能控制土地供应总量,难以抑制对耕地的占用。分级限额审批的审批权绝大部分集中在市、县,有些甚至旁落到乡镇。市县同时作为独立的利益主体,是本地区经济发展的组织者,主要考虑的是本地经济的快速发展。当土地资产的巨大价值日益显现,"以地生财"可以有效缓解建设资金不足的问题时,市、县所处的特殊位置,必然导致其在土地利用和管理上只考虑本地经济发展的需要,不考虑全局和长远的利益。市、县充分运用法律赋予的土地限额审批权,无限制的大量征地,出让土地,却很难履行保护耕地的职责和义务。对中央保护耕地的法律、政策和各项措施,市县并未完全执行好。统计资料表明,仅1986—1996年短短十年时间,全国31个特大城市规模平均增长50%,是人口增长的2.29倍。这种建设用地的粗放利用方式致使全国耕地面积急剧下降,而这个问题在"分级限额审批"用地管理制度下是很难解决的。

(1) 市、县违反耕地限额审批权,用"化整为零"等办法非法批地。1991—1994年,地方应报国务院审批的建设用地项目有1 080件,实际报批只有202件,仅占18.7%。

(2) 不按建设用地计划办事,耕地难以得到保护。虽然国家每年下达建设用地计划,对耕地实行指令性控制,但经过对一些部门和市、县的调查发现,计划经济体制下形成的建设需求决定土地供应,投资项目决定土地计划的问题十分严重,计划外用地大量存在,建设用地计划形同虚设。特别是中央三令五申,禁止修建高级别墅和高档消费娱乐设施,禁止乱设开发区,但许多地方照样为高级别墅和高档消费娱乐设施等禁止性项目供地,还普遍采用更改名称等做法"抵制"清理乱设开发区。

(3) 土地利用总体规划难以控制建设用地规模。许多市、县在编制城市规划时不考虑与土地利用总体规划相衔接，有的市、县编制的土地利用总体规划只是"纸上画画，墙上挂挂"，对非农建设用地规模和布局未形成有效的规模控制，城镇和村庄建设任意摊大饼式扩张，耕地保有总量失控。特别是在同一区域内，相邻地区相互攀比，大量占用耕地，低价出让，形成恶性竞争。

（4）各地在划定基本农用保护区时，普遍存在"划远不划近，划劣不划优"的问题，把城镇近郊和交通沿线两侧的优质高产、稳产粮田划作城镇建设预留地。

从上面的分析我们可以看出，以往实行的分级限额审批的用地制度，由于一些地方普遍采用"化整为零"或"下放土地审批权"等办法非法批地和用地，国家和省的权力基本上架空，农用地大量转为建设用地造成了建设用地总量的失控，耕地面积减少过速。为了切实保护耕地，1997年4月15日中共中央下发了《中共中央国务院关于进一步加强土地管理切实保护耕地的通知》决定在冻结非农业建设项目占用耕地的前提下，研究办法，特别是抓紧立法，以保证耕地总量只能增加不能减少。

二、土地用途管制的含义

《土地管理法》第四条规定："国家实行土地用途管制制度。国家编制土地利用总体规划，规定土地用途，将土地分为农用地、建设用地和未利用地。严格限制农用地转为建设用地，控制建设用地总量，对耕地实行特殊保护。使用土地的单位和个人必须严格按照土地利用总体规划确定的用途使用土地。"《土地管理法》第四十四条规定："建设占用土地，涉及农用地转为建设用地的，应当办理农用地转用审批手续。"

土地用途管制是指国家为保证土地资源的合理利用，经济、社会和环境的协调发展，通过编制土地利用规划，划定土地用途区、确定土地使用限制条件，并要求土地的所有者、使用者严格按照国家确定的用途利用土地的制度。

土地用途管制制度的基本内容包括：通过土地调查依法认定土地现状用途；通过编制土地利用总体规划划定土地规划用途，严格限制农用地转为建设用地；农用地转为建设用地，必须依法办理农用地转用审批手续。

土地用途管制是世界上一些国家和地区广泛采用的土地利用管理制度。国外的土地管理，在过去很长一个时期内仅限于国有土地，而对于不属于国家所有的公有土地和私有土地的开发、利用和管理采取不介入状态。近年来，随着经济的发展和工业化、城市化程度的提高，土地问题日趋严重和复杂。严峻的现实使一些国家意识到，土地作为一种有限的资源，要实现可持续利用，就必须强化土地利用的政府调控。随着经济发展，土地管理工作地不断深入，土地利用管理问题已衍生成为当代土地政策中最重要的核心。一些国家为加强土地利用的管制纷纷采取了强有力的措施，形成了以土地利用规划为主，其他措施和手段密切配合的土地用途管制制度。

国外实行土地用途管制的目的是通过土地利用规划引导合理利用土地，促进区域经济、社会和环境的协调发展，其核心是依据土地利用规划对土地用途转变实行严格控制。日本、美国、加拿大等国称为"土地使用分区管制"；瑞典称为"土地使用管制"；英国称为"土地规划许可制"，法国、韩国则称为"建设开发许可制"。尽管各国使用的名称不同，但其内容和手段大致相同。

三、建立土地用途管制制度的意义

建立土地用途管制制度是我国土地管理工作实践的正确选择。

(1) 建立土地用途管制制度符合中国的国情。

土地是十分宝贵的资源和资产，人多地少是中国的基本国情，耕地数量越来越少，质量总体水平低，土地后备资源不足，土地的人口承载超重，这是中国的基本地情。建立土地用途管制制度有利于加强土地利用的管理，保护有限的土地和耕地资源。

(2) 建立土地用途管制制度，能科学反映土地利用规律。

土地利用最基本的要求是按照土地的最佳用途，最有效地利用和保护土地资源，建立科学的用地结构，保证经济建设和社会的全面持续发展对土地的需求。从中国的国情出发，首先要保证农业用地，而重中之重是保证粮食生产用地。土地用途管制就是为实现土地资源的最优配置和合理利用，在土地利用分区基础上，制定和公示土地利用规划，并据此对土地利用做出许可，限制许可或不许可的规定，改变土地用途要符合土地利用总体规划确定的用途且必须依法经过审批，严格限制农用地转为建设用地，控制建设用地总量，对耕地实行特殊保护。所以，土地用途管制制度科学地反映了土地利用规律。

(3) 建立土地用途管制制度，解决了分级限额审批造成的建设用地总量的失控。

当前土地管理的突出问题是：基层政府由于局部、眼前利益的驱动，急功近利，随意用地造成浪费土地等现象。造成这种现象的原因是缺乏合理用地、合理批地、合理管地的自我约束机制，以及缺乏上级对下级的约束机制。解决这一问题只有对土地认真规划界定土地用途，按土地用途来划定各级政府的土地管制权限。

四、土地用途管制的基本要素

土地用途管制是指在严格保护耕地、有效地配置土地资源、提高土地利用集约水平等一系列的行为过程。在这个行为过程中，必然会出现土地用途管制的主体、客体、目标、手段等基本要素。

1. 土地用途管制的主体

土地用途管制的主体是国家，其主要的表现形式是政府。土地用途管制制度加强了中央和省级政府的土地管理职能。土地利用总体规划编制的审批权、土地利用年度计划审批权、农用地转用批准权、土地征收批准权都集中在省、中央两级政府。与此同时，在已经批准的农用地转用范围内，具体项目的用地交由市、县政府审批。在土地用途管制行为过程中体现强化国家管理土地的权力是实现土地用途管制的重要保证。

2. 土地用途管制的客体

土地用途管制的客体是指已确定用途、数量、质量和位置的土地。这就是说，纳入用途管制的客体，必须确定用途、数量、质量和位置，这些资料由土地利用总体规划提供。这就要求土地利用总体规划具有科学性和实践性。

3. 土地用途管制的目标

土地用途管制的目标是指严格限制农用地转为建设用地，控制建设用地总量，对耕地实行特殊保护，确保耕地总量不减少。

4. 土地用途管制的手段

土地用途管制的手段是指编制土地利用总体规划，规定土地用途，划分土地利用区，实行分区管制。将土地分为农用地、建设用地和未利用土地。制订土地利用年度计划，实施农用地转用审批制度。在各土地利用区内制定土地使用规则，限制土地用途。

五、土地用途管制的内容

土地用途管制制度是我国用地制度的重要改革，其内容可以归纳为以下4个方面。

1. 现状管制

一切开发利用和经营土地者，都不得擅自改变土地现有的功能。无论是农用地开发为建设用地，还是农业用地的内部结构调整或者建设用地改变规定的用途及容积率等具体的用地条件，均需经过审批和许可。《土地管理法》规定县乡级土地利用总体规划要划定土地利用区，明确土地的用途，并且要落实到地块，按地块控制，其主要目的是防止在土地利用上的一些急功近利的行为，利用现状管制防止对耕地、优质农用地的占用。

2. 规划管制

凡是改变所利用的土地的功能或条件的，都必须依据规划和计划批准。除各级政府的规划必须保持耕地保有量、严格保护农用地外，即使符合规划的土地用途或条件的改变，也必须按照土地利用年度计划执行，国家按照土地利用总体规划和土地利用年度计划对建设用地实行总量控制。

3. 行政审批管制

行政审批包括预审和审批，这是土地用途管制的重要行政手段。建设用地区外的建设项目用地必须依法进行用地预审和项目用地的审批，批准后方可用地；建设用地区内选址的建设项目用地应使用已批准农用地转用、土地征收的建设用地区内的土地，同时也必须经有批准权的人民政府批准供地方可用地。

4. 开发行为管制

坚持农地农用、农业优先和保护生态的原则，规范开发行为。具体地讲，就是要严格非农业建设占用农用地，未利用土地开发要符合土地开发专项规划，确保生态平衡。

六、土地用途管制中分区管制的内容

土地用途管制中分区管制从大的方面主要包括农业用地区管制、建设用地区管制和未利用土地区管制。

（一）农业用地区管制

农业用地区管制应包括农用地转为建设用地的管制和农地农用的管制两个方面。坚持的原则是"农地、农有、农用"，即限制农地非农化，鼓励维持农用，有限制地许可农业用地区内部用途的变更。

农业用地区分为耕地区和农用非耕地区，这两个区各自有一些管制内容。

1. 耕地区的管制内容

耕地区是根据规划期内耕地保有量来确定的，包括永久基本农田和一般农田两部分。

永久基本农田是指按照一定时期人口和社会经济发展对农产品的需求，依据土地利用总体规划确定的不得占用的耕地。永久基本农田的主要管制内容有以下几个方面。

（1）任何单位和个人不得擅自改变或占用永久基本农田保护区。

（2）国家重点建设项目选址无法避开保护区的，应取得基本农田占用许可，批准占用的，经规划修订后按占用建设规划区的耕地管制。

（3）设立开发区不得占用永久基本农田保护区。

（4）禁止在保护区内建窑、建房、建坟或擅自挖沙、采石、采矿、取土、堆放固体废弃物。

（5）利用永久基本农田从事农业生产的应当保护和培肥地力，鼓励施用有机肥料。

（6）不得占用永久基本农田发展林果业及畜牧业。

（7）保护区内耕地承包经营权变更时，对耕地等级进行评定。

(8) 保护农田生态环境等。

一般农田是指包括规划确定为农业使用的耕地后备资源和其他零星耕地，如坡度大于25°但未列入生态退耕范围的耕地、泄洪区内的耕地和其他劣质耕地。一般农田的主要管制内容有以下几个方面。

(1) 一般农田中的耕地禁止被建设占用，确需占用的，批准转用后修改规划，调整分区，再视为占用建设规划区内的耕地管制。

(2) 确需占用一般农田中非耕地的，修改规划后视为占用非耕地办理许可。

(3) 鼓励一般农田中的耕地后备资源和其他零星非耕地转为宜农耕地。

(4) 保留现状用途的地类不得扩大面积，需撤并的村庄不得翻建。

(5) 除生态保护需要外，限制占用本区的耕地发展园、林、牧业，严禁用于发展水产养殖业和建窑、建房、建坟及堆放固体废弃物。

(6) 鼓励实施土地整治，通过对田、水、路、林的综合整治，搞好土地建设，提高土地质量，改造中低产田等。

2. 农用非耕地区的管制内容

农用非耕地区的土地主要用于园林生产和生态环境保护、畜牧业生产及各自必要的服务设施建设。农用非耕地区的管制内容主要有以下几方面。

(1) 各类土地不得擅自改变用途，农业内部结构调整应符合规划。

(2) 划入本区的耕地转用应与本区外的非耕地转为耕地建立对应置换关系，否则不得改变耕地用途。

(3) 严禁非农建设占用名、特、优、新种植园地和水土保持林、防风固沙林等防护林用地及优良草场，限制占用一般园、林、牧用地。

(4) 鼓励通过水土综合整治，治理水土流失、荒漠化、盐渍化，扩大园、林、牧业用地面积。

(二) 建设用地区管制

无论是城镇还是村镇或独立工矿区，都包括建成区和规划区。这里不细分，只笼统讨论建成区和规划区的管制内容。

1. 建成区的管制内容

建成区是指城市行政范围内，实际建成或正在建成的、相对集中分布的地区。建成区的管制内容有以下几方面。

(1) 建成区土地利用结构的调整和功能定位。

(2) 现有建设用地和闲置废弃地挖潜；以某区域（或单位）土地利用率的高低确定是否对该区域（或单位）投入增量土地，具体体现在土地的平面利用（建筑密度）和立体利用（容积率）等方面，建立评价体系。

(3) 以地价水平和土地产出率引导各产业布局，以一定土地级别圈内的一定基准地价带作为控制标准，来体现土地利用的经济性。

（4）保证公益事业建设对一部分土地的需要。

2. 规划区的管制内容

规划区的管制内容有以下几方面。

（1）确定建设规划区界限和用地数量，确保人均占地或总规模不突破规定标准。

（2）分阶段保护建设规划区内耕地，确需新增用地的优先供给非耕地或劣质耕地。

（3）建设未经批准，耕地及其他农用地不得擅自转用，耕地转用前必须在本区外开发复垦不少于所占面积且符合质量标准的耕地，或者缴纳相当的耕地造地费。

（4）规划区内农用地转为建设用地后再执行上述建成区的管制内容。

（三）未利用土地区管制

未利用土地区的主要管制内容有以下几方面。

（1）禁止任何不符合规划破坏自然生态环境的江河挖土或填土行为，不得擅自围湖造田。

（2）鼓励江河流域综合整治和河道疏浚；鼓励对废弃河道、零星坑塘水面进行土地整理。

（3）鼓励多渠道、多形式开发与利用"四荒"土地资源，但应在取得开发许可前提下，根据土地适宜性保证一定的耕地开垦率。

（4）鼓励在陆地水域根据市场需要设立水产养殖区。

（5）防洪区外的滩涂、苇地及其他表层有土质的土地为农业后备土地资源，限制用于非农建设，开发利用应避免生态恶化。

七、实施土地用途管制的保证措施

针对"分级限额审批"用地管理制度的缺陷，借鉴国外及我国港台地区的有益经验，我们必须建立符合我国内地（或大陆）国情的土地用途管制制度。《土地管理法》在总则中明确规定，"国家实行土地用途管制制度"，法律全文自始至终体现了用途管制的原则。为了保证土地用途管制制度的实施，必须采取下列措施和手段密切配合土地用途管制制度。

1. 分类确立土地用途是土地用途管制的基础

土地按用途可分为农用地、建设用地和未利用土地。为了实行土地用途管制，不论土地所有权如何，都应明确将获得的土地使用权分为农用地的使用权和建设用地的使用权，两者的权利内容不同。农用地的使用权是指对土地进行种植、垦殖、养殖的权利，不得从事建筑，从事建设的土地发展权属于国家。《土地管理法》划分农用地和建设用地，在两类土地上所获得的土地权利不同，这有利于土地的所有者、使用者在土地用途管制的前提下依法使用土地。

2. 土地利用总体规划是政府管制土地用途的依据

土地利用总体规划是指在一定区域内，根据国家社会经济可持续发展要求和当地自然、经济、社会条件，对土地开发、利用、治理、保护在时间上、空间上的总体、战略的安排和布局，是国家实行土地用途管制的依据。土地利用应当符合国家和社会的整体利益，必须由代表全社会利益的国家通过制定土地利用总体规划来确定土地用途。为了克服土地利用上的地方和行业的局部利益，必须由中央政府来编定全国的土地利用总体规划，下级土地利用总体规划要依据上级土地利用总体规划编制。地方各级土地利用总体规划中的建设用地总量不得突破上一级土地利用总体规划确定的控制指标，耕地保有量不得低于上一级土地利用总体规划确定的控制指标。县乡级土地利用总体规划还要规划土地利用区，明确土地用途，落实到地块，实行地块控制。土地利用总体规划的审批权限应当适当提高，在与城市规划相交叉时，土地利用总体规划的审批权限应当高于或等同于城市规划的审批权限，便于城市规划与土地利用总体规划相衔接，城市规划、村庄和集镇规划不得突破土地利用总体规划中限定的建设用地规模。土地利用总体规划一经批准，就具有法定效力，使用土地的单位和个人必须严格按照土地利用总体规划确定的用途使用土地。

3. 农用地转用审批是实现土地用途管制的关键

建设需要占用农用地的必须在土地利用总体规划确定的建设用地范围内安排，符合土地利用总体规划的方可批准农用地转为建设用地；不符合土地利用总体规划的，不予批准。要使土地利用总体规划确定的用途，能真正落实到地块上，并按用途实行管制。

4. 土地用途登记是土地用途管制的关键

明确土地权利人的土地用途，进行土地用途登记，使权利人土地用途的权利内容在法律上得到保障。登记为农用地的，享有农用地的使用权；登记为耕地的，享有耕作权；登记为林地的，享有种植林木的权利，但农用地不得随意转为建设用地；登记为建设用地的，就享有在土地上建筑的权利。实行土地用途登记，明确权利人的土地用途的权利内容，既保障了权利人土地用途的权利，又规定了权利人土地用途的义务，在土地权利登记中实现了土地用途管制。

5. 法律责任是土地用途管制的强有力的后盾

对于非法占用土地新建建筑物和其他设施的，要按是否符合土地利用总体规划做出不同处理。对于符合土地利用总体规划的，可以没收建筑物及其他设施；对于违反土地利用总体规划擅自将农用地转为建设用地的，则必须拆除；对于在土地利用总体规划制定前已经建成的建筑物、构筑物，不符合土地利用总体规划的，不得重建、扩建，待建筑物、构筑物自然折旧后，恢复土地利用总体规划确定的土地用途。

第二节 农用地转用管理

农用地转用审批是我国总结了土地管理的经验和教训，又借鉴了国外管理土地的先进经验，控制农用地转为建设用地的重要措施，是土地用途管制制度的关键环节。在中央11号文件和《土地管理法》中都做了明确规定，这将成为今后我国土地管理的又一重要措施，并长期贯彻下去。

一、农用地转用的概念

农用地转用是农用地转为建设用地的简称，是指按照土地利用总体规划和国家规定的批准权限获得批准后，将农用地转变为建设用地的行为，即将耕地、林地、草地等直接用于农业生产的土地转变为用于建造建筑物、构筑物土地的行为。

二、农用地转用的适用范围

农用地转用是市场经济条件下，国家控制建设用地增长、保护农用地尤其是耕地而普遍采用的手段。

用于非农建设有以下情形之一的，应当办理农用地转用审批手续。

（1）征收农村集体经济组织农用地的。
（2）农村集体经济组织使用本集体农用地的。
（3）使用国有农用地的。
（4）需要办理农用地转用其他土地的。

三、农用地转用应符合的条件

农用地转为建设用地，必须符合下列条件。

1. 符合土地利用总体规划

土地用途管制制度的核心是土地利用总体规划，通过土地利用总体规划划分每一块土地的用途和土地使用的条件，向社会公告。农用地能否转为建设用地，首先应当看是否符合土地利用总体规划，如果符合土地利用总体规划确定的用途，即在建设用地区范围内，可以转为建设用地；否则将不得转为建设用地。这里明确一点，即我国的土地利用规划分为五级，即国家、省、地（市）、县（市）和乡级。国家和省级土地利用总体规划主要是宏观控制的规划，而县乡各级土地利用总体规划应划分土地利用区和明确土地使用条件，属于实施性规划，因此，农用地转用的主要依据是县、乡级土地利用总体规划。

但是，有一些大型的能源、交通、水利等项目，由于选址有特殊要求，在制定土地利用总体规划时很难确定其准确的位置，也就很难在土地利用总体规划图上反映出来，且又是国家建设所必需的，如果这些项目的建设都要通过修改规划后再办理农用地转用手续将会很复杂。因此，规定了国务院批准的大型能源、交通、水利等基础建设用地需要改变土地利用规划的，可先批准建设项目用地，再根据国务院批准的文件修改规划，省级人民政府批准的能源、交通、水利等项目与省级人民政府批准的土地利用总体规划不符的，也可以先批准项目用地，后修改规划。这既保证了规划的有效实施，也较好地协调了规划与建设项目用地之间的矛盾。

2. 符合土地利用年度计划

土地利用年度计划是国家实行建设用地管理的宏观控制措施。土地利用年度计划中包括农用地转为建设用地的计划。其目的是控制建设大量占用农用地，造成耕地大量减少和农业生态环境的破坏。有人认为，只要有土地利用总体规划控制就可以了，可以取消土地利用年度计划。实际上，土地利用总体规划是一个较长时期的土地利用的总体安排，一般土地利用总体规划的规划期为10～15年。如果没有年度计划，就有可能将10～15年的建设占用农用地的指标在1～2年内全部用完。而今后几年建设还将需要用地，必然造成土地利用突破土地利用总体规划。再者，建设用地增长过快也会造成土地的闲置和冲击土地市场，造成土地资源的浪费和国有土地资产的流失。因此，必须通过土地利用年度计划对每年可以新增建设用地实行总量控制，不得突破。

3. 符合建设用地供应政策

建设用地供应政策是控制建设用地方向的主要手段，通过制定建设用地的供应政策，不但有利于控制建设用地总量，防止大量占用农用地，同时还可以优化投资结构，防止重复建设，促进国民经济的协调发展。

建设用地政策由国务院自然资源主管部门根据国家产业政策制定。自然资源部根据国家产业政策将供地分为鼓励、限制、禁止等几种情况。对国家明确禁止建设的项目，要禁止为其办理农用地转用和供地；对国家鼓励投资的建设项目，应当优先为其办理农用地转用和供地。在国家对建设用地供应不足的条件下，优先保证国家急需建设项目的用地，使建设用地供应政策对国家经济起到调控的辅助作用。

4. 落实耕地占补平衡

建设项目占用了耕地，必须保质足额补充所占的耕地，经验收合格后，方可进行农用地转用。

四、耕地占补平衡的管理

由于建设大量占用耕地的情况，为了保护耕地，我国采用了农用地转用审批来控制农用地转为建设用地，控制建设用地总量。但为了保障耕地总量动态平衡，农用地转用后，非农业建设用地批准占用耕地的，还应对耕地进行补充。《土地管理法》（2019年修正）第三十条规定："国家实行占用耕地补偿制度。非农业建设经批准占用耕地的，按照'占多少、垦多少'的原则，由占用耕地的单位负责开垦与所占用耕地的数量和质量相当的耕地；没有条件开垦或者开垦的耕地不符合要求的，应当按照省、自治区、直辖市的规定缴纳耕地开垦费，专款用于开垦新的耕地。"耕地占补平衡制度可以极大地抑制企业占用耕地作为建设用地的需求，控制耕地面积的迅速减少。

（一）落实耕地占补平衡的责任

《中共中央国务院关于加强耕地保护和改进占补平衡的意见》（中发〔2017〕4号）中指出"完善耕地占补平衡责任落实机制。非农建设占用耕地的，建设单位必须依法履行补充耕地义务，无法自行补充数量、质量相当耕地的，应当按规定足额缴纳耕地开垦费。地方各级政府负责组织实施土地整治，通过土地整理、复垦、开发等推进高标准农田建设，增加耕地数量、提升耕地质量，以县域自行平衡为主、省域内调剂为辅、国家适度统筹为补充，落实补充耕地任务。各省（自治区、直辖市）政府要依据土地整治新增耕地平均成本和占用耕地质量状况等，制定差别化的耕地开垦费标准。对经依法批准占用永久基本农田的，缴费标准按照当地耕地开垦费最高标准的两倍执行。"各类建设项目用地占用耕地的责任划分具体如下。

1. 单独选址的建设项目用地占用耕地

在土地利用总体规划确定的城市和村庄、集镇建设用地区外单独选址的建设项目占用耕地的，由建设单位负责补充耕地；没有条件开垦或者开垦的耕地不符合要求的，按照省、自治区、直辖市的规定缴纳耕地开垦费。耕地开垦费由批准农用地转为建设用地的人民政府自然资源主管部门收取。其中，依法应当报国务院批准的，由省级自然资源主管部门收取。收取的耕地开垦费按规定缴省财政，专用于开垦新的耕地。

2. 城市分批次建设用地占用耕地

市、县人民政府为实施土地利用总体规划和城市总体规划在土地利用总体规划确定的城市建设用地区内占用耕地进行建设的，由当地人民政府负责在本行政区内通过开发整理补充耕地；若在本行政区内无耕地后备资源可开发整理，则可按规定缴纳耕地开垦费，由所属的省、自治区、直辖市人民政府负责在本行政区域内统筹安排开发整理补充耕地。

3. 村庄、集镇分批次建设用地占用耕地

依法批准将土地利用总体规划确定的村庄和集镇建设用地区内耕地转为建设用地，由用地的农村集体经济组织或建设单位负责补充耕地。

（二）实施土地整治，落实补充耕地任务

各省（自治区、直辖市）政府负责统筹落实本地区年度补充耕地任务，确保省域内建设占用耕地及时保质保量补充到位。拓展补充耕地途径，统筹实施土地整治、高标准农田建设、城乡建设用地增减挂钩、历史遗留工矿废弃地复垦等，新增耕地经核定后可用于落实补充耕地任务。鼓励地方统筹使用相关资金实施土地整治和高标准农

田建设。充分发挥财政资金作用，鼓励采取政府和社会资本合作（PPP）模式、以奖代补等方式，引导农村集体经济组织、农民和新型农业经营主体等，根据土地整治规划投资或参与土地整治项目，多渠道落实补充耕地任务。

(三) 省域内补充耕地指标调剂管理

县（市、区）政府无法在本行政辖区内实现耕地占补平衡的，可在市域内相邻的县（市、区）调剂补充，仍无法实现耕地占补平衡的，可在省域内资源条件相似的地区调剂补充。

(四) 补充耕地国家统筹

根据各地资源环境承载状况、耕地后备资源条件、土地整治新增耕地潜力等，分类实施补充耕地国家统筹。耕地后备资源严重匮乏的直辖市，新增建设占用耕地后，新开垦耕地数量不足以补充所占耕地数量的，可向国务院申请国家统筹；资源环境条件严重约束、补充耕地能力严重不足的省份，对由于实施国家重大建设项目造成的补充耕地缺口，可向国务院申请国家统筹。经国务院批准后，有关省份按规定标准向中央财政缴纳跨省补充耕地资金，中央财政统筹安排落实国家统筹补充耕地任务所需经费，在耕地后备资源丰富省份落实补充耕地任务。

(五) 补充耕地检查验收

市县政府要加强对土地整治和高标准农田建设项目的全程管理，规范项目规划设计，强化项目日常监管和施工监理。做好项目竣工验收，严格新增耕地数量认定，依据相关技术规程评定新增耕地质量。经验收合格的新增耕地，应当及时在年度土地利用变更调查中进行地类变更。省级政府要做好对市县补充耕地的检查复核，确保数量质量到位。

为严格执行占用耕地补偿制度，防止占多补少、占优补劣，确保耕地占补平衡，自然资源部2005年发出《关于开展补充耕地数量质量实行按等级折算基础工作的通知》，要求各地开展补充耕地数量质量按等级折算基础工作。补充耕地数量质量实行按等级折算，是按照农业综合生产能力不降低的原则，利用农用地分等定级成果和方法，实行补充耕地数量、质量按等级折算，实现耕地占补数量和质量的平衡。开展补充耕地数量质量按等级折算应立足于"占一补一"，提高补充耕地等级；受自然条件等因素影响，补充耕地等级无法达到被占用耕地等级的，须按等级折算增加补充耕地面积。

2016年自然资源部在《关于补足耕地数量与提升耕地质量相结合落实占补平衡的指导意见》（国土资规〔2016〕8号）中提出规范开展提升现有耕地质量、将旱地改造为水田（简称"提质改造"），以补充耕地和提质改造耕地相结合方式（简称"补改结合"）落实占补平衡。提质改造土地整治项目竣工验收时，负责验收的地方政府要组织有关部门，按照项目管理、土地变更调查、农用地分等定级等相关规定和标准规范，明确新增耕地面积、水田或旱地等耕地类型，统一使用利用等标准评定耕地质量提升程度，确保项目真实性、准确性，并及时通过监管平台上图入库。实施旱地改造并经过验收的新增水田，应及时纳入年度土地变更调查，在今后年度变更调查中不得擅自变更为旱地或其他地类。单独选址建设项目涉及占用耕地，受资源条件限制，难以做到占优补优、占水田补水田的，可通过补改结合方式，在确保补足耕地数量基础上，结合实施现有耕地提质改造，落实耕地占优补优、占水田补水田。

第三节 土地征收管理概述

一、土地征收和征用的概念

2004年3月14日，第十届全国人民代表大会第二次会议对《中华人民共和国宪法》（以下简称《宪法》）进行修改时，将《宪法》第十条第三款，"国家为了公共利益的需要，可以依照法律规定对土地实行征用。"修改为："国家为了公共利益的需要，可以依照法律规定对土地实行征收或征用并给予补偿。"首次在《宪法》中明确规定征收的概念。2004年8月28日，第十届全国人民代表大会常务委员会第十一次会议做出了修改《土地管理法》的决定，在《土地管理法》（2019年修正）中也规定了征收的概念。《土地管理法》（2019年修正）第二条第四款规定："国家为了公共利益的需要，可以依法对土地实行征收或者征用并给予补偿。"2004年《宪法》修正以前，我国的立法和学术界没有严格区分征收和征用，一概以土地征用的概念代替土地征收。修改前的《宪法》和《土地管理法》中规定的"征用"实为"征收"。

土地征收是指国家为了社会公共利益的需要，依据法律规定的程序和权限将农民集体所有土地转化变为国有土地并依法给予被征地的农村集体经济组织和被征地农民合理补偿和妥善安置的法律行为。征收土地是一种国家行为，是法律授予政府专有的权力，除了国家可以依法对农民集体所有的土地实行征收外，其他任何单位和个人都无权征收土地。

土地征收是指国家依据公共利益的理由，强制取得民事主体土地所有权的行为。土地征用则是指国家依据公共利益的需要，强制取得民事主体土地使用权的行为。

征收和征用既有共同之处，又有不同之处。共同之处在于：都是为了公共利益需要，都要经过法定程序，都要依法给予补偿。不同之处在于：征收的实质是强制收买，主要是土地所有权的改变，不存在返还的问题。征用的实质是强制使用，是有条件的使用权的改变，被征用的土地使用完毕后，应当及时返还被征用人，这是一种临时使用土地的行为。根据《宪法》的规定，国家为了公共利益的需要，可以依法对集体所有的土地进行征收。土地征收就是国家为了公共利益的需要，依法将集体所有的土地转变为国有土地的强制手段。因此，土地征收是土地所有权的改变，土地征用则是有条件的土地使用权的改变。

二、土地征收的法律特征

1. 征收主、客体的确定性

征地是一种国家行为，是政府专有权力，只有国家才能在征收土地法律关系中充当征收主体，因为只有国家才享有因国民经济和社会发展需要依法征收集体所有土地的权利。尽管直接需要使用土地的并非国家，而是具体的国家机关、企事业单位、社会团体及个人。但是，一切单位及个人均不能成为征收土地的主体，因为它（他）们本身不享有这种权利。至于它（他）们取得的土地使用权只是国家征收了集体所有土地后依法采用的批准行为所产生的结果。另外，还要明确，国家虽是征收土地的主体，但是实际行使征收土地权力的是各级土地管理机关和人民政府，它们代表国家来具体行使此权力。

《土地管理法》（2019年修正）第二条明确规定："中华人民共和国实行土地的社会主义公有制，即全民所有制和劳动群众集体所有制。"并且规定征收土地的客体（即标的）只能是集体所有的土地。

2. 征收过程的程序性

征收土地必须按照法定程序办理，并且必须依法取得批准。具体的征地程序将在后面详细论述。

3. 征收行为的有偿性

征收土地与没收土地不同，它不是无偿地强制地进行，而是有偿地强制地进行的。被征收土地的集体经济组织应当依法取得经济上的补偿。建设征收土地与土地征购不同，它并不是等价的特种买卖，而是有适当补偿的征收。所谓适当补偿，就是严格依据《土地管理法》的规定给予补偿，征收土地应当给予公平、合理的补偿，保障被征地农民原有生活水平不降低、长远生计有保障。

4. 征收性质的强制性

土地征收的前提是社会公共利益需要带有强制性，被征地单位必须服从，不得阻挠。

5. 征收行为的公开性

征收行为必须向社会公开，接受社会的公开监督。特别是土地征收方案的公告和公开，可以增强征收土地的透明度。

6. 权属转移性

国家建设征收集体土地后，原来属于集体所有的土地转变为国家所有。

三、土地征收的原则

依据《土地管理法》（2019年修正）规定，我国国家建设征收土地的原则有以下几项。

1. 要严格维护土地的社会主义公有制原则

这一原则的内容包括以下两个方面。

（1）集体土地所有权受法律保护。

《土地管理法》（2019年修正）第二条规定："任何单位和个人不得侵占、买卖或者以其他形式非法转让土地。土地使用权可以依法转让。"

（2）国家建设征收集体所有土地，征收后所有权属于国家，用地单位或个人只享有土地的使用权。

征收土地的法律后果之一就是土地所有权的转移，但是用地单位和个人依法取得对国有土地的使用权，决不意味着这些单位或个人将土地据为己有。

2. 十分珍惜、合理利用土地和切实保护耕地的原则

我国人口多、耕地少，并且在某些地区耕地又浪费严重。随着人口的逐年增长，耕地将继续减少，这是一个不争的事实。因此，《土地管理法》（2019年修正）第三条明确规定："十分珍惜、合理利用土地和切实保护耕地是我国的基本国策。各级人民政府应当采取措施，全面规划，严格管理，保护、开发土地资源，制止非法占用土地的行为。"

在征收土地中要做到这一要求，必须坚持以下几点。

（1）要加强规划、严格管理、严格控制各项建设用地。

（2）要优先利用荒地、非农业用地，尽量不用耕地。

（3）要优先利用劣地，尽量不用良田，凡是有荒地可以利用的，不得占用良田，尤其不得占用菜地、园地、天然养鱼塘等经济效益高的土地。

（4）加大土地监察和土地违法行为的打击力度，切实制止乱占耕地和滥用土地的行为。

3. 兼顾国家、集体和个人三者利益原则

征收土地要兼顾国家、集体和个人的利益。首先，被征收土地的农村集体经济组织要维护国家利益，服从国家建设需要，协助国家顺利实现土地征收，而不能乘机漫天要价，延误国家建设的正常进行。同时，国家也要给予被征收土地的农村集体经济组织适当补偿，对因征收土地而受损失的个人给予妥善安置和补助。国务院根据社会经济发展水平，在特殊情况下，可以提高征收耕地的土地补偿费和安置补助费的标准。

4. 征收土地要符合法律规定原则

土地征收必须由有批准权限的人民政府批准，必须按照合法的程序进行，严禁以租代征。同时，征收土地不仅要符合土地管理法，还要符合环保、矿产、水土保持等方面的法律、法规。要保护和改善生态环境、防止土地沙化,就要严格依据土地管理法的审批权限、程序办理。

5. 妥善安置被征地单位和农民的原则

土地征收造成集体土地所有权的丧失,农民生产资料的减少,因此,对征收的土地要适当补偿,对农民造成的损失要适当补助,对因征地造成的剩余农业劳动力要适当安排,并妥善安置拆迁户。

四、土地征收的范围

为了公共利益的需要,有下列情形之一,确需征收农民集体所有的土地的,可以依法实施征收:

(1) 军事和外交需要用地的;

(2) 由政府组织实施的能源、交通、水利、通信、邮政等基础设施建设需要用地的;

(3) 由政府组织实施的科技、教育、文化、卫生、体育、生态环境和资源保护、防灾减灾、文物保护、社区综合服务、社会福利、市政公用、优抚安置、英烈保护等公共事业需要用地的;

(4) 由政府组织实施的扶贫搬迁、保障性安居工程建设需要用地的;

(5) 在土地利用总体规划确定的城镇建设用地范围内,经省级以上人民政府批准由县级以上地方人民政府组织实施的成片开发建设需要用地的;

(6) 法律规定为公共利益需要可以征收农民集体所有的土地的其他情形。

前款规定的建设活动,应当符合国民经济和社会发展规划、土地利用总体规划、城乡规划和专项规划;第(4)项、第(5)项规定的建设活动,还应当纳入国民经济和社会发展年度计划;第(5)项规定的成片开发并应当符合国务院自然资源主管部门规定的标准。

五、土地征收的程序

根据自然资源部《关于印发〈关于完善征地补偿安置制度的指导意见〉的通知》(国土资发〔2004〕238号)、《国务院关于深化改革严格土地管理的决定》(国发〔2004〕28号)及《自然资源部关于进一步做好征地管理工作的通知》(国土资发〔2010〕96号)的规定,土地征收的程序主要分为土地征收批前和批后两个阶段,即征地批前报批程序和征地批后实施程序。

(一) 征地批前报批程序

1. 确定征地位置范围

根据城市建设需求情况和拟建设项目用地情况结合土地利用总体规划确定的城市建设用地区和城市规划用地区来确定征收地块。

2. 发布征收土地预公告

《国务院关于深化改革严格土地管理的决定》（国发〔2004〕28号）中规定："在征地依法报批前，要将拟征地的用途、位置、补偿标准、安置途径告知被征地农民。"《关于完善征地补偿安置制度的指导意见》中规定："在征地依法报批前，当地自然资源部门应将拟征地的用途、位置、补偿标准、安置途径等，以书面形式告知被征地农村集体经济组织和农户。在告知后，凡被征地农村集体经济组织和农户在拟征土地上抢栽、抢种、抢建的地上附着物和青苗，征地时一律不予补偿。"从以上规定可以看出，征地报批前将征地的有关事项告知被征地农村集体经济组织和农户是自然资源主管部门的法定职责。自然资源主管部门不履行这一法定职责就是行政不作为。被征地的农民在没有被告知的情况下，在拟征土地上新建附着物等并不违法。

《土地管理法》（2019年修正）第四十七条规定："县级以上地方人民政府拟申请征收土地的，应当开展拟征收土地现状调查和社会稳定风险评估，并将征收范围、土地现状、征收目的、补偿标准、安置方式和社会保障等在拟征收土地所在的乡（镇）和村、村民小组范围内公告至少三十日，听取被征地的农村集体经济组织及其成员、村民委员会和其他利害关系人的意见。"

3. 现状调查、确认及补偿登记

市、县人民政府自然资源主管部门应当依据本级人民政府发布的征收土地公告，组织勘测定界，并会同财政等有关部门、乡（镇）人民政府或者街道办事处及用地单位，与村民委员会、承包户对拟征收土地的权属、地类、面积及地上附着物的权属、种类、数量等进行现场调查、清点、核实，填写土地征收勘测调查清单。

土地征收勘测调查清单应当由参与现场调查、清点、核实的各方共同确认。农村集体经济组织和农民对调查结果有异议的，应当当场提出，市、县人民政府自然资源主管部门应当当场复核。

《国务院关于深化改革严格土地管理的决定》（国发〔2004〕28号）中规定："对拟征土地现状的调查结果须经被征地农村集体经济组织和农户确认；确有必要的，自然资源部门应当依照有关规定组织听证。要将被征地农民知情、确认的有关材料作为征地报批的必备材料。"《关于完善征地补偿安置制度的指导意见》中规定："确认征地调查结果。当地自然资源部门应对拟征土地的权属、地类、面积以及地上附着物权属、种类、数量等现状进行调查，调查结果应与被征地农村集体经济组织、农户和地上附着物产权人共同确认。"自然资源主管部门如果没有履行土地现状调查及没有让被征地农民签字确认土地状况的，批地机关是不会批准用地的。

4. 拟订征地补偿安置方案、公示

市、县人民政府自然资源主管部门应当会同有关部门依据国家和省级土地征收补偿安置的有关规定，自勘测调查结束之日起15个工作日内，拟订土地征收补偿安置方案，见本书附录七。

市、县人民政府自然资源主管部门应当将拟订的土地征收补偿安置方案，在农村集体经济组织所在地进行公示，公示期不得少于5个工作日。

5. 征询意见，组织征地听证

《土地管理法》（2019年修正）第四十七条规定："多数被征地的农村集体经济组织成员认为征地补偿安置方案不符合法律、法规规定的，县级以上地方人民政府应当组织召开听证会，并根据法律、法规的规定和听证会情况修改方案。"

农村集体经济组织、农民或者其他权利人对补偿标准和安置方式要求举行听证的，应当自土地征收补偿安置方案公示结束之日起5个工作日内，向市、县人民政府自然资源主管部门提出申请。市、县人民政府自然资源主管部门应当按照规定组织听证。

《关于完善征地补偿安置制度的指导意见》中规定："在征地依法报批前，当地自然资源部门应告知被征地农村集体经济组织和农户，对拟征土地的补偿标准、安置途径有申请听证的权利。当事人申请听证的，应按照《国土资源听证规定》规定的程序和有关要求组织听证。"在听证过程中，负责组织听证的机关应当将其补偿标准、安置途径的有关证据向听证的农民出示并做出说明。如果被征地的农民认为征地机关拟定的补偿标准和安置途径依据不足，可以提出自己的建议，如果被征地农民提出的建议合理合法，征地机关应考虑重新更改补偿标准、安置途径。被征地农民提出的异议和建议，听证机关应该形成笔录，这个笔录也是报批时的必备材料。

6. 征地材料的组织、审核及上报

市、县自然资源主管部门根据征地情况调查结果和市、县人民政府拟定的征地补偿标准、安置方案，以及建设项目的相关材料，依法拟订农用地转用方案、补充耕地方案、征收土地方案和供地方案，并编制建设用地呈报说明书（简称"一书四方案"），经过县级人民政府初步审核同意后，由县级人民政府正式行文报批。县级人民政府同时应就征地补偿标准合法性、安置方案的可行性及妥善安置被征地农民生产生活保障措施出具说明材料；被征地农民提出的意见较多、情况较为复杂的，县级人民政府应当说明采纳意见的情况。

7. 征地的审查、报批

市、县人民政府上报的征地材料，由省（自治区、直辖市）自然资源主管部门受理，并进行审查。凡是征地材料齐全、征地程序合法、征地补偿标准符合法律规定、安置方案已经确认，市、县人民政府已经出具说明材料的，报请省级人民政府审批。须报国务院批准的，由省（自治区、直辖市）人民政府审查后报请国务院批准。省级自然资源主管部门将征地材料报送自然资源部审查。征地经国务院或省级人民政府批准后，自然资源部或省级自然资源主管部门下发征地批准文件。

（二）征地批后实施程序

1. 征收土地方案公告

经依法批准征地项目后，市、县人民政府和市、县自然资源主管部门要及时进行征地的两公告，即征收土地方案公告和征地补偿安置方案公告。根据《征收土地公告办法》的规定，征收土地方案公告由市、县人民政府在收到征收土地方案批准文件之日起10个工作日内进行。公告内容包括：①征地批准机关、批准文号、批准时间和批准用途；②被征收土地的所有权人、位置、地类和面积；③征地补偿标准和农业人员安置途径；④办理征地补偿登记的期限、地点。

征收土地的补偿、安置方案公告由市、县自然资源主管部门进行。公告内容包括：①本集体经济组织被征用土地的位置、地类、面积，地上附着物和青苗的种类、数量，需要安置的农业人口的数量；②土地补偿费的标准、数额、支付对象和支付方式；③安置补助费的标准、数额、支付对象和支付方式；④地上附着物和青苗的补偿标准和支付方式；⑤农业人员的具体安置途径；⑥其他有关征地补偿、安置的具体措施。

征收土地方案公告和征地补偿安置方案公告格式见本书附录八和附录九。如果征地项目未获省级人民政府或国务院批准，则由发布预征公告的自然资源主管部门及时下发书面通知，取消原预征公告。

2. 征地补偿安置方案的批准和交付土地

市、县自然资源主管部门进行征地补偿安置方案的公告后，公告期满当事人无异议或者根据有关要求对征地补偿安置方案进行完善后，将征求意见后的征地补偿安置方案，连同被征地农村集体经济组织、农民或者其他权利人的意见及采纳情况报市、县人民政府批准，并报省级自然资源主管部门备案。

征地补偿安置方案批准后，市、县人民政府应及时依法组织落实征地补偿安置方案的事宜，将征地补偿安置方案确定的费用及时足额的支付给被征地的农民和村集体经济组织。征地补偿安置方案确定的有关补偿费用没有足额支付到位的，被征地的农村集体经济组织和农民有权拒绝交出土地。如果征地补偿安置方案确定的有关补偿费用已经足额支付到位而被征地的农民拒绝交出土地的，征地的市、县人民政府有权责令限期交出土地。如果被征地的农民对市、县人民政府确定的补偿标准和支付方式等有不同意见，也应该交出土地。对于补偿标准等有关纠纷，可以通过行政复议、行政诉讼，行政裁决的方式予以解决。

市、县自然资源主管部门要认真做好用地报批前告知、确认、听证工作。征地工作事关农民切身利益，征收农民土地要确保农民的知情权、参与权、申诉权和监督权。市、县自然资源主管部门要严格按照有关规定，征地报批前认真履行程序，充分听取农民意见。征地告知要切实落实到村组和农户，结合村务信息公开，采取广播、在村务公开栏和其他明显位置公告等方式，多形式、多途径告知征收土地方案。被征地农民有异议并提出听证的，当地自然资源主管部门应及时组织听证，听取被征地农民的意见。对于群众提出的合理要求，必须妥善予以解决。市、县自然资源主管部门要简化征地批后实施程序。为缩短征地批后实施时间，征地报批前履行了告知、确认和听证程序并完成土地权属、地类、面积、地上附着物和青苗等确认及补偿登记的，可在征地报批的同时拟订征地补偿安置方案。征地批准后，征收土地公告和征地补偿安置方案公告可同步进行。公告中群众再次提出意见的，要认真做好政策宣传解释和群众思想疏导工作，得到群众的理解和支持，不得强行征地。

第四节 土地征收的补偿和安置

一、征地补偿费用的概念、构成

征地补偿费用是对被征地单位对土地的投入和地上附着物的补偿，以及对以土地为基本生产资料的剩余劳动力的安置费用的总和。

依据《土地管理法》的规定，征地的补偿费用包括土地补偿费、安置补助费、农村村民住宅补偿费用、地上附着物和青苗补偿费用以及被征地农民社会保障费用。

二、土地征收的补偿方法和标准

（一）土地征收的补偿方法

《土地管理法》（2004年修正）第四十七条规定："征收土地的，按照被征收土地的原用途给予补偿。征收耕地的补偿费用包括土地补偿费、安置补助费以及地上附着物和青苗的补偿费。征收耕地的土地补偿费，为该耕地被征收前三年平均年产值的六至十倍。征收耕地的安置补助费，按照需要安置的农业人口数计算。需要安置的农业人口数，按照被征收的耕地数量除以征地前被征收单位平均每人占有耕地的数量计算。每一个需要安置的农业人口的安置补助费标准，为该耕地被征收前三年平均年产值的四至六倍。但是，每公顷被征收耕地的安置补助费，最高不得超过被征收前三年平均年产值的十五倍。征收其他土地的土地补偿费和安置补助费标准，由省、自治区、直辖市参照征收耕地的土地补偿费和安置补助费的标准规定。被征收土地上的附着物和青苗的补偿标准，由省、自治区、直辖市规定。征收城市郊区的菜地，用地单位应当按照国家有关规定缴纳新菜地开发建设基金。"

《土地管理法》（2004年修正）规定土地征收按照被征收土地的原用途给予补偿，按照年产值倍数法确定土地补偿费和安置补助费，补偿标准偏低，补偿机制不健全。各省市为完善土地征收补偿制度，对土地征收补偿作了大量的改革。《国务院关于深化改革严格土地管理的决定》（国发〔2004〕28号）要求省、自治区、直辖市人民政府要制订并公布市县征地的统一年产值标准或区片综合地价，征地补偿做到同地同价。《关于开展制订征地统一年产值标准和征地区片综合地价工作的通知》（国土资发〔2005〕144号）对制订和公布征地统一年产值标准和征地区片综合地价的步骤、注意的问题进行了明确。《关于进一步做好征地管理工作的通知》（国土资发〔2010〕96号）中提出全面实行征地统一年产值标准和区片综合地价。征地中拆迁农民住房应给予合理补偿，宅基地征收按当地规定的征地标准补偿。因此，在2019年《土地管理法》修正前，征地补偿费用测算按照年产值倍数或征地区片综合地价法进行。

2019年8月26日，十三届全国人大常委会第十二次会议审议通过了《中华人民共和国土地管理法》修正案。《土地管理法》（2019年修正）第四十八条规定："征收土地应当给予公平、合理的补偿，保障被征地农民原有生活水平不降低、长远生计有保障。征收土地应当依法及时足额支付土地补偿费、安置补助费以及农村村民住宅、其他地上附着物和青苗等的补偿费用，并安排被征地农民的社会保障费用。征收农用地的土地补偿费、安置补助费标准由省、自治区、直辖市通过制定公布区片综合地价确定。制定区片综合地价应当综合考虑土地原用途、土地资源条件、土地产值、土地区位、土地供求关系、人口以及经济社会发展水平等因素，并至少每三年调整或者重新公布一次。"《土地管理法》（2019年修正）首次将2004年国务院28号文件提出的"保障被征地农民原有生活水平不降低、长远生计有保障"的补偿原则上升为法律规定，并以区片综合地价取代原来的年产值倍数法，在原来的土地补偿费、安置补助费、地上附着物和青苗补偿费的基础上，增加农村村民住宅补偿费用和将被征地农民社会保障费用的规定，从法律上为被征地农民构建了更加完善的保障机制。

（二）土地征收的补偿标准

1. 征收农用地的补偿标准

《土地管理法》（2019年修正）第四十八条规定："征收农用地的土地补偿费、安置补助费标准由省、自治区、直辖市通过制定公布区片综合地价确定。"

2. 征收其他土地的补偿标准

《土地管理法》（2019年修正）第四十八条规定："征收农用地以外的其他土地、地上附着物和青苗等的补偿标准，由省、自治区、直辖市制定。对其中的农村村民住宅，应当按照先补偿后搬迁、居住条件有改善的原则，尊重农村村民意愿，采取重新安排宅基地建房、提供安置房或者货币补偿等方式给予公平、合理的补偿，并对因征收造成的搬迁、临时安置等费用予以补偿，保障农村村民居住的权利和合法的住房财产权益。"

3. 大中型水利水电工程建设征地补偿标准

《土地管理法》（2019年修正）第五十一条规定："大中型水利、水电工程建设征收土地的补偿费标准和移民安置办法，由国务院另行规定。"《大中型水利水电工程建设征地补偿和移民安置条例》（国务院令第 679 号）已于 2017 年 6 月 1 日起施行（2017 年 4 月 14 日第三次修订）。该条例主要对大中型水利水电工程建设征地补偿和移民安置做出了规定。

大中型水利水电工程建设项目用地，应当依法申请并办理审批手续，实行一次报批、分期征收，按期支付征地补偿费。

对于应急的防洪、治涝等工程，经有批准权的人民政府决定，可以先行使用土地，事后补办用地手续。

大中型水利水电工程建设征收土地的土地补偿费和安置补助费，实行与铁路等基础设施项目用地同等补偿标准，按照被征收土地所在省、自治区、直辖市规定的标准执行。

被征收土地上的零星树木、青苗等补偿标准，按照被征收土地所在省、自治区、直辖市规定的标准执行。

被征收土地上的附着建筑物按照其原规模、原标准或者恢复原功能的原则补偿；对补偿费用不足以修建基本用房的贫困移民，应当给予适当补助。

使用其他单位或者个人依法使用的国有耕地，参照征收耕地的补偿标准给予补偿；使用未确定给单位或者个人使用的国有未利用地，不予补偿。

移民远迁后，在水库周边淹没线以上属于移民个人所有的零星树木、房屋等应当分别依照被征收土地上的零星树木的补偿标准和被征收土地上的附着建筑物的补偿标准给予补偿。

工矿企业和交通、电力、电信、广播电视等专项设施，以及中小学的迁建或者复建，应当按照其原规模、原标准或者恢复原功能的原则补偿。

大中型水利水电工程建设占用耕地的，应当执行占补平衡的规定。为安置移民开垦的耕地、因大中型水利水电工程建设而进行土地整理新增的耕地、工程施工新造的耕地可以抵扣或者折抵建设占用耕地的数量。

大中型水利水电工程建设占用 25 度以上坡耕地的，不计入需要补充耕地的范围。

三、征地补偿费用的支付分配

自然资源部《关于进一步做好征地管理工作的通知》中指出："实行征地统一年产值标准和区片综合地价后，省级自然资源部门要会同有关部门，按照征地补偿主要用于被征地农民的原则，结合近年来征地实施情况，制定完善征地补偿费分配办法，报省级政府批准后执行。"

征地批后实施时，市、县自然资源主管部门要按照确定的征地补偿安置方案，及时足额支付补偿安置费用；应支付给被征地农民的，要直接支付给农民个人，防止和及时纠正截留、挪用征地补偿安置费的问题。征收土地各项费用应当自征地补偿、安置方案批准之日起 3 个月内全额支付，被征地的农村集体经济组织应当将征收土地的补偿费用收支状况向本集体经济组织的成员公布,接受监督。对征地补偿安置费用使用和管理应进行严格监管,做到专款专用,严禁侵占、截留或挪作他用。

征地补偿费用中的各种费用根据情况支付给不同的组织或个人。土地补偿费用归被征收土地的农村集体经济组织所有。地上附着物和青苗补偿费归地上附着物和青苗所有者所有。安置补助费必须专款用于安置剩余劳力,不得挪作他用。安置补助费根据需安置人员的安置途径支付给安置单位,一是需安置人员由农村集体经济组织安置的,安置补助费支付给农村集体经济组织,由其管理、使用;二是需安置人员由企业安置的,安置补助费支付给安置单位;三是不需要统一安置的,实行货币安置。将安置补助费发放给被安置个人,让其自谋生路或征得被安置人员同意后用于支付被安置人员的保险费用。

征地补偿安置费用在依照有关规定支付给农村集体经济组织后,市、县自然资源主管部门有权要求该集体经济组织在一定期限内提供征地补偿安置费用分配和支付清单,并配合政府有关部门和乡(镇)政府及时监督检查各项费用使用情况。由村(组)农村集体经济组织支配的征地补偿安置费用,应建立财务公开制度,定期向本集体经济组织成员公布收支状况。用于被征地农民生活安置的安置补助费,在农民自愿的基础上,可逐步建立安置人员的社会保险个人账户,购买养老、失业、医疗保险等,提供长期的生活保障。

四、征地补偿费用的管理措施

1. 建立征地补偿款预存制度

为防止拖欠征地补偿款,确保补偿费用及时足额到位,各地应探索和完善征地补偿款预存制度。在市、县组织用地报批时,根据征地规模与补偿标准,测算征地补偿费用,由申请用地单位提前缴纳预存征地补偿款;对于城市建设用地和以出让方式供地的单独选址建设项目用地,由当地政府预存征地补偿款。用地经依法批准后,根据批准情况对预存的征地补偿款及时核算,多退少补。

省级自然资源主管部门应结合本省(自治区、直辖市)实际情况,会同有关部门建立健全征地补偿款预存的有关规章制度,并在用地审查报批时审核把关。

2. 建立健全征地补偿费专户管理制度

征地补偿费用包括土地补偿费、安置补助费及地上附着物和青苗的补偿费等,是对被征地农民和农村集体经济组织失地的补偿。管好用好这项资金,就是维护农村集体经济组织和农民的经济权益,也是保证农民收益和促进农民增收的一项重要措施。国务院《关于深化改革严格土地管理的决定》(国发〔2004〕28号,以下简称国务院《决定》)中要求,"使被征地农民生活水平不因征地而降低,使被征地农民的长远生计有保障,在征地过程中,要维护农民集体土地所有权和农民土地承包经营权的权益。"各级农业部门和农村经营管理部门要高度认识这项工作的重要性,按照国务院《决定》的原则，切实保障农村集体经济组织和农民的合法权益，按照新的《村集体经济组织会计制度》加强对征地补偿费用的核算，严格按照专户存储、专账管理、专款专用的原则规范管理，实行专户管理制度，设置专门的账册，单独对征地补偿费收支使用的原始凭证装订成册。已实行村级财务委托代理制的地方，要在乡（镇）农村经营管理站设立专户，统一结算，使用和管理情况要定期向农民公开，接受村民主理财小组和农民群众的民主监督和上级业务主管部门的审计监督。

3. 规范征地补偿费会计核算内容和程序

（1）明确分配范围和性质。要认真贯彻落实国务院《决定》的精神，积极参与制定土地补偿费在农村集体经济组织内部的分配办法，确保土地补偿费主要用于被征地的农民身上。2005年以后新增土地补偿费的分配比例省级人民政府已有明确规定的，按照规定执行；没有明确分配比例的，要按照国务院规定明确。土地补偿费应主要用于被征土地的农民生产生活需要。留归被征地农民部分的土地补偿费归农民个人所有，要充分尊重被征地农民的意愿，不得强迫农民参加商业保险；留归农村集体经济组织的土地补偿费属于农民集体资产，应当用于发展生产、增加积累、集体福利、公益事业等方面，不得用于发放干部报酬、支付招待费用等非生产性开支。地上附着物和青苗补偿费归地上附着物和青苗的所有者所有。安置补助费必须专款专用，不得挪作他用。2004年以前的土地补偿费，没有分配的，仍归农村集体经济组织管理使用，原则上不得用于个人分配。

（2）分配使用报批程序及账务处理。土地补偿费的分配、使用预算方案要经农村集体经济组织成员大会或成员代表大会批准，事后要将土地补偿费的实际开支、管理情况向农村集体经济组织成员大会或成员代表大会报告。留归农村集体经济组织的土地补偿费要严格按照《村集体经济组织会计制度》规定，全部统一纳入公积公益金科目进行核算，并设立土地补偿费专门账户，统一进行管理。当土地补偿费使用的财务事项发生时，经手人必须取得有效的原始凭证，注明用途并签字（盖章），交民主理财小组集体审核。经审核同意后，由民主理财小组组长签字（盖章），报经农村集体经济组织负责人审批同意并签字（盖章），由会计人员审核记入专户账目。经民主理财小组审核确定为不合理开支的事项，开支不得入账，有关支出由责任人承担。财务流程完成后，要按照财务公开程序进行公开。

4. 建立健全土地补偿费使用的民主监督机制

（1）全面落实将土地补偿费的使用和管理情况纳入农村财务公开和民主管理内容的规定。土地补偿费的使用和分配要按有关规定经过民主讨论，实行民主决策、民主管理、民主监督。经批准使用的土地补偿费日常开支监督由民主理财小组负责，村民主理财小组有权检查审核土地补偿费的财务账目，有权对不合理开支进行否决，有权代表农村集体经济组织成员对账目不清的开支提出质疑，有权要求农村集体经济组织负责人及财会人员对土地补偿费专户管理的财务问题做出解释。收支和分配情况要定期向本集体经济组织成员公布，做到公开、公平、公正；要切实维护农民群众对土地补偿费的知情权、决策权、参与权和监督权。凡是农村集体经济组织成员要求了解的土地补偿费财务运行情况，都要及时逐项逐笔进行公布，对群众提出的问题，农村集体经济组织负责人有义务及时给予解答和解决，并将结果向群众公布。各级农村经营管理部门要指导和帮助农村集体经济组织管好用好土地补偿费。

（2）建立土地补偿费专项审计制度。各级农村经营管理部门和农村审计机构要定期对农村集体经济组织土地补偿费的拨付、管理和使用情况进行专项审计。县、乡两级农村经营管理部门和农村审计机构，要切实建立并落实好对农村集体经济组织土地补偿费的审计监督，审计结束后，要及时将审计结果向群众公布。对于审计中查出的问题，要按照中共中央办公厅、国务院办公厅《关于健全和完善村务公开和民主管理制度的意见》的要求，"在审计中查出侵占集体资产和资金、多吃多占、铺张浪费的，要责令其如数退赔；涉及国家工作人员及村干部违法违纪的，需要给予党纪政纪处分的，移交纪检监察机关处理；构成犯罪的，移交司法机关依法追究当事人的法律责任。"对查出挪用或私吞征地补偿费的，要责成责任人将挪用或私吞的征地补偿费用如数退还给集体；涉及国家工作人员及村干部违法乱纪的，要提出处理意见，移交纪检监察机关处理；对于情节严重、构成犯罪的，移交司法机关依法追究当事人的法律责任。农村经营管理部门和农村审计机构在搞好专项审计的同时，还要坚持和完善定期审计工作。各地要结合农村财务管理信息化建设，开发和建立征用农村集体土地补偿费管理和使用情况的计算机网络监控体系，及时跟踪监控土地补偿费的拨付、管理和使用情况。

5. 加强领导，切实履行好征地补偿费管理指导工作的职责

农业部门和农村经营管理部门要充分认识加强征地补偿费监督管理的必要性、艰巨性，把此项工作列入农村财务工作重点。要切实加强村级财务管理，完善财务制度，严格监管征地补偿费的分配使用。要及时研究和解决征地补偿费管理工作中出现的新情况、新问题，采取有效措施加强征地补偿费用的管理，确保征地补偿资金的安全完整。农业部门和农村经营管理部门要高度重视征地补偿费的分配和使用的指导工作，帮助农村集体经济组织建立健全征地补偿费使用管理的规章制度，积极指导农村集体经济组织制定征地补偿费分配办法。加强对农村集体经济组织征地补偿费专项公开和民主管理工作的指导和督促检查。对于不公开或假公开的农村集体经济组织，要组织专人帮助其清理账目，并监督其进行收支公开。

五、被征地农民安置途径

土地征收中必须采取多元安置途径，保障被征地农民生活水平不降低，保障被征地农民长远生计。目前，被征地农民的安置途径主要有货币安置、农业生产安置、就业安置、入股分红安置、留地安置、社保安置、异地移民安置等。

1. 货币安置

货币安置是指将土地征收的安置补助费直接支付给被征地的农民,农民自谋职业的一种安置行为。这种安置方式操作简单,适宜年轻人和外出打工农民,以及适宜沿海经济发达地区,解决农民一时困难。但不适宜年龄大和劳动技能低的农民,以及不适宜中西部经济不发达地区,不能解决失地农民长远生计。

2. 农业生产安置

农业生产安置是指被征地的农村集体经济组织通过利用农村集体机动地、承包农户自愿交回的承包地、承包地流转和土地开发整理新增加的耕地等,进行农业用地调整,使被征地农民有必要的耕作土地,继续从事农业生产。

在一些通过土地整治增加了耕地及农村集体经济组织预留机动地较多的农村地区,征地时应优先采取农业安置方式,将新增耕地或机动地安排给被征地的农民,使其拥有一定面积的耕作土地,维持基本的生产条件和收入来源。

3. 就业安置

应当积极创造条件,向被征地的农民提供免费的劳动技能培训,安排相应的工作岗位。在同等条件下,用地单位应优先吸收被征地的农民就业。征收城市规划区内的农民集体土地,应当将因征地而导致无地的农民纳入城镇就业体系,并建立社会保障制度。

4. 入股分红安置

对有长期稳定收益的项目用地,在农户自愿的前提下,被征地农村集体经济组织经与用地单位协商,可以以征地补偿安置费用入股,或者以经批准的建设用地土地使用权作价入股。农村集体经济组织和农户通过合同约定以优先股的方式获取收益。

5. 留地安置

留地安置是指将一定数量的建设用地一次性留给被征地的农村(社区)集体经济组织,通过开发经营,将其收益主要用于解决被征地农民的基本生活保障和壮大农村(社区)集体经济的一种征地安置方式。在土地利用总体规划确定的城镇建设用地范围内实施征地,可结合本地实际采取留地安置方式,但要加强引导和管理。留用地应安排在城镇建设用地范围内,并征为国有;涉及农用地转用的,要纳入年度土地利用计划,防止因留地安置扩大城市建设用地规模;留用地开发要符合城市建设规划和有关规定要求。实行留地安置的地区,当地政府应制定严格的管理办法,确保留用地的安排规范有序,开发利用科学合理。

6. 社保安置

将被征地的农民纳入社会保障,是解决被征地农民长远生计的有效途径。各级自然资源主管部门要在当地政府的统一领导下,配合有关部门,积极推进被征地农民社会保障制度的建设。本着"谁用地、谁承担"的原则,鼓励各地结合征地补偿安置积极拓展社保资金渠道。各地在用地审查报批中,要对被征地农民社保资金的落实情况严格把关，切实推进被征地农民社会保障资金的落实。实行新型农村社会养老保险试点的地区，要做好被征地农民社会保障与新农保制度的衔接工作。被征地农民纳入新农保的，还应落实被征地农民的社会保障，不得以新农保代替被征地农民的社会保障。

7. 异地移民安置

本地区确实无法为因征地而导致无地的农民提供基本生产生活条件的，在充分征求被征地农村集体经济组织和农户意见的前提下，可由政府统一组织，实行异地移民安置。

第五节　农用地转用、土地征收审查报批管理

一、农用地转用、土地征收的审批权限

（一）农用地转用的审批权限

实施土地用途管制制度以来，我国对新增建设用地规定了从严从紧的审批制度。农用地转用审批实行国务院和省级人民政府两级审批，但考虑到我国的实际情况，将乡镇企业、农村公共设施、公益事业和农民宅基地等占用农用地的，授权地（市）级人民政府审批。《土地管理法》（2004年修正）第四十四条规定："建设占用土地，涉及农用地转为建设用地的，应当办理农用地转用审批手续。省、自治区、直辖市人民政府批准的道路、管线工程和大型基础设施建设项目、国务院批准的建设项目占用土地，涉及农用地转为建设用地的，由国务院批准。在土地利用总体规划确定的城市和村庄、集镇建设用地规模范围内，为实施该规划而将农用地转为建设用地的，按土地利用年度计划分批次由原批准土地利用总体规划的机关批准。在已批准的农用地转用范围内，具体建设项目用地可以由市、县人民政府批准。本条第二款、第三款规定以外的建设项目占用土地，涉及农用地转为建设用地的，由省、自治区、直辖市人民政府批准。"这一规定旨在通过复杂的审批制度引导地方政府利用存量建设用地。

《土地管理法》（2019年修正）第四十四条规定："建设占用土地，涉及农用地转为建设用地的，应当办理农用地转用审批手续。永久基本农田转为建设用地的，由国务院批准。在土地利用总体规划确定的城市和村庄、集镇建设用地规模范围内，为实施该规划而将永久基本农田以外的农用地转为建设用地的，按土地利用年度计划分批次按照国务院规定由原批准土地利用总体规划的机关或者其授权的机关批准。在已批准的农用地转用范围内，具体建设项目用地可以由市、县人民政府批准。在土地利用总体规划确定的城市和村庄、集镇建设用地规模范围外，将永久基本农田以外的农用地转为建设用地的，由国务院或者国务院授权的省、自治区、直辖市人民政府批准。"

根据以上规定，农用地转用审批权限划分具体如下。

1. 国务院的批准权限

（1）涉及占用永久基本农田的。

（2）国务院批准的建设项目占用土地利用总体规划确定的城市和村庄、集镇建设用地规模范围外的土地，涉及将永久基本农田以外的农用地转为建设用地的农用地转为建设用地的。包括：按照国家基本建设程序规定，由国务院及国务院有关部门批准可行性研究报告的项目，并且是在城市建设用地区之外需要单独选址的项目、国务院和国务院有关部门批准的能源、交通、水利、矿山等项目及中央军委批准建设的军事项目用地。

（3）省、自治区、直辖市人民政府批准可行性研究报告的铁路、公路、各种管线及大型的能源、交通、水利等基础设施项目占用土地利用总体规划确定的城市和村庄、集镇建设用地规模范围外，将永久基本农田以外的农用地转为建设用地的，涉及农用地转为建设用地的。

（4）省、自治区、直辖市人民政府政府所在地城市、城区人口在100万以上的其他城市以及国务院指定的其他城市的城市扩展用地。

2. 省级人民政府的批准权限

（1）除报国务院审批之外的其他城市的城市扩展占用农用地的。

（2）县和县级市所在的城镇及其他建制镇建设扩展占用农用地的。

（3）地、市以下政府批准可行性研究报告的建设项目需要占用农用地的。

3. 省级人民政府授权设区的市、自治州的批准权限

（1）土地利用总体规划确定的村庄、集镇建设用地区内，为实施村、镇规划而需要农用地转用的。

（2）已批准的农用地转用范围内，具体建设项目用地安排可由市、县人民政府批准。

长期以来，地方对建设用地审批层级高、时限长、程序复杂等问题反映强烈。2019年修订的《土地管理法》适应放管服改革的要求，对中央和地方的土地审批权限进行了调整，按照是否占用永久基本农田来划分国务院和省级政府的审批权限。今后，国务院只审批涉及永久基本农田的农用地转用，其他的由国务院授权省级政府审批。同时，按照谁审批谁负责的原则，取消省级征地批准报国务院备案的规定。

（二）土地征收的审批权限

为了在法律上加强征收土地的审批，《土地管理法》中规定了征地的审批权限，实行征收土地由国务院和省级人民政府两级审批，取消了省级以下地（市）和县级人民政府的征地审批权。按《土地管理法》（2019年修正）第四十六条的规定，国务院和省级人民政府在征地审批权限上的划分有以下几种。

1. 国务院的批准权限

（1）永久基本农田，即依照土地利用总体规划和《基本农田保护条例》划入永久基本农田保护区，禁止占用的耕地。将所有占用永久基本农田的都由国务院批准，主要是为了切实加强对基本农田的保护，禁止一般性项目和城市、村庄、集镇建设占用基本农田。对于一些国家重点建设项目，确实无法避开而必须占用永久基本农田的，必须经过严格的审批并按规定重新补划基本农田。这是严格管理基本农田的主要措施。

（2）永久基本农田以外的耕地超过35公顷的。

（3）其他土地超过70公顷的。包括耕地之外的土地超过70公顷的，同时也包括征收耕地35公顷以下、其他土地70公顷以下、两项之和超过70公顷的，都必须报国务院批准。

2. 省级人民政府的批准权限

除了由国务院审批征收的土地以外，其他征收土地的，都由省、自治区、直辖市人民政府批准。

（三）农用地转用与土地征收审批权限之间的关系

征收农用地的，应当首先依照《土地管理法》（2019年修正）第四十四条的规定办理农用地转用审批。

（1）农用地转用属于国务院批准权限内的，而征收土地批准权属于国务院或省级人民政府，国务院批准农用地转用时，同时办理征地审批手续，不再另行办理征地审批。

（2）农用地转用和征收土地审批权都在省级人民政府的，省级人民政府在批准农用地转用时，同时办理征地审批手续，不再另行办理征地审批。

（3）农用地转用审批权在省级人民政府，而征收土地审批权在国务院的，先由省级人民政府批准农用地转用，再报国务院办理征地审批。

（4）由省级以上人民政府批准农用地转用和征收土地后，具体的建设项目用地（国有土地使用权划拨或出让）由县、市人民政府负责，不再上报上级政府批准。上级人民政府自然资源主管部门可对土地的使用情况进行监督检查。

二、农用地转用、土地征收审查报批程序

1. 用地申请

由单独选址的建设用地单位或由组织实施土地利用总体规划的县、市人民政府向市、县人民政府自然资源主管部门提出用地申请。

2. 编制方案

市、县自然资源主管部门接到用地申请，对材料齐全、符合用地条件的，30日内编制建设用地项目呈报说明书、农用地转用方案、补充耕地方案和土地征收方案等报

批材料。

3. 方案上报

方案经市、县人民政府审核同意后,逐级上报。

4. 方案审查报批

有关自然资源主管部门收到上报的农用地转用方案、补充耕地方案和土地征收方案等审批材料后,对材料齐全且符合报批条件的,应在5日内报同级人民政府审核。同级人民政府审核同意后,逐级上报有批准权的人民政府,并将审查所需的材料及时报送同级自然资源主管部门审查。有批准权的人民政府自然资源主管部门应当自收到上报的土地征收方案并按规定征求有关方面的意见后30日内审查完毕。土地征收方案经有批准权的人民政府批准后,同级自然资源主管部门应当在收到批件之日起5日内批复发出。

三、农用地转用、土地征收审批材料的编制与审查

(一) 审批材料的种类

组织编制农用地转用、土地征收审批材料是各级政府和自然资源主管部门呈报、审查、审核批准农用地转用、土地征收的重要基础性工作。

农用地转用材料主要包括农用地转用方案、补充耕地方案等。

土地征收材料包括征地告知书、征地调查确认书、听证笔录、听证纪要或听证情况的说明材料、土地征收方案、土地补偿安置方案、土地征收方案公告、土地补偿安置方案公告等材料。下面重点讲解农用地转用方案、补充耕地方案、土地征收方案和征地补偿安置方案的编制。

(二) 审批材料编制的主体

农用地转用、土地征收审批材料一般由县级人民政府自然资源主管部门负责编制。

直辖市或省辖市人民政府申请城市建设用地占用耕地的,由直辖市或省辖市人民政府自然资源主管部门负责编制。

(三) 审批材料的内容及格式

1. 农用地转用方案的内容及格式

农用地转用方案的内容包括拟占用农用地的种类、位置、面积、质量、补充的期限、资金落实情况等,以表格的形式填写。同时另附具以下材料。

(1) 上级下达的土地利用年度计划或土地整理折抵建设用地指标的使用台帐(复印件)。

(2) 乡(镇)土地利用总体规划图,比例尺为1∶10 000。

(3) 建设项目可行性研究时,县级人民政府负责土地利用规划工作的部门提出具

体的预审意见,即《农用地转用审查意见表》。

2. 补充耕地方案的内容及格式

建设用地名称、被占用耕地面积、补充耕地责任单位、补充耕地实施单位、已经完成补充耕地情况、拟完成补充耕地位置、数量,以补划永久基本农田地块的位置、面积情况等内容,并以表格的形式填写。

3. 土地征收方案的主要内容及格式

土地征收方案应当包括:被征土地的范围、种类、面积、权属、产值等反映被征土地的基本情况的数据;土地补偿费、安置补助费标准及其他费用标准;被征地单位的经济状况;需要安置人员的安置途径等内容。以上内容以表格的形式填写,同时另附具以下材料。

(1)《建设拟征(占)地土地权属情况汇总表》。

(2) 耕地以外其他土地的有关补偿标准的规定。

(3) 用地单位对本方案的意见。

(4) 1∶500~1∶1 000 征地红线图,能反映征地范围、面积、利用现状及权属关系。

4. 征地补偿安置方案的主要内容及格式

《征收土地公告办法》规定,征地补偿安置方案应当包括下列内容。

(1) 农村集体经济组织被征用土地的位置、地类、面积,地上附着物和青苗的种类、数量,需要安置的农业人口的数量。

(2) 土地补偿费的标准、数额、支付对象和支付方式。

(3) 安置补助费的标准、数额、支付对象和支付方式。

(4) 地上附着物和青苗的补偿标准和支付方式。

(5) 农业人员的具体安置途径。

(四) 审批材料审查的主要内容

1. 农用地转用方案审查的内容

(1) 项目是否必需占用农用地。

(2) 确属必需占用农用地的是否符合土地利用总体规划。

(3) 是否符合土地利用年度计划确定的控制指标。

2. 补充耕地方案审查的内容

(1) 补充耕地责任单位、实施单位是否落实。

(2) 补充耕地地块位置、面积是否确定。

(3) 补充耕地的方式方法是否得当。

(4) 补充耕地的保证措施是否得力。

(5) 若建设占用永久基本农田,则须审查补划永久基本农田的位置是否已落实,质量是否符合要求。

审查补充耕地方案的目的是保证被建设占用的耕地必须切实得到补充，被占用的永久基本农田也必须从一般农田或新开垦的耕地中划出同等生产能力的耕地作为永久基本农田。

3. 土地征收方案审查的主要内容

（1）被征收土地界址、地类、面积是否清楚，权属是否无争议。

（2）被征收土地的补偿标准是否符合法律、法规的规定。

（3）被征收土地上需要安置人员的安置途径是否切实可行。

4. 征地补偿安置方案审查的主要内容

征地补偿安置方案报批时，应报送征地补偿安置方案、关于征地补偿安置方案征求意见情况的报告、征地补偿安置方案公告、征求意见稿及附图和听证有关资料。市、县自然资源主管部门负责审查，主要审查以下内容。

（1）《征地补偿安置方案》中的内容是否完整。

（2）《征地补偿安置方案公告》发布后是否有听证要求，如有听证要求，听证相关材料及意见是否完整。

（3）征地补偿安置方案中土地补偿费和安置补助费、地上附着物和青苗补偿费等是否符合规定。

征地补偿安置方案审批材料报送后，由市、县自然资源主管部门审查，审查符合条件的上报由市、县人民政府批准，批准后报省级自然资源主管部门备案。

（五）方案报批应符合的条件

农用地转用方案和补充耕地方案符合下列条件的，自然资源主管部门方可报人民政府批准。

（1）符合土地利用总体规划的。

（2）确属必需占用农用地且符合土地利用年度计划确定的控制指标的。

（3）占用耕地的，补充耕地方案符合土地整理开发专项规划且面积、质量符合规定要求的。

（4）单独办理农用地转用的，必须符合单独选址条件的。

征收土地方案符合下列条件的，自然资源主管部门方可报人民政府批准。

（1）被征收土地界址、地类、面积清楚，权属无争议的。

（2）被征收土地的补偿标准符合法律、法规规定的。

（3）被征收土地上需要安置人员的安置途径切实可行的。

第六节　新增建设用地土地有偿使用费管理

土地有偿使用费包括国有土地使用权出让中的土地出让金（纯收益）、国有土地使用权租赁中的地租和国有土地使用权作价入股的股金等。新增建设用地土地有偿使用费（以下简称新增费）是指新增建设用地的平均土地纯收益，即国务院或省级人民政府在批准农用地转用、征收土地时，向取得出让等有偿使用方式的新增建设用地的县、市人民政府收取的平均土地纯收益。

根据《土地管理法》的规定，利用现有建设用地出让等有偿使用的土地有偿使用费全部留给地方，用于城市基础设施建设、土地开发和中低产田改造。

一、新增建设用地土地有偿使用费的征收范围

新增建设用地为农用地和未利用土地转为建设用地。新增费，由市、县人民政府按照自然资源部或省、自治区、直辖市自然资源主管部门核定的当地实际新增建设用地面积、相应等别和征收标准缴纳。新增费的征收范围为：土地利用总体规划确定的城市（含建制镇）建设用地范围内的新增建设用地（含村庄和集镇新增建设用地）；在土地利用总体规划确定的城市（含建制镇）、村庄和集镇建设用地范围外单独选址、依法以出让等有偿使用方式取得的新增建设用地；在水利水电工程建设中，移民迁建用地占用城市（含建制镇）土地利用总体规划确定的经批准超出原建设用地面积的新增建设用地。

因违法批地、占用而实际发生的新增建设用地，应按照自然资源部认定的实际新增建设用地面积、相应等别和征收标准缴纳新增费。

二、新增建设用地土地有偿使用费的缴纳标准

新增费缴纳标准由财政部会同国务院自然资源主管部门按照全国城市土地分等和城镇土地级别、基准地价水平、各地区耕地总量和人均耕地状况、社会经济发展水平等情况制定，由国务院财政部门和自然资源主管部门联合发布，并定期调整公布。从2007年1月1日起，新批准新增建设用地的土地有偿使用费征收标准在原有基础上提高一倍，提高后的新增费征收标准，如表4-1所示。同时，根据各地行政区划变动情况，相应细化新增费征收等别。

表4-1 新增建设用地土地有偿使用费征收标准

单位：元/m²

等别	1	2	3	4	5	6	7	8	9	10	11	12	13	14	15
标准	140	120	100	80	64	56	48	42	34	28	24	20	16	14	10

三、新增建设用地土地有偿使用费征收管理

新增费由自然资源部和各省、自治区、直辖市自然资源主管部门在办理用地审批手续时负责征收，由财政部门负责征收管理，由财政部驻各省、自治区、直辖市、计

划单列市财政监察专员办事处(以下简称财政部驻各地财政监察专员办事处)以及省级财政部门共同负责监督解缴。

按照农用地转用、征收土地等新增建设用地的审批程序,新增费由取得新增建设用地的市、县人民政府按规定标准缴纳。缴纳程序如下。

(1) 开具新增建设用地土地有偿使用费缴款通知书。

自然资源部和各省、自治区、直辖市自然资源主管部门在办理用地审批手续时,应当开具新增费缴款通知书,通知申请办理新增建设用地审批手续的县、市人民政府在规定的时间内依法足额缴纳新增建设用地土地有偿使用费;同时将缴款通知书抄送财政部、财政部驻各地财政监察专员办事处及省级财政部门备查。缴款通知书应明确新增建设用地的地类、面积、适用的征收等别、征收标准及应缴纳的新增建设用地土地有偿使用费具体数额。

(2) 填写"一般缴款书",将土地有偿使用费按规定比例就地缴入中央金库和省级国库。

市、县人民政府在收到自然资源主管部门开具的缴款通知书后,应当及时通知市、县财政部门填写一份"一般缴款书",将应当缴纳的新增费全额就地缴入国库。市、县财政部门在缴款时,"一般缴款书"中收款单位栏填写"财政部门",预算级次填写"中央和省级共享收入",收款国库栏填写当地实际收纳款项的国库名称;填写预算科目时,30%填列政府收支分类科目 103013301 目"中央新增建设用地土地有偿使用费收入"科目,70%填列政府收支分类科目 103 013 302 目"地方新增建设用地土地有偿使用费收入"科目。国库部门办理缴库手续后,将加盖国库印章的"一般缴款书"第四、五联退市、县财政部门。市、县财政部门将收到的"一般缴款书"第四、五联分别报送省级财政部门和财政部驻当地财政监察专员办事处备查。

(3) 国务院或省级自然资源主管部门根据加盖银行收讫章的"一般缴款书"办理新增建设用地手续。

自然资源部和各省、自治区、直辖市自然资源主管部门应当在收到市、县人民政府已足额缴纳新增费的有效凭证后,再依法办理用地批准文件,并抄送财政部、财政部驻各地财政监察专员办事处以及省级财政部门。财政部驻各地财政监察专员办事处以及省级财政部门,要按照自然资源主管部门开具的新增费缴款通知书、缴款凭证、用地批准文件等,抽查核实市、县人民政府是否及时足额缴纳新增费,并按月做好与国库以及自然资源主管部门的对账工作,确保有关数据准确无误。

严禁市、县人民政府和有关部门将新增费转嫁由用地单位缴纳。严禁在审批新增建设用地时采取"以租代征"等方式,逃避缴纳新增费。市、县人民政府凡不按国家规定的等别和征收标准及时足额缴纳新增费的,自然资源部和各省、自治区、直辖市自然资源主管部门一律不得办理用地审批手续和批准文件。任何地区、部门、单位和个人，均不得减免、缓缴、挤占、截留和挪用新增费。

四、新增建设用地土地有偿使用费分成管理

《土地管理法》规定，新增费30%上缴中央财政，70%留给地方财政，为加强对土地利用的调控，从2007年1月1日起，调整地方分成的新增费管理方式。地方分成的70%部分，一律全额缴入省级（含省、自治区、直辖市、计划单列市，下同）国库。

五、新增建设用地土地有偿使用费使用管理

为促进新增费的科学、合理、有效使用，加强和规范资金使用管理，提高资金使用效益，2012年4月12日，财政部、自然资源部印发《新增建设用地土地有偿使用费资金使用管理办法》（财建〔2012〕151号）明确新增建设用地有偿使用费纳入政府性基金预算管理，专款专用，任何单位和个人不得截留、挤占或挪用。

新增费专项用于土地整治支出及其他相关支出。土地整治支出包括基本农田建设支出、土地整理支出、耕地开发支出。其他相关支出包括基本农田保护支出、土地整治管理支出和财政部商自然资源部确定的其他支出。

基本农田建设支出是指为促进基本农田综合生产能力提高，建设适应现代农业发展条件的旱涝保收、高产稳产高标准基本农田，对基本农田进行综合整治发生的支出。

土地整理支出是指为了增加耕地面积，提高耕地综合生产能力，对基本农田保护区以外的农村土地进行田、水、路、林、村综合整治发生的支出；对生产建设活动和自然灾害损毁的土地，采取整治措施，使其达到可供利用状态所发生的支出；为提高节约集约用地水平而进行的农村建设用地整理支出；项目区内为改善农村生产条件而进行的道路、电力、水源、输排水（含排洪、排碱）等基础设施、农田防护措施和为开展土地整治工作而进行的拆迁补偿等支出。

耕地开发支出是指在保护和改善生态环境的前提下，以增加耕地面积为主要目的，对滩涂、盐碱地、荒草地、裸地、空闲地等宜农未利用土地进行适度开发，使之达到可利用状态所发生的支出。

土地整治按照项目进行管理，具体要求按国家有关土地整治项目管理的规定执行。土地整治内容包括土地平整工程、灌溉与排水工程、田间道路工程、农田防护与生态环境保持工程等。土地整治项目支出包括工程施工费、设备费、其他费用和不可预见费。其他费用包括前期工作费、工程监理费、竣工验收费、业主管理费和拆迁补偿费。

新增费不得用于下列支出：①项目区外不直接与项目相配套的道路工程、灌溉与排水工程、电力工程和村庄改造等基础设施建设工程支出；②与项目实施无关的车辆、机械等设备购置，以及农业生产用具、设备等不属于项目规划设计需要的设备购置支

出；③办公场所改扩建、发放奖金津贴、补充工作经费、平衡公共预算；④对外投资，赞助和捐赠支出，支付的滞纳金、罚款、违约金、赔偿金及与项目实施无关的其他支出。

自然资源部、财政部印发《关于新增建设用地土地有偿使用费转列一般公共预算后加强土地整治工作保障的通知》（国土资函〔2017〕63号）明确从2017年1月1日起，新增费由政府性基金预算调整转列为一般公共预算。新增费转列一般公共预算后，中央财政将设立"土地整治工作专项"，对地方开展的高标准农田建设、土地整治重大工程和灾毁耕地复垦等土地整治工作予以重点支持。按照"以规划定任务，以任务定资金"的原则，地方财政部门也要在一般公共预算中安排专项资金用于保障土地整治和高标准农田建设，并将耕地保护和土地整治监管等工作经费列入部门预算，确保完成各级土地整治规划确定的建设任务。

六、新增建设用地土地有偿使用费收支管理监督检查

各级财政、自然资源主管部门负责对新增费项目实施情况和资金使用情况的监督检查，确保新增费专款专用，切实提高新增费使用管理效率。

各级财政、自然资源主管部门要建立健全新增费使用管理的绩效评价制度，逐步完善绩效考评工作，并将新增费资金的分配与绩效考评结果相挂钩。

新增费使用单位要自觉接受财政、审计等部门的监督检查，及时提供相关资料。

本章小结

1. 土地用途管制制度的含义与意义。
2. 土地用途管制的基本要素及内容。
3. 土地用途管制中分区管制的内容。
4. 实施土地用途管制的保证措施。
5. 农用地转用的概念及条件。
6. 耕地占补平衡的管理。
7. 土地征收的概念、法律特征、原则、范围及程序。
8. 土地征收的补偿和安置。
9. 农用地转用、土地征收的审批权限及程序。
10. 农用地转用、土地征收审查报批材料的编制。
11. 新增建设用地土地有偿使用费的收缴与管理。

关键术语

土地用途管制　农用地转用　补充耕地　土地征收　土地征收补偿安置
新增建设用地土地有偿使用费

案例1　征地补偿费用分配不合理

×村人均耕地为1亩，村民张三家庭4口人。张三像其他村民一样，与村委会签订土地承包合同，承包耕地4亩，承包期为30年。承包期20年后，张三家的承包地全部被政府征收用于修高速公路。县政府依法公告，经评估确认后，县土地部门依法、按政策向高速集团征收耕地补偿费30万元，其中，土地补偿款12万元、安置补助费16万元、村集体水渠（地上附着物）补偿费1万元、青苗补偿费1万元，为了及时足额支付补偿款，县土地部门直接将30万元一次划入张三个人银行卡。张三得到补偿款后儿娶女嫁，讲排场讲阔气，在很短时间内就将钱花光了。几年之后，张三为了有事干和维持生活天天到村委会闹着要承包地，要求解决失地保障问题。

案例解析

土地征收补偿费用包括土地补偿费、安置补助费、地上附着物和青苗补偿费。政府征地应对农村集体经济组织和农民进行补偿。地上附着物和青苗补偿费应该支付给地上附着物和青苗的所有者。本案中青苗补偿费应支付给张三，村集体水渠补偿费应支付给村集体经济组织，土地补偿费及安置补偿费应由农村集体经济组织按照承包合同，结合实际情况，对承包人进行补偿，而不是全部支付给承包户。案例中把征地补偿款全部支付给承包户是不合理的，村民张三的承包地被征收后，村委会应发挥基层组织的作用，可以采取多种方式进行补偿或者处理，如调整承包地，并结合实际情况对张三给予补偿。

案例2　征地补偿费用被非法截留

2016年，×市经省政府批准，征地300余亩用于基础设施建设。在经批准的征地方案中，征地补偿费标准为每亩5万元，而周围相同土地征收用于房地产开发，征地补偿费用为每亩8万元。用地单位按照上述标准，向该市征地部门支付了这笔资金。随后，征地部门将该笔资金转拨给区政府，用于实施征地补偿。区政府接到这笔资金后，在向乡政府拨付征地补偿费时，将补偿费标准降至每亩4.5万元，乡镇政府在向村集体支付补偿费时，又把补偿标准降至每亩4万元。其中的差价，被区和乡两级政府以征地工作经费为由截留。截留的补偿费，大部分用于购买小轿车等开支。此征地行为引起了被征地农民的强烈不满，被征地农民田间阻挠施工，影响极坏。

案例解析

本案中涉及征地补偿标准和征地补偿费用支付两大问题。各类建设征收集体土地，必须按被征收土地的原用途进行补偿，而不是按征收后建设用地的用途进行补偿。本案中征收条件相同的土地，由于被征地后的用途差异造成征地补偿费用差异如此之大，必然引起被征地农民的不满。为了避免同地不同价的现象，维护农民权益，减少征地纠纷，应制定征地统一年产值标准和区片综合地价，从而完善征地补偿机制、实现同地同价。建设用地位于同一年产值或区片综合地价区域的，征地补偿水平应基本保持一致，做到征地补偿同地同价。对于新上的各类建设项目，在用地预审时就要严格把关，确保项目按照公布实施的征地统一年产值标准和区片综合地价核算征地补偿费用，足额列入概算。

同时，征地补偿费用包括土地补偿费、安置补助费及地上附着物和青苗的补偿费，是对被征地农民和农村集体经济组织失地的补偿。征地补偿费用应按规定及时全额兑现、支付给被征地的农村集体经济组织和农民，任何单位和个人不得侵占、截留或挪作他用。各级农村经营管理部门和农村审计机构要定期对农村集体经济组织土地补偿费的拨付、管理和使用情况进行专项审计。对查出挪用或私吞征地补偿费用的，要责成责任人将挪用或私吞的征地补偿费用如数退还给集体；涉及国家工作人员及村干部违法乱纪的，要提出处理意见，移交纪检监察部门处理；对于情节严重、构成犯罪的，移交司法机关依法追究当事人的法律责任。本案中区、乡两级政府对征地补偿费用进行截留，用于购买小轿车等是违法的，应如数退还给被征地的农村集体经济组织和农民，同时应根据情节轻重追究相关责任人的责任。

实务操作

实务操作1　农用地转用、土地征收方案编制

某县2016年第1批次城市建设用地，申请用地总面积为34.4935公顷，其中新增建设用地面积为34.3777公顷。使用的土地现状用途是农用地为34.3777公顷（耕地为24.7749公顷、园地为7.7935公顷、其他农用地为1.8093公顷），建设用地为0.1158公顷（住宅为0.1158公顷），全部为集体土地。拟分5块地块进行开发，本批次拟安排项目5个，其中商服用地项目2个，工业用地项目3个。1号地块面积为8.320 5公顷，2号地块面积为3.322 7公顷，3号地块为13.333 3公顷，4号地块为4.172 3公顷，5号地块为5.344 7公顷，1、2号地块为其他商服用地，3、4、5号地块为轻工用地，均拟以出让方式供地。该县土地等别为十三等。补充耕地方式为委托补充，补充耕地项目为2012年验收的两个土地整理开发项目，本项目补充耕地面积分别为21.730 3公顷、3.044 6公顷。本次城市建设用地拟征收某县新村产业开发区新兴社区集体土地为8.320 5公顷，张庄镇张庄社区集体土地为5.344 7公顷，张庄镇新城社区集体土地为4.172 3公顷，张庄镇红花社区集体土地为13.333 3公顷，兴都镇兴盛社区集体土地为3.322 7公顷。根据某县2015年颁布的征地综合区片地价文件，新村产业开发区新兴社区的土地处于Ⅱ级征地片区，征地综合区片价为85万元/公顷；张庄镇几个社区及兴都镇兴盛社区的土地均处于Ⅲ级征地片区，征地综合区片价为75万元/公顷。

请根据所给材料，编制农用地转用方案、补充耕地方案和土地征收方案。

实务操作2 土地征收补偿安置方案、土地征收方案公告编制

某市垃圾资源化综合处理示范工程项目建设用地征收位于某市高新技术产业开发区罗西街道西大官庄村，涉及罗西街道西大官庄村土地31 268平方米（其中旱地2 460平方米、林地25 521平方米、其他林地1 624平方米、农村宅基地3 183平方米、农村道路28平方米）。该宗土地作为公共服务与公共设施用地。2015年11月9日，山东省人民政府《关于某某市垃圾资源化综合处理示范工程项目建设用地的批复》（鲁政土字〔2015〕948号）批准征收某市土地3.126 8公顷。

请根据以上资料，编制土地征收补偿安置方案、土地征收方案公告。

1. 土地用途管制的概念、内容是什么？
2. 实施土地用途管制的保证措施有哪些？
3. 简述农用地转用的概念及农用地转用应符合的条件。
4. 耕地占补平衡的原则是什么？
5. 耕地占补平衡的责任单位是如何规定的？
6. 土地征收的概念及特性是什么？
7. 土地征收与土地征用的共同之处与不同之处有哪些？
8. 简述土地征收的范围及程序。
9. 土地征收补偿费用包括哪些？
10. 土地征收补偿的方法有哪些？征收耕地如何补偿？
11. 加强征地补偿费用管理的措施有哪些？
12. 安置被征地农民的途径有哪些？

13. 农用地转用、土地征收的审批权限是如何规定的？
14. 简述农用地转用、土地征收审批的程序。
15. 简述农用地转用、土地征收审批材料有哪些。
16. 简述农用地转用方案、补充耕地方案、土地征收方案的内容及方案审查内容。
17. 简述新增建设用地有偿使用费的概念及使用管理。

第四章　强化练习题

第五章 国有建设用地管理概述

第一节 国有建设用地概述

一、国有建设用地的概念

建设用地按其权属关系可分为国有建设用地和集体建设用地两大类。

国有建设用地是指属于国家所有，即全民所有的用于建造建筑物、构筑物及其附属设施的土地。

国家对国有建设用地管理实行的是所有权和使用权分离的制度，即国有土地的所有权属于国家，不可流动；而土地使用权可以依法流动，即国有土地使用权可以出让、划拨、转让、出租、抵押等。

政府在国有建设用地管理上具有双重职能：一方面代表国家行使所有权，对国有土地进行处置，有权决定采用划拨还是出让等，并代表国家与土地使用者签订土地使用合同；另一方面政府又担负着行政管理职能，即对土地进行规划、使用审批和对国有土地市场进行管理。

二、国有建设用地的范围

国有建设用地的范围包括以下几个方面。

（1）现有的属于国家所有的建设用地，包括城市市区内的土地、城市规划区外的土地（如现有铁路、公路、机场、水利设施、军事设施、工矿企业使用的国有土地）、国有农场内的建设用地等。

（2）依法征收的原属于农民集体所有的建设用地、未利用土地和办理了农用地转用和征收手续的原农民集体所有的农用地。

（3）依法办理农用地转用的国有农用地。

（4）依法批准建设的国有未利用土地。

三、临时用地

(一) 临时用地的概念

所谓临时用地，是指因建设项目施工和地质勘查需要临时使用、在施工或者勘查完毕后不再使用的国有土地或者农民集体所有的土地，不包括因临时使用建筑物或其他设施而使用的土地。

(二) 临时用地的特点

严格地说，临时用地既不属于建设用地，也不属于农用地，而是一种临时改变土地用途的行为。它具有以下几种特点。

1. 不改变原有土地的使用性质

原属于农用地的仍为农用地，而原为建设用地的仍为建设用地。因此临时使用农用地的，无须办理农用地转用审批手续，使用结束后仍恢复原用途。

2. 临时用地不改变土地权属性质

原土地的所有权和使用权都无须改变，使用农民集体所有的土地不需要办理土地征收手续，使用国有土地的不必办理划拨和有偿使用手续，只需要签订临时用地合同。

3. 临时用地使用的是城市内的空闲地、农用地和未利用土地

临时用地不包括因使用原有的建筑物而引起的使用土地的行为。如果使用原有建筑物、构筑物的，则应采用租赁的办法。

(三) 临时用地的条件和要求

临时用地的行为结束后，必须对原有的土地恢复原貌，临时用地严格地说不属于建设用地，但因临时用地往往与工程建设有关，所以常在建设用地的部分予以规定，并一同办理。

1. 临时用地必须由县级以上人民政府自然资源主管部门批准

临时用地应由县级以上人民政府自然资源主管部门批准后方可使用，其中，在城市规划区内的临时用地，在报批前应当先经有关城市规划行政主管部门同意。

2. 临时用地必须签订临时用地合同

临时用地的使用者应当根据土地权属，与有关自然资源主管部门或农村集体经济组织、村民委员会签订临时用地的合同。合同的内容包括使用土地的范围、用途、补偿标准及补偿方式、使用期限、对土地恢复措施等。

3. 必须给土地所有者或原土地使用者予以补偿

因临时用地将会使土地使用者不能继续使用土地而造成经济上的损失，临时使用土地者应按照临时用地合同的约定支付临时使用土地的补偿费。

4. 按合同约定的用途使用，并不得修建永久性建筑物

因为临时用地不改变原有土地的地类，即原来是农用地的仍是农用地，一旦建成永久性建筑物，就改变了用地的性质，很难恢复，所以规定不得修建永久性建筑物，只可以修建一些临时建筑物，临时用地合同到期应恢复原貌。

5. 临时用地的期限一般不超过两年

临时用地的使用时间随工程建设和勘测的需要不同而不同，有的只需要几个月或更短的时间，有的需要长达3~5年，甚至10年。因此规定一般为两年，需要更短时间的可以根据需要在合同中约定。需要时间超过两年的，可以经批准机关批准，或者两年后重新办理临时用地手续。

6. 临时用地使用期满，应恢复土地原貌

临时用地使用期限届满，应恢复土地原貌，占用耕地的，应自期满之日起1年内恢复种植条件。

第二节 国有建设用地供应管理

一、国有建设用地供应的概念

国有建设用地供应，是指自然资源主管部门依据国家法律法规与政策，将国有建设用地使用权提供给建设用地单位使用的过程。

供地行为主要涉及是否提供建设用地、提供建设用地的方式、提供建设用地的数量、提供建设用地的位置及提供建设用地所需要的条件等。

二、国有建设用地供应的基本条件

国有建设项目申请使用国有建设用地，必须符合下列条件，县级以上人民政府自然资源主管部门才能供应国有建设用地使用权。

（1）符合土地利用总体规划和城市规划。
（2）符合国家的土地供应政策。
（3）申请用地面积符合建设用地标准和集约用地的要求。
（4）划拨方式供地的必须符合法定的划拨用地条件。
（5）新增建设用地符合农用地转用和土地征收的条件。

三、国有建设用地供应的方式

根据我国的土地使用制度，国有土地使用权可以与土地所有权相分离，国家可以将国有土地使用权通过划拨、出让、租赁、作价出资或者入股等方式，依法确定给单位或个人使用。

(一) 国有建设用地划拨方式供应

1. 国有建设用地划拨供应的概念

国有建设用地划拨供应，是指经县级以上人民政府依法批准后，在土地使用者依法缴纳土地补偿费、安置补助费及其他费用后，国家将土地交付给土地使用者使用，或者将土地无偿交给土地使用者使用的行为。

2. 国有建设用地划拨供应的特点

（1）以划拨方式取得的土地使用权没有期限的规定。

（2）以划拨方式取得的土地使用权不得从事转让、出租、抵押等经营活动，即不得流转。如果需要转让、出租、抵押等，应当办理土地出让手续或经政府批准。土地使用者不需要使用该土地时，由政府无偿收回土地使用权。

（3）划拨土地使用权用途未经批准不得改变，需要改变用途的需经批准。改变用途后不属于划拨范围的，要实行有偿使用。

（4）取得划拨土地使用权，只需缴纳国家取得土地的成本和国家规定的税费，不需缴纳土地有偿使用费。

3. 国有建设用地划拨供应的范围

因为划拨土地使用权是国家给予的一种特殊政策。所以《土地管理法》对可以采取划拨土地使用权的供地范围做出了规定，主要有以下几方面的用地。

（1）国家机关用地：包括国家权力机关（指全国人大及其常委会）、国家行政机关（指各级人民政府及其所属工作或职能部门）、国家审判机关（指各级人民法院）、国家检察机关（各级人民检察院）、国家军事机关（指国家军队的机关）。

（2）军事用地：指军事设施用地。军事用地包括：指挥机关、地面和地下的指挥工程，作战工程；军用机场、港口、码头、营区、训练场、试验场、军用洞库、仓库；军用通信、侦察、导航、观测台站和测量、导航标志；军用公路、铁路专用线、军用通讯线路等军用输电、输油、输气管线；其他军事设施。

（3）城市基础设施用地：指城市给水、排水、污水处理、供电、通信、煤气、热力、道路、桥涵、市内公共交通、园林绿化、环境卫生、消防、路标、路灯等设施用地。

（4）公益事业用地：指各类学校、医院、体育场馆、图书馆、文化馆、幼儿园、托儿所、敬老院、防疫站等文体、卫生、教育、福利事业用地。

（5）国家重点扶持的能源、交通、水利等基础设施用地：指中央投资、中央和地方共同投资，以及国家采取各种优惠政策重点扶持的煤炭、石油、天然气、电力等能源项目；铁路、公路、港口、机场等交通项目；水库、防洪、江河治理等水利项目用地。

（6）其他项目用地：指法律和法规明确规定可以采用划拨方式供地的其他项目用地。

国务院《关于促进节约集约用地的通知》（国发〔2008〕3号）规定，自然资源部要严格限定划拨用地范围，及时调整划拨用地目录。今后除军事、社会保障性住房和特殊用地等可以继续以划拨方式取得土地外，对国家机关办公和交通、能源、水利等基础设施（产业）、城市基础设施以及各类社会事业用地要积极探索实行有偿使用，对其中的经营性用地先行实行有偿使用。其他建设用地应严格实行市场配置，有偿使用。

（二）国有建设用地出让供应

国有建设用地使用权出让，是指国家以土地所有者的身份将一定年限内的土地使用权让渡给土地使用者，并由土地使用者向国家支付土地出让金的行为。

国有建设用地使用权出让有协议、招标、拍卖和挂牌出让等方式。

国有建设用地使用权出让的具体内容详见第六章。

（三）国有建设用地租赁供应

国有建设用地使用权租赁，是指国家将一定期限内的土地使用权让于土地使用者，由土地使用者按年度或定期向国家缴纳租金的行为。

国有建设用地使用权租赁可以根据具体情况实行短期租赁和长期租赁。对短期使用或用于修建临时建筑物的土地，应实行短期租赁，短期租赁年限一般不超过5年；对需要进行地上建筑物、构筑物建设后长期使用的土地，应实行长期租赁，具体租赁期限由租赁合同约定，但最长租赁期限不得超过法律规定的同类用途土地出让最高年限。采用国有土地使用权租赁方式，租赁的年限一般较短，每年缴纳的租金较少，满足了中小投资者的需要，具有较强的灵活性。同时对现有划拨土地使用权逐步纳入有偿使用轨道也是一种很好的办法。但我国新增建设用地供应一般采用出让的方式。

（四）国有建设用地使用权作价出资（入股）供应

国家将一定年限的土地使用权作价，作为出资投入企业，形成国家股，国家从企业生产利润中取得相应的股息。这种方式实质上是国家向企业的一种投资行为。实际上这种方式可以作为土地使用权出让的一种特殊形式。这种方式在国有企业改制改组中采用较多，既解决了国有土地资产的流失问题，又为国有困难企业的改制改组创造了条件。这主要是针对现有国有企业使用的划拨土地使用权需要改制时适用。对企业新增建设用地，特别是征收土地之后提供给用地单位使用的不能采用这种方式。

（五）国有建设用地使用权授权经营方式供应

国家以一定年限的土地使用权作价后作为投资授权给经国务院批准设立的国家控股公司、作为国家授权投资机构的国有独资公司和集团公司经营管理。被授权的公司和投资机构负责该土地的保值、增值，并可以凭政府主管部门发给的授权委托书向其他企业以作价出资（入股）或者租赁方式配置土地。

四、国有建设用地供地的政策和标准

1. 根据国家的产业政策，决定是否供地

依据国家的有关规定，对于不同类别的项目，有不同的供地政策，一般分为以下三类。

（1）国家鼓励类项目——可以供地，甚至要积极供地。

例如，廉租住房和经济适用住房等民生工程，优先供地。

（2）国家限制类项目——限制供地。

由于限制供地项目多为竞争性项目，要尽量采用招标、拍卖、挂牌出让方式提供建设用地。

按照《限制供地项目目录》限制提供建设用地的是：需在全国范围内统筹规划布点的；涉及国防安全和国家利益的；生产能力过剩需总量调控的；大量毁损土地资源或以土壤为生产原料的；需要低于国家规定地价出让、出租土地的；按照法律法规规定限制的其他建设项目。

（3）国家禁止类项目——禁止供地。

按照《禁止供地项目目录》禁止提供建设用地的有：危害国家安全或者损害社会公共利益的；国家产业政策明令淘汰的生产方式、产品和工艺涉及的，国家产业政策规定禁止投资的；按照法律、法规规定禁止的其他建设项目。

2. 根据有关法律，决定供地方式

（1）划拨方式供地。

属于国家法律法规规定的可以采用划拨方式供地的建设项目用地方可采用划拨方式供地。

（2）有偿使用方式供地。

国家法律法规规定不可以采用划拨方式供地的建设项目用地必须采用有偿使用方式供地。

有偿使用国有建设用地的形式主要包括国有建设用地使用权出让、国有建设用地使用权租赁、国有建设用地使用权作价出资（入股）。

3. 根据规划，决定供地的具体位置

根据土地利用总体规划、城市规划决定国有建设用地供地的位置。建设项目用地应安排在土地利用总体规划划定的建设用地区内，并符合城市规划的要求。

4. 根据年度计划，决定供地时间

根据建设项目建设的时间和土地供应年度计划，决定供地时间。

5. 根据用地定额，决定供地数量

国有建设项目用地根据国家规定的具体建设用地定额指标，决定供地的数量。

五、供地方案的编制与审核

（一）供地方案编制的主体

供地方案一般由县级以上人民政府自然资源主管部门负责编制。

（二）供地方案的内容

供地方案的内容应当包括供地方式、面积、用途和时间，以及土地有偿使用费的标准、数额等。

（三）供地方案的审核

供地方案审核的主要内容有以下几项。
（1）供地是否符合国家土地供应政策。
（2）申请用地面积是否符合建设用地标准和集约用地的要求。
（3）划拨供地的，是否符合法定的划拨供地的范围。
（4）以有偿使用方式供地的，供地的方式、年限、有偿使用费的标准、数额是否符合规定。
（5）只占用国有未利用土地的是否符合规划、是否界址清楚、面积准确。

（四）供地方案的报批条件

供地方案符合下列条件的，自然资源主管部门方可报人民政府批准。
（1）符合国家的土地供应政策。
（2）申请用地面积符合建设用地标准和集约用地的要求。
（3）只占用国有未利用土地的，符合规划、界址清楚、面积准确。
（4）划拨方式供地，符合法定的划拨供地条件。
（5）以有偿使用方式供地的，供地的方式、年限、有偿使用费的标准、数额符合规定。

（五）供地方案的批后实施

供地方案批准且实现征地后，可正式供地。
（1）以划拨方式供地的，由市、县自然资源主管部门向建设用地单位颁发《国有建设用地划拨决定书》和《建设用地规划许可证》，依照规定办理土地登记。
（2）以有偿方式供地的，市、县自然资源主管部门与用地单位签订有偿使用合同，并颁发《建设用地规划许可证》，用地单位按规定缴清土地有偿使用费后，按规定办理土地登记。

第三节　国有建设用地使用权收回管理

一、国有建设用地使用权收回的概念

所谓国有建设用地使用权的收回，是指人民政府依照法律的规定，收回用地单位和个人国有建设用地使用权的行为。

二、国有建设用地使用权收回的法律依据

（一）《中华人民共和国土地管理法》（以下简称《土地管理法》）

《土地管理法》（2019年修正）第三十八条第一款规定："禁止任何单位和个人闲置、荒芜耕地。已经办理审批手续的非农业建设占用耕地，一年内不用而又可以耕种并收获的，应当由原耕种该幅耕地的集体或者个人恢复耕种，也可以由用地单位组织耕种；一年以上未动工建设的，应当按照省、自治区、直辖市的规定缴纳闲置费；连续二年未使用的，经原批准机关批准，由县级以上人民政府无偿收回用地单位的土地使用权；该幅土地原为农民集体所有的，应当交由原农村集体经济组织恢复耕种。"

《土地管理法》（2019年修正）第五十八条第一款规定：有下列情形之一的，由有关人民政府自然资源主管部门报经原批准用地的人民政府或者有批准权的人民政府批准，可以收回国有土地使用权：

（一）为实施城市规划进行旧城区改建以及其他公共利益需要，确需使用土地的；

（二）土地出让等有偿使用合同约定的使用期限届满，土地使用者未申请续期或者申请续期未获批准的；

（三）因单位撤销、迁移等原因，停止使用原划拨的国有土地的；

（四）公路、铁路、机场、矿场等经核准报废的。

（二）《中华人民共和国城市房地产管理法》（以下简称《城市房地产管理法》）

《城市房地产管理法》（2019年修正）第二十条规定："国家对土地使用者依法取得的土地使用权，在出让合同约定的使用年限届满前不收回；在特殊情况下，根据社会公共利益的需要，可以依照法律程序提前收回，并根据土地使用者使用土地的实际年限和开发土地的实际情况给予相应的补偿。"

《城市房地产管理法》（2019年修正）第二十二条第二款规定："土地使用权出让合同约定的使用年限届满，土地使用者未申请续期或者虽申请续期但依照前款规定未获批准的，土地使用权由国家无偿收回。"

《城市房地产管理法》（2019年修正）第二十六条规定："以出让方式取得土地使用权进行房地产开发的，必须按照土地使用权出让合同约定的土地用途、动工开发期

限开发土地。超过出让合同约定的动工开发日期满一年未动工开发的，可以征收相当于土地使用权出让金百分之二十以下的土地闲置费；满二年未动工开发的，可以无偿收回土地使用权；但是，因不可抗力或者政府、政府有关部门的行为或者动工开发必需的前期工作造成动工开发迟延的除外。"

（三）《中华人民共和国城镇国有土地使用权出让和转让暂行条例》

《中华人民共和国城镇国有土地使用权出让和转让暂行条例》（以下简称《出让和转让条例》）第十七条第二款规定："未按合同规定的期限和条件开发、利用土地的，市、县人民政府土地管理部门应当予以纠正，并根据情节可以给予警告、罚款直至无偿收回土地使用权的处罚。"

《出让和转让条例》第四十条规定："土地使用权期满，土地使用权及其地上建筑物、其他附着物所有权由国家无偿取得。土地使用者应当交还土地使用证，并依照规定办理注销登记。"

《出让和转让条例》第四十二条规定："国家对土地使用者依法取得的土地使用权不提前收回。在特殊情况下，根据社会公众利益的需要，国家依照法律程序提前收回，并根据土地使用者已使用的年限和开发、利用土地的实际情况给予相应的补偿。"

《出让和转让条例》第四十七条第一款规定："无偿取得划拨土地使用权的土地使用者，因迁移、解散、撤销、破产或者其他原因而停止使用土地的，市、县人民政府应当无偿收回其划拨土地使用权，并可依照本条例的规定予以出让。"

（四）《基本农田保护条例》

《基本农田保护条例》第十八条规定："禁止任何单位和个人闲置、荒芜基本农田。经国务院批准的重点建设项目占用基本农田的，满1年不使用而又可以耕种并收获的，应当由原耕种该幅基本农田的集体或者个人恢复耕种，也可以由用地单位组织耕种；1年以上未动工建设的，应当按照省、自治区、直辖市的规定缴纳闲置费；连续2年未使用的，经国务院批准，由县级以上人民政府无偿收回用地单位的土地使用权；该幅土地原为农民集体所有的，应当交由原农村集体经济组织恢复耕种，重新划入基本农田保护区。"

（五）《闲置土地处置办法》（2012年修正）

《闲置土地处置办法》（2012年修正）第十二条规定："因本办法第八条规定情形造成土地闲置的，市、县国土资源主管部门应当与国有建设用地使用权人协商，选择下列方式处置：协议有偿收回国有建设用地使用权。"

《闲置土地处置办法》（2012年修正）第十四条规定："除本办法第八条规定情形外，闲置土地按照下列方式处理：未动工开发满两年的，由市、县国土资源主管部门按照《中华人民共和国土地管理法》第三十七条和《中华人民共和国城市房地产管理法》第二十六条的规定，报经有批准权的人民政府批准后，向国有建设用地使用权人下达《收回国有建设用地使用权决定书》，无偿收回国有建设用地使用权。闲置土地设有抵押权的，同时抄送相关土地抵押权人。"

三、国有建设用地使用权收回行为的法律性质分析

《土地管理法》《城市房地产管理法》《出让和转让条例》《基本农田保护条例》规定了多种"收回土地使用权"的情形，其中既有作为"土地违法案件"给予行政处罚的"收回"，也有土地使用权期满的"收回"，还有作为其他法定事由的"收回"。

（一）行政处罚的"收回"

行政处罚的"收回"，是指因土地使用者违反了法律法规禁止性规定，被人民政府或自然资源主管部门依照法律法规的规定收回土地使用权。这种"收回"，首先，是因为土地使用者发生了法律法规禁止的行为；其次，法律法规规定，对这种违反法律法规的行为必须给予无偿收回土地使用权的惩处。

《土地管理法》（2019年修正）第三十八条第一款、《基本农田保护条例》第十八条的"收回"，是土地使用者违反了"禁止闲置、荒芜耕地""禁止闲置、荒芜基本农田"的规定；《城市房地产管理法》（2019年修正）第二十六条的"收回"，是土地使用者违反了"必须按照土地使用权出让合同约定的土地用途、动工开发期限开发土地"的规定，都属于行政处罚的"收回"；《出让和转让条例》第十七条第二款及《闲置土地处置办法》（2012年修正）第十四条第二款的"收回"，该条款本身已明确是"处罚"。

（二）土地使用权期满的"收回"

土地使用权期满的"收回"，是指出让的国有土地使用权期满后，由于土地使用者未申请续期，或者虽申请续期但未获批准，依照出让合同的约定，土地使用权由国家无偿收回。

《土地管理法》（2019年修正）第五十八条第一款第（二）项、《城市房地产管理法》（2019年修正）第二十二条第二款及《出让和转让条例》第四十条的"收回"，都属于土地使用权期满的"收回"。

（三）其他法定事由的"收回"

其他依法定事由的"收回"，是指土地使用者在没有违反法律法规禁止性规定的情况下，因发生某种法律法规规定应当收回土地使用权的事件，而被自然资源主管部门收回土地使用权。这里需要说明的是，首先，土地使用者没有违反法律法规的行为；其次，发生的事件，可能是土地使用者自己的原因（如单位迁移、解

散、撤销、破产），也可能是国家方面的原因（如为了公共利益或为了实施城市规划）。

根据上面的阐述可以确定，依据《土地管理法》第五十八条第一款第（一）（三）（四）项和《城市房地产管理法》（2019年修正）第二十条及《出让和转让条例》第四十二条、第四十七条第一款的规定收回土地使用权，都属于其他依法定事由的"收回"。

四、国有建设用地使用权收回的具体范围

（1）为公共利益需要使用土地的，包括城市基础设施、公益事业建设，国家重点扶持的能源、交通、水利、矿山、军事设施等建设需要使用土地的，不管是划拨土地还是出让未到期的土地，经过政府批准都可以行使国有土地收回权。

（2）为实施城市规划进行旧城区改建，需要调整使用土地的。城市国有土地使用权是城市旧城改造中遇到的难题。实际上旧城改造中不是将土地使用权收回，而是要对土地使用权进行重新调整。

（3）土地出让等有偿使用合同约定的使用期限届满，土地使用者未申请续期或者申请续期未获批准的。这在《城市房地产管理法》（2019年修正）中就作了规定，即"土地使用权出让合同约定的使用年限届满，土地使用者需要继续使用土地的，应当至迟于届满前一年申请续期，除根据社会公共利益需要收回该幅土地的，应当予以批准"。关于这类土地使用权收回的，土地使用权国家将不予补偿。

（4）因单位撤销、迁移等原因，停止使用原划拨的国有土地的。因法律规定，国有划拨土地不得出租、转让等，只能供批准的用地单位按批准的用途使用，如果单位撤销或迁移不再需要使用，则交回国家。因划拨土地不是有偿使用的，土地使用权不予补偿。如果单位需要将土地和地上建筑物转让，应当补办出让手续，对土地按有偿使用的办法处理。

（5）公路、铁路、机场、矿场等经核准报废的。按规定这部分土地是采用划拨方式提供的，不给予补偿。

（6）违约收回土地使用权是指国家对土地使用者不按合同的约定日期和用途使用土地的，收回土地使用权。以出让方式取得的土地使用权，必须信守出让合同约定的土地用途、开工期限。不按批准的用途使用土地，或者满二年未动工开发的，可强制性收回用地单位的土地使用权。划拨土地使用权未经原批准机关同意，连续二年未使用或不按批准的用途使用土地的，经县级以上人民政府批准，收回用地单位的土地使用权。

五、国有建设用地使用权收回的行使主体和程序

（一）收回的行使主体

《土地管理法》（2019年修正）第三十八条及第五十八条明确规定，收回土地使

用权的批准权限，是有批准权的人民政府或原批准用地的人民政府，而具体组织实施收回工作的，既可以是县级以上人民政府，也可以是有关人民政府的自然资源主管部门。

（二）收回的法定程序

收回国有土地的程序有拟订收回方案、听证、报批、下达收回决定书、注销登记等。

1. 拟订收回方案

自然资源主管部门根据市或县级人民政府的批准调整用地的文件，拟迁移、解散、撤销、破产的企业（或其上级主管部门）的申请或者自然资源主管部门决定收回的处理意见，拟订收回国有土地使用权方案，并将拟收回国有土地使用权事宜通知原土地使用权人，并告之听证的权利。

2. 听证

土地使用权人要求听证的，应当在接到收回国有土地使用权通知后的一定期限内向市或县级人民政府自然资源主管部门提出。自然资源主管部门接到听证申请后，应该按照《国土资源听证规定》中规定的期限组织听证。

3. 报批

主管部门在组织听证后规定的一定期限内，将所拟订的收回国有土地使用权方案连同听证结果报市或县级人民政府审批。

4. 下达收回决定书

根据市或县级人民政府批准的收回国有土地使用权方案，主管部门应当在批准之日起一定期限内，向原土地使用权人下达《收回国有土地使用权决定书》；同时告知原土地使用权人申请复议和提起诉讼权利。对收回国有土地使用权决定不服的，可以在接到提前收回国有土地使用权决定后若干期限内（按照《行政复议法》规定，一般是60天），依法向上级行政机关申请行政复议或者向人民法院起诉。

5. 注销登记

主管部门在下达《收回国有土地使用权决定书》后，由原登记发证机关办理注销土地登记，收回国有土地使用证，并发布收回国有土地使用权公告。对于出让的土地，还应当依法终止国有土地使用权出让合同。被收回土地已经设定抵押的，在收回土地使用权之前，由抵押人与抵押权人协商解除抵押合同，并向登记机关办理注销抵押登记手续。原土地使用权人或者抵押权人对收回国有土地使用权决定提出异议的，不影响收回国有土地使用权行政行为的执行。

根据《土地管理法》（2019年修正）第五十八条、《不动产登记暂行条例实施细则》第十九条，县级以上人民政府收回土地使用者的国有土地使用权，由有关人民政府自然资源主管部门报经原批准用地的人民政府或者有批准权的人民政府批准，通知原土地使用者依法办理注销土地登记手续。土地使用者未按规定申请注销登记的，人民政府可以要求不动产登记机构办理注销登记，注销土地证书。依法收回国有土地使用权，注销国有土地使用证后，方可批准新的土地使用者使用该宗土地。

对于闲置土地的收回，应按照《闲置土地处置办法》（2012年修正）第十四条第二款的规定收回国有土地使用权的，由市、县人民政府自然资源主管部门报经有批准权的人民政府批准后予以公告，下达《收回国有建设用地使用权决定书》，无偿收回国有建设用地使用权。同时终止土地有偿使用合同或者撤销建设用地批准书，注销土地登记和土地证书。

近几年来，行政机关在收回国有土地使用权时，有时出现违反程序的情况，应当引起有关部门重视。目前，在实践中，收回国有土地使用权常见的程序错误有以下4种。

（1）行政机关发文批准新的土地使用者行为在先，收回原土地使用者国有土地使用权，注销其国有土地使用证的行为在后。

（2）违反国务院行政公文行文的有关规定，将收回国有土地使用权的行政行为和批准新的土地使用者使用这宗国有土地的行政行为混淆，即同一个审批文件既收回国有土地使用权又批准新的土地使用者使用土地，批复只送达新的土地使用者，没有送达原国有土地使用者。

（3）注销原土地使用者国有土地使用证时，不依照注销登记的规定程序办理。

（4）收回国有土地使用权时，不告知原土地使用者申诉权和应当享有的其他权利。

六、国有建设用地使用权收回的补偿

因土地使用年限届满，无偿取得划拨土地使用权的土地使用者，因迁移、解散、撤销、破产或者其他原因而停止使用土地，需要收回土地使用权，或者因土地使用权人违法等自身原因收回土地使用权的，对原土地使用权人不予补偿。

对因公共利益需要提前收回土地使用权的，应予补偿。

《土地管理法》（2019年修正）第五十八条第一款规定："有下列情况之一的，由有关人民政府自然资源主管部门报经原批准用地的人民政府或者有批准权的人民政府批准，可以收回国有土地使用权：（一）为实施城市规划进行旧城区改建以及其他公共利益需要，确需使用土地的；……依照前款第（一）项的规定收回国有土地使用权的，对土地使用权人应当给予适当补偿。"

《城市房地产管理法》（2019年修正）第二十条对出让土地使用权提前收回的补偿规定是：根据土地使用者使用土地的实际年限和开发土地的实际情况给予相应补偿。

在具体操作实务中，因公共利益需要提前收回土地使用权的补偿一般由行使土地使用权收回的人民政府及其自然资源主管部门与土地使用者具体协商确定。采用货币补偿的，其补偿标准由市或者县级人民政府在评估的基础上，依据实际使用年限和开发土地的实际情况确定。收回土地使用权涉及地上物处理的，按照《国有土地上房屋征收与补偿条例》执行。

本章小结

1. 国有建设用地的基本概念、范围及临时使用土地的问题。
2. 国有建设用地供应的概念、基本条件和方式。
3. 供地方案编制与审核。
4. 国有建设用地使用权收回的概念、法律依据和性质、具体范围。
5. 国有建设用地使用权收回的行使主体和程序,以及收回的补偿。

国有建设用地　临时用地　国有建设用地供应　国有建设用地使用权收回

案例1　临时用地上修建永久性建筑物是否合法

中国石油某矿区油气分公司在扩建天然气输气站建设过程中,在没有与村民达成赔偿协议并获得省自然资源厅批准的农用地转为建设用地审批手续的情况下,因赶工期在只有临时用地批文的农用地上占地达两余亩修建永久性建筑物。该项目建设占用土地合法吗?该如何处理?

案例解析

根据《土地管理法》(2019年修正)第五十七条规定:"建设项目施工或者地质勘查需要临时使用国有土地或者农民集体所有的土地的,由县级以上人民政府自然资源主管部门批准。其中,在城市规划区内的临时用地,在报批前,应当先经有关城市规划行政主管部门同意。土地使用者应当根据土地权属,与有关自然资源主管部门或者农村集体经济组织、村民委员会签订临时使用土地合同,并按照合同约定支付临时使用土地补偿费。"临时使用土地的使用者应当按照临时使用合同约定的用途使用土地,并不得修建永久性建筑物。根据《土地管理法实施条例》第三十五条规定:"在临时使用的土地上修建永久性建筑物、构筑物的,由县级以上人民政府自然资源主管部门责令限期拆除;逾期不拆除的,由做出处罚决定的机关依法申请人民法院强制执行。"该案中占用临时用地修建永久性建筑物是非法的,应责令限期拆除。

案例 2　划拨土地使用权不经收回能否出让

某县某镇职业高中于 1956 年组建，所占有的土地属划拨国有土地，一直沿用至今。2006 年，镇政府为了发展经济，决定对原有集镇进行改造，要求职业高中临街部分建两层楼建筑。由于经费困难，职业高中表示无力建造。于是，镇政府决定将职业高中临街土地 598.5 m²，以每 31.5 m² 为一宗地，底价 3 000 元进行拍卖。8 月 26 日由镇政府及委托单位物价局拍卖行、司法局公证处等单位人员参加对职业高中临街的 19 宗国有土地进行拍卖，镇政府共得拍卖国有土地款 97 900 元。

本案中镇政府此次拍卖国有土地的行为是否合法，为什么？

案例解析

根据《出让和转让条例》第九条规定："土地使用权的出让，由市、县人民政府负责，有计划、有步骤地进行。"第十条规定："土地使用权出让的地块、用途、年限和其他条件，由市、县人民政府土地管理部门会同城市规划和建设管理部门、房产管理部门共同拟订方案，按照国务院规定的批准权限报经批准后，由土地管理部门实施。"第四十七条规定："无偿取得划拨土地使用权的土地使用者，因迁移、解散、撤销、破产或者其他原因而停止使用土地的，市、县人民政府应当无偿收回其划拨土地使用权，并可依照本条例的规定予以出让。"

以上规定说明国有土地使用权的出让，是政府代表国家行使国有土地所有权的权利体现。出让国有土地使用权必须由政府垄断，即只有县级以上人民政府才有国有土地使用权的出让权，县级以上人民政府土地管理部门代表政府具体组织实施，因此，镇政府不具备国有土地使用权出让的主体资格。划拨取得的国有土地使用权停止使用的，应经批准收回土地使用权后，方可予以出让。本案例中该临街土地划拨土地使用权没有经过依法批准收回，政府无权进行出让。由此分析，镇政府拍卖该土地使用权不仅超越了职权，而且形成了非法出让国有土地使用权的事实。

案例 3　收回国有土地使用权的合法程序是什么？

2010 年 8 月 31 日，安徽省某县国土资源和房产管理局向某县人民政府报送《关于收回国有土地使用权的请示》，请求收回该县永阳东路与塔山中路部分地块土地使用权。9 月 6 日，某县人民政府做出《关于同意收回永阳东路与塔山中路部分地块国有土地使用权的批复》。某县国土资源和房产管理局收到该批复后，没有依法制作并向原土地使用权人送达收回土地使用权决定，而直接交由该县土地储备中心付诸实施。魏某、陈某的房屋位于被收回使用权的土地范围内，其对某县人民政府收回国有土地使用权批复不服，提起行政复议。

本案中，某县国土资源和房产管理局直接将批复决定交由某县土地储备中心付诸实施的程序是否合法？

案例解析

本案涉及收回国有土地使用权，收回国有土地使用权的正确程序是：拟订收回方案、听证、报批、下达决定书、注销登记、补偿等。该案中某县国土资源和房产管理局收到收回国有土地使用权的批复文件后，没有依法制作并向原土地使用权人送达收回土地使用权决定，而是直接交由某县土地储备中心付诸实施的做法是不合法的。

实务操作1　出让方案编制

B 市某经济开发区金德路北侧、银溪路东侧的宗地，属"三旧"改造范围内的旧村庄改造项目用地，业经省政府批准，省国土资源厅以 A 地政〔2013〕75 号文批复，同意将该宗地由旧村庄集体建设用地征为国有建设用地。B 市人民政府拟将该宗土地以协议出让方式供给 B 市信恒房地产开发有限公司。

出让宗地基本情况如下。

（1）位置：B 市某经济开发区金德路北侧、银溪路东侧。

（2）出让面积：7 051.8 m²（约 10.58 亩）。

（3）土地用途：城镇住宅用地（兼容商服用地）、城市道路用地、非定位路用地。

（4）出让年限：城镇住宅用地为 70 年，商服用地为 40 年。

（5）宗地现状：原有建筑面积 2 301.77 m² 已拆除，现场已平整；宗地红线外基础设施达到通水、通电、通路。

用地规划条件：用地规划设计条件按 B 城规（规划）〔2012〕548 号和 B 城规（建管）〔2017〕212 号文件执行，主要内容如下。

（1）规划用地面积：总用地面积为 7 051.8 m²（约 10.58 亩）。

（2）土地使用性质及面积：城镇住宅用地，面积为 5 077.5 m²（可兼容商业用地，商业用地部分占总用地 20%）。城市道路用地，面积为 238.3 m²（不纳入技术经济指标核算）。非定位路用地，面积为 1 736 m²（纳入技术经济指标核算）。

（3）土地开发利用强度：城镇住宅用地，容积率≤3.5，计算容积率建筑面积≤23 847.25 m²（不兼容商业）；该地兼容 20% 商业用地，该部分兼容（商业）用地容积率≤4.0，如实施商业布局，即本地块内居住部分计算容积率建筑面积≤19 077.8 m²，商业部分计算容积率建筑面积≤5 450.8 m²，本地块内可建计算容积率面积合计 24 528.6 m²。建筑密度≤25%。建筑高度在 80 m 以内（自室外地平算起）。

宗地评估价：评估机构评估的结果是宗地的出让市场价格总地价为人民币叁仟零伍万柒仟贰佰陆拾柒元整（小写：30 057 267.00 元），约 284.10 万元/亩，集体土地使用权价格总地价为人民币壹仟捌佰零叁万肆仟肆佰元整（小写：18 034 400.00 元），约 170.46 万元/亩。经核算，评估的出让市场价与集体土地使用权价格地价差平均值为人民币壹仟贰佰零贰万贰仟捌佰陆拾柒元整（小写：12 022 867.00 元），约 113.64 万元/亩。

出让价：根据《B 市人民政府关于加快推进"三旧"改造工作的通知》的规定，土地出让金按评估价 40% 收取，土地出让金总价为 4 809 147.00 元。

交款时间：出让合同签订之日起 30 日内一次性付清，否则解除出让合同。

动工建设时间和竣工时间：出让合同签订后一年内按设定的规划条件动工建设，动工之日起三年内竣工。

开发投资总额：不少于人民币 7 500 万元整。

请根据以上所给材料编写《供地方案》。

实务操作 2　国有建设用地使用权收回操作

为实施城市规划，根据土地管理法律、法规等有关规定，拟收回位于某市城乡一体化示范区某市海川置业有限公司使用的国有建设用地使用权。该宗地东至国有土地、西至某市磊坤服装有限公司和国有土地、南至珠江路、北至某市磊坤服装有限公司和国有土地，土地总面积为 15 584.927 m^2（约 23.38 亩），出让面积为 12 263.574 m^2（约 18.40 亩）。用途为二类居住用地 R2（兼容商业金融用地 C2，比例 ≤5%），土地证号为国用〔2013〕第 268 号。

请根据所给材料，说明收回该宗地国有建设用地使用权的程序，并编制相应文件。

复习思考题

1. 简述国有建设用地的概念、范围。
2. 简述临时用地的概念、特点及条件要求。
3. 国有建设用地供地政策有哪些？
4. 国有建设用地供地的方式有哪些？
5. 什么是国有建设用地使用权的收回？
6. 国有建设用地使用权收回的具体范围有哪些？
7. 简述国有建设用地使用权收回的程序。

第五章　强化练习题

第六章 国有建设用地使用权出让管理

第一节 国有建设用地使用权出让管理概述

一、国有建设用地使用权出让的含义和特点

（一）国有建设用地使用权出让的含义

按照《出让和转让条例》规定，国有土地使用权出让就是市、县土地管理部门以国家土地所有者代表的身份，通过协议、招标、拍卖、挂牌等方式将国有土地使用权在一定年限内让与土地使用者，并由土地使用者向国家支付土地使用权出让金的行为。按照出让合同规定和城市规划的要求，土地使用者可以开发、利用、经营土地。出让的国有土地使用权可以转让、出租、抵押或用于其他活动。无论土地使用权出让、转让、出租、抵押，国有土地所有权始终不变。出让合同规定的使用期满，用地者如不续期，土地使用权连同地上建筑物、附着物所有权由国家无偿取得。现阶段国有土地使用权出让主要限于国有建设用地使用权出让。国有建设用地使用权出让是指国家以土地所有者的身份，将国有建设用地使用权在一定年限内让与土地使用者，并由土地使用者向国家支付土地使用权出让金的行为。

国有建设用地使用权出让有两种情况：一是根据国家建设需要，将城市规划区内的国有存量建设用地有偿出让给用地单位使用；二是根据公共利益需要，将集体土地征收转为国有建设用地后，有偿出让给用地单位使用。

（二）国有建设用地使用权出让的特点

1. 由单一的土地分配方式变为多种分配方式

政府供应土地不再单靠行政划拨，增加了出让土地使用权。出让土地使用权可通过协议、招标、拍卖、挂牌方式进行。这就是说，用地者过去只能通过申请划拨，经层层审查、政府批准获得土地使用权，而现在则可以通过出让方式，直接从土地市场获得土地使用权。特别是招标、拍卖、挂牌竞价引进了市场调节机制，办事公开化，既可以避免土地利用计划的盲目性和分配中的不正之风，简化用地手续，又可以培养

人们的商品经济观念和竞争意识，增强企业的经营自主权。

2. 由长期无偿使用土地变为有偿有限期使用土地

尽管 20 世纪 80 年代初一些城市开征土地使用费，后来转变为土地使用税，但费税标准低，而且没有使用期限限制。出让土地需一次性收取出让金，并确定使用年限，就从根本上更新了人们的观念。土地不再没有价值，国有土地的所有权在经济上得到体现，不再流于形式。对土地所有者来说维护了自身的合法权益，扩大了财政收入的来源，对用地者来说，增加了经济、年限的约束机制，调动了合理、节约使用土地的内在积极性。

3. 由土地不允许转让变为可以自由流动

出让土地的使用权在使用年限内可以转让、出租、抵押或者用于其他经济活动，这就打破了长期以来土地不能转让、出租的禁锢。土地使用权作为特殊商品进入流通领域，适应了企业自主经营、自我调节的需要，促进了土地市场的建立和发育。用地者有了配置、调节土地的主动权，扩大了土地利用范围的投向，使得用地结构趋向合理，可以更好地发挥综合效益。作为重要生产要素的土地愈加活跃，必将带动整个商品经济发展。

4. 由土地行政批文变为经济合同制

出让土地需由土地管理部门与用地者签订《土地使用权出让合同》，规定使用条件，明确双方的权利和义务，从而把分配和使用土地按照国际惯例运作。依据经济办法和法律形式进行管理，适应了发展商品经济的需要，也便于维护土地所有者和使用者双方的合法权益。这在涉外用地中尤其重要。建立了合同制，就具备了法律保障，可使外商在中国投资使用土地免除顾虑，增强信心，有利于更多地吸引外资，发展外向型经济。

出让国有土地使用权最主要的特点就是有偿、有限期、有流动。

二、国有建设用地使用权出让的法律关系要素

（一）出让主体（出让方）

根据《出让和转让条例》的规定，国有土地使用权出让主体必须是国家，这是因为国家是国有土地的所有者，土地使用权出让是国家以土地所有者的身份按照土地所有权与使用权分离的原则，将土地使用权在一定的年限内让与土地使用者，并由土地使用者向国家支付土地使用权出让金的行为。由于出让土地使用权是土地所有权的体现，必须由政府代表国家来行使，这一权力授予了土地所在地的市、县人民政府，市、县人民政府不能把权力再行下放，即区、乡（镇）人民政府没有国有土地使用权出让权。出让土地使用权由市、县人民政府负责，具体工作则由政府职能部门来完成。市、县人民政府土地管理部门是国有土地的产权代表，负责国有土地使用权出让工作。

（二）出让客体（标的）

依据法律规定，只有国有土地使用权才能出让。集体土地使用权不得出让，这就是说，出让行为的客体只能是国有土地，需要占用集体土地的，应先按国家有关规定办理征收手续，将集体土地转变为国有土地之后方可出让。这与出让的主体是国家有密切关系，国家是国有土地的所有者、非集体土地的产权代表。因此，国家出让的也只能是国有土地使用权。出让土地现状根据需要而定，可以是未开发的生地，也可以是已经进行了"七通一平"基础设施建设的熟地，但地下的各类自然资源、矿产及埋藏物和市政公用设施，不在土地使用权出让之列。

（三）出让对象（受让方）

根据《出让和转让条例》的规定，土地使用权出让的对象是中华人民共和国境内外公司、企业、其他组织和个人。境内外不仅包括国内，也包括了外国和我国港澳台地区。除法律另有规定者外，任何公司、企业、组织和个人都可通过出让得到土地使用权。这既反映了我国土地使用制度改革的深度，也反映了扩大对外开放的程度。

三、国有建设用地使用权出让的基本原则

土地是一种稀缺的资源，珍惜和合理利用每一寸土地是我们的基本国策。国有建设用地使用权出让，必须遵循以下基本原则。

1. 出让国有建设用地使用权是政府行为

由于国家以土地所有者的身份出现，因此出让土地使用权又是土地所有权的体现，必须由政府代表国家来行使，其他任何组织和个人都不能代理。出让土地使用权政策性强，涉及面广，需要在各部门之间做好协调工作，在群众中做好宣传工作，因此只有相当一级政府才能代表国家，《出让和转让条例》第九条规定，"土地使用权的出让，由市、县人民政府负责"，包括市和县级人民政府，市、县人民政府不能再把权力下放，因此市辖区和乡（镇）人民政府没有出让土地的权力。

出让土地使用权由市、县人民政府负责，具体工作则要靠政府职能部门承担，《出让和转让条例》第十条明确规定土地使用权出让由土地管理部门实施。这就确定了市、县人民政府土地管理部门不仅是政府管理土地的职能部门，同时也是国有土地的所有权代表者，双重身份决定了土地管理部门是出让土地使用权的主管部门。因此土地管理部门有责任、有义务主动积极做好这个方面的工作。

2. 出让国有建设用地使用权必须有计划地进行

有计划是指要拟订计划，通过对社会需求状况、市场地价行情、土地资源储备等进行调查，确定土地供应数量、对象、时间、方式等。由于土地开发、利用对地区的经济社会发展影响较大，因此出让计划要和当地国民经济社会发展计划、年度基本建

设投资计划和建设用地计划相协调，并要做可行性论证。

3. 出让国有建设用地使用权必履行报批手续

为了加强管理，严格把关，出让土地使用权除按出让计划进行外，出让地块还需履行报批手续。

四、出让人与受让人的权利和义务

（一）国有建设用地使用权出让人的权利

代表国家土地产权的市、县人民政府作为国有建设用地使用权出让人的权利主要有以下几点：

（1）科学测定和收取土地使用权出让金。土地使用权出让金的数额取决于土地价格，地价的测算直接关系到土地使用权出让的权益，因此要科学测算地价，使地价既能反映社会经济发展的程度，充分实现土地的经济价值，又能反映投资的软、硬环境。要严格收取土地的使用权价款，不得拖延。

（2）监督国有建设用地使用权受让人正确行使土地使用权。即对受让者是否按出让合同和城市规划要求开发、利用、经营土地进行监督。《出让和转让条例》第十七条规定："……未按合同规定的期限和条件开发、利用土地的，市、县人民政府土地管理部门应当予以纠正，并根据情节可以给予警告、罚款直至无偿收回土地使用权的处罚。"

（3）出让期满无偿地收回土地使用权及地上建筑物、附着物的权利。需要拆除的附着物，受让人应负责拆除或交付拆除费用；需要继续使用，允许办理续期出让申请，重新签订合同，支付土地使用权出让价款；使用期未满因公共利益需要，政府可以依照法律程序提前收回土地，但应根据实际情况给予受让人经济补偿。

（二）国有建设用地使用权受让人的权利

国有建设用地使用权受让人作为土地的使用人在土地使用权期限内享有下列权利：

（1）取得被出让土地的一定期限的使用权。受让人在合同规定的期限内依照法律和合同规定享有被出让土地的占有、使用、收益、处分的权利。

（2）受让人在达到合同规定的开发建设要求后，将余期内土地使用权及地上建筑物有偿转让、赠与、继承、出租、抵押的权利。

（三）国有建设用地使用权受让人的义务

国有建设用地使用权受让人的义务有以下几点：

（1）支付土地使用权出让金。

（2）按土地出让使用权合同规定的用途和要求使用土地。

（3）使用权期限届满，无偿地将土地使用权连同地上建筑物及附着物交还土地使用权出让人。

五、国有建设用地使用权出让的期限和方式

（一）国有建设用地使用权出让的期限

土地使用权出让的年限，由国家和土地使用权受让方通过《国有建设用地使用权出让合同》来约定，但国家对出让的最高年限有具体规定，即居住用地为70年；工业用地为50年；教育、科技、文化、卫生、体育用地为50年；商业、旅游、娱乐用地为40年；综合或其他用地为50年。

出让合同约定的年限不得超过国务院规定的国有土地使用权出让最高年限，超过最高年限的无效。

（二）国有建设用地使用权出让的方式

出让方式是指国有土地的产权代表通过什么形式或程序将国有土地使用权出让给一定的土地使用者。根据《城市房地产管理法》（2019年修正）的规定，国有建设用地使用权的出让可以采取拍卖、招标、挂牌或者双方协议方式。

《招标拍卖挂牌出让国有建设用地使用权规定》（自然资源部令第39号）第四条规定工业（包括仓储用地，不包括采矿用地）、商业、旅游、娱乐和商品住宅等经营性用地以及同一宗地有两个以上意向用地者的，应当以招标、拍卖或者挂牌方式出让。

六、关于国有土地使用权出让最低价

（一）协议出让最低价

《协议出让国有土地使用权规定》（自然资源部令第21号）第五条规定，协议出让最低价不得低于新增建设用地的土地有偿使用费、征地（拆迁）补偿费以及按照国家规定应当缴纳的有关税费（含财政专项资金）之和；有基准地价的地区，协议出让最低价不得低于出让地块所在级别基准地价的70%。低于最低价时，国有建设土地使用权不得出让。

（二）全国工业用地出让最低价标准

根据《自然资源部关于发布实施〈全国工业用地出让最低价标准〉的通知》（国土资发〔2006〕307号）中的规定，工业用地必须采用招标拍卖挂牌方式出让，其出让底价和成交价格均不得低于所在地土地等别相对应的最低标准。《全国工业用地出让最低价标准》（以下简称《标准》），如表6-1所示。

表 6-1　全国工业用地出让最低价标准

单位：元/m²（土地）

土地等别	一等	二等	三等	四等	五等	六等	七等	八等
最低价标准	840	720	600	480	384	336	288	252
土地等别	九等	十等	十一等	十二等	十三等	十四等	十五等	
最低价标准	204	168	144	120	96	84	60	

工业项目必须依法申请使用土地利用总体规划确定的城市建设用地范围内的国有建设用地。对少数地区确需使用土地利用总体规划确定的城市建设用地范围外的土地，且土地前期开发由土地使用者自行完成的工业项目用地，在确定土地出让价格时可按不低于所在地土地等别相对应最低价标准的60%执行。其中，对使用未列入耕地后备资源且尚未确定土地使用权人（或承包经营权人）的国有沙地、裸土地、裸岩石砾地的工业项目用地，在确定土地出让价格时可按不低于所在地土地等别相对应最低价标准的30%执行。对实行这类地价政策的工业项目用地，由省级自然资源主管部门报部备案。

对低于法定最高出让年期（50年）出让工业用地，或者采取租赁方式供应工业用地的，所确定的出让价格和年租金按照一定的还原利率修正到法定最高出让年期的价格，均不得低于《标准》。年期修正必须符合《城镇土地估价规程》（GB/T 18508—2014）的规定，还原利率不得低于同期中国人民银行公布的人民币五年期存款利率。

《关于调整工业用地出让最低价标准实施政策的通知》（国土资发〔2009〕56号）、自然资源部办公厅《关于印发〈产业用地政策实施工作指引〉的通知》（国土资厅发〔2016〕38号）中规定，各省（自治区、直辖市）确定的优先发展产业且用地集约的工业项目，以农、林、牧、渔业产品初加工为主的工业项目，在确定土地出让底价时可按不低于所在地土地等别相对应《标准》的70%执行。按比例计算后低于该项目实际土地取得成本、土地前期开发成本和按规定应收取的相关费用之和的，应按不低于实际各项成本费用之和的原则确定出让底价。对中西部地区确需使用土地利用总体规划确定的城镇建设用地范围外的国有未利用地，且土地前期开发由土地使用者自行完成的工业项目用地，在确定土地出让价格时可按不低于所在地土地等别相对应《标准》的15%执行。使用土地利用总体规划确定的城镇建设用地范围内的国有未利用地，可按不低于所在地土地等别相对应《标准》的50%执行。

第二节　协议出让国有建设用地使用权管理

一、协议出让国有建设用地使用权的概念

协议出让国有建设用地使用权，是指市、县自然资源主管部门以协议方式将国有

土地使用权在一定年限内出让给土地使用者，由土地使用者支付土地使用权出让金的行为。

二、协议出让国有建设用地使用权的适用范围

出让国有建设用地使用权，除依照法律、法规和规章的规定应当采用招标、拍卖或者挂牌方式外，方可采取协议方式，主要包括以下几种情况：

（1）政府供应商业、旅游、娱乐和商品住宅等各类经营性用地及工业用地（不包括采矿用地）以外用途的土地，其供地计划公布后同一宗地只有一个意向用地者的。

（2）原划拨、承租土地使用人申请办理协议出让，《国有建设用地划拨决定书》《国有土地租赁合同》或法律、法规、规章、地方政府规定没有明确应当收回土地使用权重新公开出让的，经依法批准，可以采取协议方式。

（3）划拨土地使用权转让申请办理协议出让，《国有建设用地划拨决定书》、法律、法规、规章、地方政府规定没有明确应当收回土地使用权重新公开出让的，经依法批准，可以采取协议方式。

（4）出让土地使用权人申请续期，经审查准予续期的，可采用协议方式。

（5）法律、法规规定可以协议出让的其他情形。

三、供地环节的协议出让

1. 公开出让信息，接受用地申请，确定供地方式

市、县人民政府自然资源主管部门根据经济社会发展计划、产业政策、土地利用总体规划、土地利用年度计划、城市规划和土地市场状况，编制国有建设用地使用权出让年度计划，报经同级人民政府批准后，及时向社会公开发布。有条件的地方可以根据供地进度安排，分阶段将国有建设用地使用权出让计划细化落实到地段、地块，并将相关信息及时向社会公布。

市、县自然资源主管部门公布国有建设用地使用权出让计划、细化的地段、地块信息，应当同时明确用地者申请用地的途径和方式，公开接受用地申请。

需要使用土地的单位和个人（以下简称意向用地者）应当根据公布的国有建设用地使用权出让计划、细化的地段、地块信息及自身用地需求，向市、县自然资源主管部门提出用地申请。

在规定时间内，同一地块只有一个意向用地者的，市、县自然资源主管部门方可采取协议方式出让，但属于商业、旅游、娱乐和商品住宅等经营性用地及工业用地（不包括采矿用地）除外。对不能确定是否符合协议出让范围的具体宗地，可由国有建设土地使用权出让协调决策机构集体认定。

2. 编制协议出让方案

市、县自然资源主管部门应当会同规划等部门，依据国有建设用地使用权出让计划、城市规划和意向用地者申请的用地类型、规模等，编制国有建设用地使用权协议

出让方案。

协议出让方案应当包括拟出让地块的位置、四至、用途、面积、年限、土地使用条件、供地时间、供地方式等。

3. 地价评估，确定底价

市、县自然资源主管部门应当根据拟出让地块的条件和土地市场情况，按照《城镇土地估价规程》的规定，组织对拟出让地块的正常土地市场价格进行评估。

地价评估由市、县自然资源主管部门或其所属事业单位组织进行，根据需要也可以委托具有土地估价资质的土地或不动产评估机构进行评估。

市、县自然资源主管部门或国有建设用地使用权出让协调决策机构应当根据土地估价结果、产业政策和土地市场情况等，集体决策，综合确定协议出让底价。

协议出让底价不得低于拟出让地块所在区域的协议出让最低价。

出让底价确定后，在出让活动结束之前应当保密，任何单位和个人不得泄露。

4. 协议出让方案、底价报批

市、县自然资源主管部门应当按规定将协议出让方案、底价报有批准权的人民政府批准。

5. 协商，签订意向书

市、县自然资源主管部门依据经批准的协议出让方案和底价，与意向用地者就土地出让价格等进行充分协商、谈判。协商谈判时，自然资源主管部门参加谈判的代表应当不少于2人。双方协商、谈判达成一致，并且议定的出让价格不低于底价的，市、县自然资源主管部门应当与意向用地者签订《国有建设用地使用权出让意向书》（见本书附录十）。

6. 公示

《国有建设用地使用权出让意向书》签订后，市、县自然资源主管部门将意向出让地块的位置、用途、面积、出让年限、土地使用条件、意向用地者、拟出让价格等内容在当地土地有形市场等指定场所及中国土地市场网进行公示，并注明意见反馈途径和方式。公示时间不得少于5日。

公示期间，有异议且经市、县自然资源主管部门审查发现确实存在违反法律、法规行为的，协议出让程序终止。

7. 签订出让合同，公布出让结果

公示期满，无异议或虽有异议但经市、县自然资源主管部门审查没有发现存在违反法律、法规行为的，市、县自然资源主管部门应当按照《国有建设用地使用权出让意向书》约定，与意向用地者签订《国有建设用地使用权出让合同》。

《国有建设用地使用权出让合同》签订后7日内，市、县自然资源主管部门将协议出让结果通过中国土地市场网及土地有形市场等指定场所向社会公布，接受社会监督。

公布出让结果应当包括土地位置、面积、用途、开发程度、土地级别、容积率、出让年限、供地方式、受让人、成交价格和成交时间等内容。

8. 核发《建设用地规划许可证》，交付土地

市、县自然资源主管部门向受让人核发《建设用地规划许可证》，并按照《国有建设用地使用权出让合同》《建设用地规划许可证》约定的时间和条件将出让土地交付给受让人。

9. 办理土地登记

受让人按照《国有建设用地使用权出让合同》约定付清全部国有土地使用权出让金，依法申请办理土地登记手续，领取《国有土地使用证》，取得土地使用权。

10. 资料归档

协议出让手续全部办结后，市、县自然资源主管部门应当对宗地出让过程中的出让信息公布、用地申请、审批、谈判、公示、签订合同等各环节相关资料、文件进行整理，并按规定归档。

四、原划拨、承租土地使用权人申请办理协议出让

（一）原划拨、承租土地使用权人申请办理协议出让的处理

原划拨、承租土地使用权人申请办理协议出让的，分别按下列情形处理。

（1）不需要改变原土地用途等土地使用条件，且符合规划的，报经市、县人民政府批准后，可以采取协议出让手续。

（2）需要改变原土地用途等土地使用条件，且符合规划的，经规划管理部门同意可以改变土地用途等土地使用条件的，报经市、县人民政府批准后，可以办理协议出让手续，但《国有建设用地划拨决定书》《国有土地租赁合同》、法律、法规、行政规定等明确应当收回划拨土地使用权公开出让的除外。

（二）原划拨、承租土地使用权人申请办理协议出让的程序

1. 申请与受理

原划拨、承租土地使用权拟申请办理出让手续的，应由原土地使用权人持下列有关材料，向市、县自然资源主管部门提出申请：

（1）申请书；

（2）《国有土地使用证》《国有建设用地划拨决定书》或《国有土地租赁合同》；

（3）地上建筑物、构筑物及其他附着物的产权证明；

（4）原土地使用权人有效身份证明文件；

（5）改变用途的应当提交规划管理部门的批准文件；

（6）法律、法规、行政规定明确应提交的其他相关材料。

市、县自然资源主管部门接到申请后，应当对申请人提交的申请材料进行初审，决定是否受理。

2. 审查，地价评估，确定协议出让方案

（1）审查。

市、县自然资源主管部门受理申请后，应当依据相关规定对申请人提交的申请材料进行审查，并就申请地块的土地用途等征询规划管理部门意见。经审查，申请地块用途符合规划，并且符合办理协议出让手续条件的，市、县自然资源主管部门应当组织地价评估，确定应缴纳的土地出让金额，拟订协议出让方案。

（2）地价评估。

市、县自然资源主管部门应当组织对申请地块的出让土地使用权市场价格和划拨土地使用权权益价格或承租土地使用权市场价格进行评估，估价基准期日为拟出让时点。改变土地用途等土地使用条件的，出让土地使用权价格应当按照新的土地使用条件评估。

（3）核定出让金额，拟订出让方案。

市、县自然资源主管部门或国有建设用地使用权出让协调决策机构应当根据土地估价结果、产业政策和土地市场情况等，集体决策、综合确定协议出让金额，并拟订协议出让方案。

申请人应缴纳土地使用权出让金额的分别按下列公式核定。

① 不改变用途等土地使用条件的。

应缴纳的土地使用权出让金额＝拟出让时的出让土地使用权市场价格－拟出让时的划拨土地使用权权益价格或承租土地使用权市场价格

② 改变用途等土地使用条件的。

应缴纳的土地使用权出让金额＝拟出让时的新土地使用条件下出让土地使用权市场价格－拟出让时的原土地使用条件下划拨土地使用权权益价格或承租土地使用权市场价格

协议出让方案应当包括拟办理出让手续的地块位置、四至、用途、面积、年限、拟出让时间和应缴纳的出让金额等。

3. 出让方案报批

市、县自然资源主管部门应当按照规定，将协议出让方案报市、县人民政府审批。

4. 签订出让合同，公布出让结果

市、县人民政府批准后，自然资源主管部门应当按照批准的协议出让方案，依法收回原土地使用权人的《国有建设用地划拨决定书》或解除《国有土地租赁合同》，注销土地登记，收回原土地证书，并与申请人签订《国有建设用地使用权出让合同》。

《国有建设用地使用权出让合同》签订后7日内，市、县自然资源主管部门应当公布协议出让结果。

5. 办理土地登记

6. 资料归档

协议出让手续全部办结后，市、县自然资源主管部门应当对宗地出让过程中的用地申请、审批、签订合同等各环节相关资料、文件进行整理，并按规定归档。

五、划拨土地使用权转让中的协议出让

划拨土地使用权申请转让，经市、县人民政府批准后，可以由受让人办理协议出让，但《国有建设用地划拨决定书》、法律、法规、行政规定等明确应当收回划拨土地使用权重新公开出让的除外。

1. 申请与受理

原土地使用权人应当持下列有关材料，向市、县自然资源主管部门提出划拨土地使用权转让申请。

（1）申请书。

（2）《国有土地使用证》《国有建设用地划拨决定书》。

（3）地上建筑物、构筑物及其他附着物的产权证明。

（4）原土地使用权人有效身份证明文件。

（5）共有房地产，应提供共有人书面同意的意见。

（6）法律、法规、行政规定明确应提交的其他相关材料。

市、县自然资源主管部门接到申请后，应当对申请人提交的申请材料进行初审，决定是否受理。

2. 审查，确定协议出让方案

（1）审查。

市、县自然资源主管部门受理申请后，应当依据相关规定对申请人提交的申请材料进行审查，并就申请地块的土地用途等征询规划管理部门意见。经审查，申请地块用途符合规划，并且符合办理协议出让手续条件的，市、县自然资源主管部门应当组织地价评估，确定应缴纳的土地出让金额，拟订协议出让方案。

（2）地价评估。

市、县自然资源主管部门应当组织对申请转让地块的出让土地使用权市场价格和划拨土地使用权权益价格进行评估，估价基准期日为拟出让时点。

（3）核定出让金额，拟订出让方案。

市、县自然资源主管部门或国有建设用地使用权出让协调决策机构应当根据土地估价结果、产业政策和土地市场情况等，集体决策、综合确定办理出让手续时应缴纳的土地使用权出让金额，并拟订协议出让方案。

应缴纳的土地使用权出让金额应当按下列公式核定。

① 转让后不改变用途等土地使用条件的。

应缴纳的土地使用权出让金额 = 拟出让时的出让土地使用权市场价格 − 拟出让时的划拨土地使用权权益价格

② 转让后改变用途等土地使用条件的。

应缴纳的土地使用权出让金额 = 拟出让时的新土地使用条件下出让土地使用权市

场价格-拟出让时的原土地使用条件下划拨土地使用权权益价格

协议出让方案应当包括：拟办理出让手续的地块位置、四至、用途、面积、年限、土地使用条件、拟出让时间和出让时应缴纳的出让金额等。

3. 出让方案报批

市、县自然资源主管部门应当按照规定，将协议出让方案报市、县人民政府审批。

4. 公开交易

协议出让方案批准后，市、县自然资源主管部门应向申请人发出《划拨土地使用权准予转让通知书》。

《划拨土地使用权准予转让通知书》应当包括准予转让的标的、原土地使用权人、转让确定受让人的要求、受让人的权利与义务、应缴纳的土地出让金等。

取得《划拨土地使用权准予转让通知书》的申请人，应当将拟转让的土地使用权在土地有形市场等场所公开交易，确定受让人和成交价款。

5. 签订出让合同，公布出让结果

通过公开交易确定受让方和成交价款后，转让人应当与受让人签订转让合同，约定双方的权利和义务，明确划拨土地使用权转让价款。

受让人应在达成交易后10日内，持转让合同、原《国有土地使用证》《划拨土地使用权准予转让通知书》、转让方和受让方的身份证明材料等，向市、县自然资源主管部门申请办理土地出让手续。

市、县自然资源主管部门应当按照批准的协议出让方案、公开交易情况等，依法收回原土地使用权人的《国有建设用地划拨决定书》，注销土地登记，收回原土地证书，与受让方签订《国有建设用地使用权出让合同》。

市、县自然资源主管部门应当按照有关规定公布协议出让结果。

6. 办理土地登记

7. 资料归档

出让手续办结后，市、县自然资源主管部门应当对宗地出让过程中的用地申请、审批、交易、签订合同等各环节相关资料、文件进行整理，并按规定归档。

第三节　招标拍卖挂牌出让国有建设用地使用权管理

为规范国有建设用地使用权出让行为，优化土地资源配置，建立公开、公平、公正的土地使用制度，根据《土地管理法》《城市房地产管理法》和《土地管理法实施条例》，2007年9月21日自然资源部第3次部务会议审议通过了，《招标拍卖挂牌出让国有建设用地使用权规定》(自然资源部令第39号)，自2007年11月1日起施行。

一、招标拍卖挂牌出让国有建设用地使用权的概念

招标出让国有建设用地使用权，是指市、县人民政府自然资源主管部门（以下简

称出让人）发布招标公告，邀请特定或者不特定的自然人、法人和其他组织参加国有建设用地使用权投标，根据投标结果确定国有建设用地使用权人的行为。

拍卖出让国有建设用地使用权，是指出让人发布拍卖公告，由竞买人在指定时间、地点进行公开竞价，根据出价结果确定国有建设用地使用权人的行为。

挂牌出让国有建设用地使用权，是指出让人发布挂牌公告，按公告规定的期限将拟出让宗地的交易条件在指定的土地交易场所挂牌公布，接受竞买人的报价申请并更新挂牌价格，根据挂牌期限截止时的出价结果或者现场竞价结果确定国有建设用地使用权人的行为。

招标、拍卖、挂牌出让国有建设用地使用权，应当遵循公开、公平、公正和诚信原则。

二、招标拍卖挂牌出让国有建设用地使用权的适用范围

工业、商业、旅游、娱乐和商品住宅等经营性用地以及同一宗地有两个以上意向用地者的，应当以招标、拍卖或者挂牌方式出让。工业用地包括仓储用地，但不包括采矿用地。具体范围包括以下几方面。

（1）供应工业（包括仓储，不包括采矿用地）、商业、旅游、娱乐和商品住宅等各类经营性用地。

（2）其他土地供地计划公布后同一宗地有两个或者两个以上意向用地者的。

（3）划拨土地使用权改变用途，《国有建设用地划拨决定书》、法律、法规、行政规定等明确应当收回土地使用权，实行招标拍卖挂牌出让的。

（4）划拨土地使用权转让，《国有建设用地划拨决定书》、法律、法规、行政规定等明确应当收回土地使用权，实行招标拍卖挂牌出让的。

（5）出让土地使用权改变用途，《国有建设用地使用权出让合同》、法律、法规、行政规定等明确应当收回土地使用权，实行招标拍卖挂牌出让的。

（6）法律、法规、行政规定明确应当招标拍卖挂牌出让的其他情形。

三、招标拍卖挂牌出让国有建设用地使用权组织实施概述

（一）实施主体

国有建设用地使用权招标拍卖挂牌出让由市、县自然资源主管部门组织实施。

（二）组织方式

市、县自然资源主管部门实施招标拍卖挂牌出让国有建设用地使用权活动，可以根据实际情况选择以下方式。

（1）市、县自然资源主管部门自行办理。

（2）市、县自然资源主管部门指定或授权下属事业单位具体承办。

（3）市、县自然资源主管部门委托具有相应资质的交易代理中介机构承办。

（三）协调决策机构

国有建设用地使用权出让实行集体决策。市、县自然资源主管部门根据实际情况，可以成立国有建设用地使用权出让协调决策机构，负责协调解决出让中的相关问题，集体确定有关事项。

（四）土地招标拍卖挂牌主持人

国有建设用地使用权招标拍卖挂牌出让活动，应当由符合自然资源部确定的土地招标拍卖挂牌主持人条件并取得资格的人员主持进行。

四、招标拍卖挂牌出让国有建设用地使用权的组织实施程序

（一）公布出让计划，确定供地方式

1. 将经批准的国有建设用地使用权出让计划向社会公布

市、县人民政府自然资源主管部门根据经济社会发展计划、产业政策、土地利用总体规划、土地利用年度计划、城市规划和土地市场状况，编制国有建设用地使用权出让年度计划，报经同级人民政府批准后，及时向社会公开发布。

有条件的地方可以根据供地进度安排，分阶段将国有建设用地使用权出让计划细化落实到地段、地块，并将相关信息及时向社会公布。国有建设用地使用权出让计划及细化的地段、地块信息应当同时在中国土地市场网（www.landchina.com）上公布。

2. 接受用地申请

市、县自然资源主管部门公布国有建设用地使用权出让计划、细化的地段、地块信息，应当同时明确用地者申请用地的途径和方式，公开接受用地申请。

3. 用地预申请和申请

需要使用土地的单位和个人（以下简称意向用地者）应当根据公布的国有建设用地使用权出让计划、细化的地段、地块信息及自身用地需求，向市、县自然资源主管部门提出用地申请。

为充分了解市场需求情况，科学合理安排供地规模和进度，有条件的地方，可以建立用地预申请制度。单位和个人对列入招标拍卖挂牌出让计划内的具体地块有使用意向的，可以提出用地预申请，并承诺愿意支付的土地价格。市、县自然资源主管部门认为其承诺的土地价格和条件可以接受的，应当根据土地出让计划和土地市场情况，适时组织实施招标拍卖挂牌出让活动，并通知提出该宗地用地预申请的单位或个人参加。提出用地预申请的单位或个人，应当参加该宗地竞投或竞买，且报价不得低于其承诺的土地价格。

4. 确定供地方式

根据意向用地者申请情况，符合招标拍卖挂牌出让规定的范围的国有建设用地使用权出让，应当采取招标拍卖挂牌方式。对不能确定是否符合招标拍卖挂牌出让规定的范围的具体宗地，可由国有建设用地使用权出让协调决策机构集体认定。

对具有综合目标或特定社会、公益建设条件、开发建设要求较高、仅有少数单位和个人可能有受让意向的土地使用权出让，可以采取招标方式，按照综合条件最佳者得的原则确定受让人；其他的土地使用权出让，应当采取招标、拍卖或挂牌方式，按照价高者得的原则确定受让人。

采用招标方式出让国有建设用地使用权的，应当采取公开招标方式。对土地使用者有严格的限制和特别要求的，可以采用邀请招标方式。

（二）编制、报批出让方案

1. 编制招标拍卖挂牌出让方案

市、县人民政府自然资源主管部门应当按照出让年度计划，会同城市规划等有关部门共同拟订拟招标拍卖挂牌出让地块的出让方案，报经市、县人民政府批准后，由市、县人民政府自然资源主管部门组织实施。

国有建设用地使用权招标拍卖挂牌出让方案（以下简称招拍卖出让方案）应当包括拟出让地块的具体位置、四至、用途、面积、年限、土地使用条件、供地时间、供地方式、建设时间等。属于综合用地的，应明确各类具体用途、所占面积及其各自的出让年期。对于各用途不动产之间可以分割，最终使用者为不同单位或个人的，应当按照综合用地所包含的具体土地用途分别确定出让年期；对于多种用途很难分割、最终使用者唯一的，也可以统一按照综合用地最高出让年限 50 年确定出让年期。国有建设用地使用权招标拍卖挂牌出让方案格式见本书附录十一。

2. 招标拍卖挂牌出让方案报批

招拍挂出让方案应按规定报市、县人民政府批准。

（三）地价评估，确定出让底价

1. 地价评估

市、县自然资源主管部门应当根据拟出让地块的条件和土地市场情况，依据《城镇土地估价规程》的规定，组织对拟出让地块的正常土地市场价格进行评估。

地价评估由市、县自然资源主管部门或其所属事业单位组织进行，根据需要也可以委托具有土地估价资质的土地或不动产评估机构进行。

2. 确定底价

市、县人民政府自然资源主管部门应当根据土地估价结果和政府产业政策综合确定标底或者底价。标底或者底价不得低于国家规定的最低价标准。

确定招标标底，拍卖和挂牌的起叫价、起始价、底价，投标、竞买保证金，应当实行集体决策。

招标标底和拍卖挂牌的底价,在招标开标前和拍卖挂牌出让活动结束之前应当保密。

(四) 编制出让文件

出让人应当根据招标拍卖挂牌出让地块的情况,编制招标拍卖挂牌出让文件。

招标拍卖挂牌出让文件应当包括出让公告、投标或者竞买须知、土地使用条件、标书或者竞买申请书、报价单、中标通知书或者成交确认书、国有建设用地使用权出让合同文本。

(五) 发布出让公告

1. 发布公告

出让人应当至少在投标、拍卖或者挂牌开始日前20日,在土地有形市场或者指定的场所、媒介发布招标、拍卖或者挂牌公告,公布招标拍卖挂牌出让宗地的基本情况和招标拍卖挂牌的时间、地点。

经批准的出让方案已明确招标、拍卖、挂牌具体方式的,应当发布具体的"国有建设用地使用权招标出让公告""国有建设用地使用权拍卖出让公告"或"国有建设用地使用权挂牌出让公告";经批准的出让方案未明确招标、拍卖、挂牌具体方式的,可以发布"国有建设用地使用权公开出让公告",发布公开出让公告的,应当明确根据申请截止时的申请情况确定具体的招标、拍卖或挂牌方式。

出让公告可以是单宗地的公告,也可以是多宗地的联合公告。

2. 公告的内容

(1) 出让人的名称和地址。

(2) 出让宗地的面积、界址、空间范围、现状、使用年期、用途、规划指标要求。

(3) 投标人、竞买人的资格要求,以及申请取得投标、竞买资格的办法。

(4) 索取招标拍卖挂牌出让文件的时间、地点和方式。

(5) 招标拍卖挂牌时间、地点、投标挂牌期限、投标和竞价方式等。

(6) 确定中标人、竞得人的标准和方法。

(7) 投标、竞买保证金。

(8) 其他需要公告的事项。

3. 公告的调整

公告期间,出让公告内容发生变化的,市、县自然资源主管部门应当按原公告发布渠道及时发布补充公告。涉及土地使用条件变更等影响土地价格的重大变动,补充公告发布时间距招标拍卖挂牌活动开始时间少于20日的,招标拍卖挂牌活动相应顺延。

发布补充公告的，市、县自然资源主管部门应当书面通知已报名的申请人。

(六) 申请和资格审查

1. 申请

建设用地使用权招标拍卖挂牌出让的申请人，可以是中华人民共和国境内外的法人、自然人和其他组织，但法律、法规对申请人另有限制的除外。挂牌出让的，出让公告中规定的申请截止时间，应当为挂牌出让结束日前 2 日。对符合招标拍卖挂牌公告规定条件的申请人，出让人应当通知其参加招标拍卖挂牌活动。

申请人可以单独申请，也可以联合申请。

申请人应在公告规定期限内交纳出让公告规定的投标、竞买保证金，并根据申请人类型，持相应文件向出让人提出竞买、竞投申请。

(1) 单独申请的，应提交下列文件。

① 申请书。

② 法人单位有效证明文件或申请人有效身份证明文件、表明该组织合法存在的文件或有效证明，以及境外法人、自然人、其他组织的有效身份证明文件。

③ 法定代表人的有效身份证明文件或表明该组织负责人身份的有效证明文件。

④ 申请人委托他人办理的，应提交授权委托书及委托代理人的有效身份证明文件。

⑤ 保证金交纳凭证。

⑥ 招标拍卖挂牌文件规定需要提交的其他文件。

上述文件中，申请书必须用中文书写，其他文件可以使用其他语言，但必须附中文译本，所有文件的解释以中文译本为准。

(2) 联合申请的，应提交下列文件。

① 联合申请各方共同签署的申请书。

② 联合申请各方的有效身份证明文件。

③ 联合竞买、竞投协议，协议要规定联合各方的权利、义务，包括联合各方的出资比例，并明确签订《国有建设用地使用权出让合同》时的受让人。

④ 申请人委托他人办理的，应提交授权委托书及委托代理人的有效身份证明文件。

⑤ 保证金交纳凭证。

⑥ 招标拍卖挂牌文件规定需要提交的其他文件。

申请人竞得土地后，拟成立新公司进行开发建设的，应在申请书中明确新公司的出资构成、成立时间等内容。出让人可以根据招标拍卖挂牌出让结果，先与竞得人签订《国有建设用地使用权出让合同》，在竞得人按约定办理完新公司注册登记手续后，再与新公司签订《国有建设用地使用权出让合同变更协议》；也可按约定直接与新公司签订《国有建设用地使用权出让合同》。

2. 申请及资格审查

出让人应当对出让公告规定的时间内收到的申请进行审查。

经审查，有下列情形之一的，为无效申请。

(1) 申请人不具备竞买资格的。

(2) 未按规定交纳保证金的。

(3) 申请文件不齐全或不符合规定的。

(4) 委托他人代理但委托文件不齐全或不符合规定的。

(5) 法律法规规定的其他情形。

经审查，符合规定条件的，应当确认申请人的投标或竞买资格，并通知其参加招标拍卖挂牌活动。采用招标方式的，取得投标资格者不得少于 3 个。

出让人应当对申请人的情况进行保密。

申请人对招标拍卖挂牌文件有疑问的，可以书面或者口头方式向出让人咨询，出让人应当为申请人咨询及查询出让地块有关情况提供便利。根据需要，出让人可以组织申请人对拟出让地块进行现场踏勘。

(七) 招标拍卖挂牌活动实施

1. 招标

(1) 投标。

市、县自然资源主管部门应当按照出让公告规定的时间、地点组织招标投标活动。投标活动应当由土地招标拍卖挂牌主持人主持进行。

投标开始前，招标主持人应当现场组织开启标箱，检查标箱情况后加封。

投标人应当在规定的时间将标书及其他文件送达指定的投标地点，经招标人登记后，将标书投入标箱。

招标公告允许邮寄投标文件的，投标人可以邮寄，但以招标人在投标截止时间前收到的方为有效。招标人登记后，负责在投标截止时间前将标书投入标箱。

投标人投标后，不可撤回投标文件，并对投标文件和有关书面承诺承担责任。投标人可以对已提交的投标文件进行补充说明，但应在招标文件要求提交投标文件的截止时间前书面通知招标人并将补充文件送达投标地点。

(2) 开标。

招标人按照招标出让公告规定的时间、地点开标，邀请所有投标人参加。开标应当由土地招标拍卖挂牌主持人主持进行。招标主持人邀请投标人或其推选的代表检查标箱的密封情况，当众开启标箱，点算标书。投标人少于 3 人的，出让人应当终止招标活动；投标人不少于 3 人的，应当逐一宣布投标人名称、投标价格和投标文件的主要内容。

(3) 评标。

按照价高者得的原则确定中标人的，可以不成立评标小组。按照综合条件最佳者得的原则确定中标人的，招标人应当成立评标小组进行评标。

评标小组由出让人、有关专家组成，成员人数为 5 人以上的单数。

招标人应当采取必要的措施，保证评标在严格保密的情况下进行。

评标小组可以要求投标人对投标文件做出必要的澄清或者说明，但澄清或者说明不得超出投标文件的范围或者改变投标文件的实质性内容。

评标小组对投标文件进行有效性审查。有下列情形之一的，为无效投标文件。

① 投标文件未密封的。
② 投标文件未加盖投标人印鉴，也未经法定代表人签署的。
③ 投标文件不齐备、内容不全或不符合规定的。
④ 投标人对同一个标的有两个或两个以上报价的。
⑤ 委托投标但委托文件不齐全或不符合规定的。
⑥ 评标小组认为投标文件无效的其他情形。

评标小组应当按照招标文件确定的评标标准和方法，对投标文件进行评审。

评标小组应当根据评标结果，按照综合评分高低确定中标候选人排序，但低于底价或标底者除外。同时有两个或两个以上申请人的综合评分相同的，按报价高低排名，报价也相同的，可以由综合评分相同的申请人通过现场竞价确定排名顺序。投标人的投标价均低于底价或投标条件均不能够满足标底要求的，投标活动终止。

（4）定标。

招标人应当根据评标小组推荐的中标候选人确定中标人。招标人也可以授权评标小组直接确定中标人。

按照价高者得的原则确定中标人的，由招标主持人根据开标结果，直接宣布报价最高且不低于底价者为中标人。有两个或两个以上申请人的报价相同且同为最高报价的，可以由相同报价的申请人在限定时间内再行报价，或者采取现场竞价方式确定中标人。

（5）发出《中标通知书》。

确定中标人后，出让人应当向中标人发出《中标通知书》，并同时将中标结果通知其他投标人。

2. 拍卖

市、县自然资源主管部门应当按照出让公告规定的时间、地点组织拍卖活动。拍卖活动应当由土地招标拍卖挂牌主持人主持进行。

拍卖会按下列程序举行。

（1）拍卖主持人宣布拍卖会开始。

（2）拍卖主持人介绍竞买人到场情况。

设有底价的，出让人应当现场将密封的拍卖底价交给拍卖主持人，拍卖主持人现场开启密封件。

（3）拍卖主持人介绍拍卖宗地的面积、界址、空间范围、现状、用途、使用年限、规划指标要求、开工和竣工时间以及其他有关事项。

（4）拍卖主持人宣布竞价规则。

拍卖主持人宣布拍卖宗地的起叫价、增价规则和增价幅度，并明确提示是否设有底价。在拍卖过程中，拍卖主持人在拍卖中可以根据竞买人竞价情况调整拍卖增价幅度。

（5）拍卖主持人报出起叫价，宣布竞价开始。

（6）竞买人举牌应价或者报价。

（7）拍卖主持人确认该竞买人应价或者报价后继续竞价。

（8）拍卖主持人连续三次宣布同一应价或报价而没有人再应价或出价，且该价格不低于底价的，拍卖主持人落槌表示拍卖成交，拍卖主持人宣布最高应价者为竞得人。成交结果对拍卖人、竞得人和出让人均具有法律效力。最高应价或报价低于底价的，拍卖主持人宣布拍卖终止。

（9）签订《成交确认书》。

3. 挂牌

市、县自然资源主管部门应当按照出让公告规定的时间、地点组织挂牌活动。挂牌活动应当由土地招标拍卖挂牌主持人主持进行。

（1）公布挂牌信息。

在挂牌公告规定的挂牌起始日，出让人将挂牌宗地的面积、界址、空间范围、现状、用途、使用年期、规划指标要求、开工时间和竣工时间、起始价、增价规则及增价幅度等，在挂牌公告规定的土地交易场所挂牌公布。挂牌时间不得少于10日。

（2）竞买人报价。

符合条件的竞买人应当填写报价单报价。有条件的地方，可以采用计算机系统报价。

竞买人报价有下列情形之一的，为无效报价。

① 报价单未在挂牌期限内收到的。

② 不按规定填写报价单的。

③ 报价单填写人与竞买申请文件不符的。

④ 报价不符合报价规则的。

⑤ 报价不符合挂牌文件规定的其他情形。

（3）确认报价。

挂牌主持人确认该报价后，更新显示挂牌价格，继续接受新的报价。

（4）挂牌截止。

挂牌截止应当由挂牌主持人主持确定。设有底价的，出让人应当在挂牌截止前将密封的挂牌底价交给挂牌主持人，挂牌主持人现场打开密封件。在公告规定的挂牌截止时间，竞买人应当出席挂牌现场，挂牌主持人宣布最高报价及其报价者，并询问竞买人是否愿意继续竞价。

挂牌主持人连续三次报出最高挂牌价格，没有竞买人表示愿意继续竞价的，挂牌主持人宣布挂牌活动结束，并按下列规定确定挂牌结果。

①在挂牌期限内只有一个竞买人报价，且报价不低于底价，并符合其他条件的，挂牌成交。

②在挂牌期限内有两个或者两个以上的竞买人报价的，出价最高者为竞得人；报价相同的，先提交报价单者为竞得人，但报价低于底价者除外。

③在挂牌期限内无应价者或者竞买人的报价均低于底价或者均不符合其他条件的，挂牌不成交。

有竞买人表示愿意继续竞价的，挂牌出让转入现场竞价，通过现场竞价确定竞得人。

（5）现场竞价。

现场竞价应当由土地招标拍卖挂牌主持人主持进行，取得该宗地挂牌竞买资格的竞买人均可参加现场竞价。现场竞价按下列程序举行。

① 挂牌主持人应当宣布现场竞价的起始价、竞价规则和增价幅度，并宣布现场竞价开始。现场竞价的起始价为挂牌活动截止时的最高报价增加一个加价幅度后的价格。

② 参加现场竞价的竞买人按照竞价规则应价或报价。

③ 挂牌主持人确认该竞买人应价或者报价后继续竞价。

④ 挂牌主持人连续三次宣布同一应价或报价而没有人再应价或出价，且该价格不低于底价的，挂牌主持人落槌表示现场竞价成交，宣布最高应价或报价者为竞得人。成交结果对竞得人和出让人均具有法律效力。最高应价或报价低于底价的，挂牌主持人宣布现场竞价终止。

（6）签订《成交确认书》。

以招标、拍卖或者挂牌方式确定中标人、竞得人后，中标人、竞得人支付的投标、竞买保证金，转作受让地块的定金。出让人应当向中标人发出《中标通知书》或者与竞得人签订《成交确认书》。

《中标通知书》或者《成交确认书》应当包括出让人和中标人或者竞得人的名称，出让标的，成交时间、地点、价款以及签订国有建设用地使用权出让合同的时间、地点等内容。

《中标通知书》或者《成交确认书》对出让人和中标人或者竞得人具有法律效力。出让人改变竞得结果，或者中标人、竞得人放弃中标宗地、竞得宗地的，应当依法承担责任。

招标、拍卖、挂牌出让过程应当制作拍卖笔录。

(八）签订出让合同，公布出让结果

1. 签订《国有建设用地使用权出让合同》

招标拍卖挂牌出让活动结束后，中标人、竞得人应按照《中标通知书》或《成交确认书》的约定，与出让人签订《国有建设用地使用权出让合同》。

2. 投标、竞买保证金的处理

中标人、竞得人支付的投标、竞买保证金抵作土地出让价款；其他投标人、竞买人支付的投标、竞买保证金，出让人必须在招标拍卖挂牌活动结束后5个工作日内予以退还，不计利息。

3. 公布出让结果

招标拍卖挂牌活动结束后，出让人应在10个工作日内将招标拍卖挂牌出让结果应当在土地有形市场或指定的场所、媒介公布。

公布出让结果应当包括土地位置、面积、用途、开发程度、土地级别、容积率、出让年限、供地方式、受让人、成交价格和成交时间等内容。

出让人公布出让结果，不得向受让人收取费用。

（九）核发《建设用地规划许可证》，交付土地

市、县自然资源主管部门向受让人核发《建设用地规划许可证》，并按照《国有建设用地使用权出让合同》《建设用地规划许可证》确定的时间和条件将出让土地交付给受让人。

（十）办理土地登记

受让人按照国有建设用地使用权出让合同的约定付清全部土地出让价款后，方可申请办理土地登记，领取国有建设用地使用证书。

（十一）资料归档

出让手续全部办结后，市、县自然资源主管部门应当对宗地出让过程中的用地申请、审批、招标拍卖挂牌活动、签订合同等各环节相关资料、文件进行整理，并按规定归档。

招标拍卖挂牌出让国有建设用地使用权示范文本见本书附录十二。

第四节　国有建设用地使用权出让合同管理

一、国有建设用地使用权出让合同的概念

国有建设用地使用权出让合同，是指国有土地所有者（或其代表）与土地使用权

受让人之间就出让土地使用权及如何行使土地使用权等所达成的，明确相互间权利和义务关系的书面协议。《城市房地产管理法》（2019年修正）第十五条和《出让和转让条例》第八条都规定："土地使用权出让应当签订出让合同。"出让土地使用权是政府行为，但采取的是市场经济通行的方法和法律形式，出让合同成为确立让受双方权利和义务关系的法律文件。出让土地使用权合同由代表市、县人民政府的自然资源主管部门与土地使用者签订。

二、国有建设用地使用权出让合同的法律特征

出让合同是在遵守我国有关法律的前提下，双方本着平等、自愿、有偿的原则，通过友好协商而制定的，在合同中明确了双方的权利和义务关系。

国有建设用地使用权出让合同具有以下法律特征。

（1）出让合同表示出让双方意思一致的民事行为，它具有民事合同中的经济合同性质。

（2）出让合同是土地使用权出让人和受让人之间设立的土地使用权法律关系的协议，而不是所有权法律关系的协议。

（3）出让合同是当事人在平等、自愿、有偿的原则下进行的民事法律行为。

（4）出让合同一旦正式签订便具有法律效力，对双方当事人都具有约束力。

三、国有建设用地使用权出让合同的内容

国有建设用地使用权出让合同主要包括合同的正本、副本，合同附件，补充合同三项内容。

（一）正本、副本的内容

1. 合同双方当事人

合同双方当事人简称合同当事人，又称合同主体，是指参加土地出让行为享有权利和承担义务的人。合同是人们相互之间的协议，所以至少有两种主体。每一方主体，可以是单一的，也可以是几个主体共同构成一方。一般来说，出让方必须是单一主体，而受让方则可以是单一主体也可以是共同主体。

根据《出让和转让条例》的规定，出让合同由市、县人民政府自然资源主管部门与土地使用者签订。中华人民共和国境内外的公司、企业、其他组织和个人，除法律另有规定外，均可以依照本条例的规定取得土地使用权。因此，作为出让方，必定是某一市、县人民政府自然资源主管部门，而受让方则可以是境内外的公司、企业、其他组织和个人。

合同当事人条款，应写明双方当事人名称或姓名、国籍、主营业所或住所、法人资格和合法身份、通信地址、邮政编码等。

2. 订立合同的宗旨

订立合同的宗旨，除了合理开发、利用、经营土地，根据国有土地所有权与使用权相分离的原则和双方平等、自愿、有偿的原则外，在具体的出让合同中，应进一步明确写上出让合同的具体宗旨。

3. 合同的期限

合同的期限是合同双方当事人享有权利、承担义务的存续期间。合同的期限尤其是出让年限，关系到土地所有者与使用者的利益分配。根据《出让和转让条例》第十二条规定："土地使用权出让最高年限按下列用途确定：（一）居住用地七十年；（二）工业用地五十年；（三）教育、科技、文化、卫生、体育用地五十年；（四）商业、旅游、娱乐用地四十年；（五）综合或者其他用地五十年。"

国有建设用地使用权出让年限一般按规定的最高出让年限出让，也可由土地所有者和土地使用者在国家规定的最高出让年限内约定使用年限。土地使用年限届满，土地使用者如需继续使用的，可以申请续期。批准续期的，应当重新签订出让合同，支付土地使用权出让金，办理土地登记手续。土地使用者若不需要继续使用的，则土地使用权及其地上建筑物、其他附着物所有权由国家无偿取得。土地使用者应当交还土地使用证，并依照规定办理注销登记手续。

4. 地块的范围和面积

土地使用权出让的范围和面积是确定合同标的的具体条件。若范围不明确，则易产生受让方或再受让方与相邻土地使用权的争议；若面积不清楚，出让合同则无法履行。出让合同所确定的出让地块面积和范围，应依据地籍测量的结果，写明地块编号，附上地块地理位置图或地籍图。

5. 合同的标的

出让合同的标的是在一定年限内享有的对一定范围土地使用权的交付行为。交付行为的标的是土地使用权。

6. 土地费用与支付

土地费用是指土地使用权出让金、土地使用税（费）、土地增值税和国家规定的有关土地税费。

土地使用权出让金是指受让方为取得土地使用权而向出让方支付的费用。《出让和转让条例》规定："土地使用者应当在签订土地使用权出让合同后六十日内，支付全部土地使用权出让金。"

支付的币种如以外汇支付，合同中应写明外币的结算方式。另外，合同中也应明确付款的汇入方式。

7. 国有建设用地使用权转让、出租、抵押

国有建设用地使用权的转让、出租、抵押是受让方的一项权利，这是出让土地使用权与划拨土地使用权区别之一，划拨土地使用权的使用者不享有转让、出租、抵押的权利。出让合同应在法律规定的范围内协商确定本合同的转让、出租、抵押条件，

转让、出租后出让合同载明的权利和义务的规定，转让、抵押成立的条件。

8. 违约责任

违约责任是指违反合同的当事人应承担的民事责任，责任条款是履行合同的保证条款，这一条款应明确：什么情况下算违约、违约方的责任、违约责任的减免条件等。

9. 合同生效的条件

合同生效是合同具有法律效力的表现。出让合同一般应签字生效。只要双方当事人具备主体资格，基于平等自愿原则，就合同主要条款达成一致意见，合同即成立生效。出让合同是一种重要合同，须经有关部门履行批准程序，但因为土地使用权宗地出让的地块、用途、年限和其他条件已在出让合同签订之前，按照国务院规定的批准权限报经自然资源主管部门批准，因此宗地出让合同不必再经过审批。成片开发出让合同则签字后再审批，批准后才生效。合同一经订立，即对双方产生法律约束力，双方不得随意不履行义务。

10. 合同终止的条件

合同终止有二种情况：一是正常终止，即合同规定的使用年限届满；二是非正常终止，即提前终止，包括土地使用权提前收回、土地灭失等；三是协议终止。

在非正常终止中，土地使用权提前收回是指在特殊情况下国家根据社会公共利益的需要，依照法律程序提前收回。土地使用权提前收回时，国家应根据土地使用者已使用的年限和开发、利用土地的实际情况给予相应的补偿。

土地灭失主要是指因地震、火灾、水灾等不可抗力致使正常使用的土地发生灾损、灭失。因为土地灭失引起的合同终止一般不发生双方责任问题。

协议终止是指合同无法继续履行，当事人协商同意提前终止，如一方当事人不履行合同的义务使合同不能继续履行或继续履行，会造成另一方当事人更大的损失，遭受损害的一方有权请求损害赔偿。

11. 合同适用的法律

根据民法惯例，不动产引起的纠纷适用于不动产所在地法律，因此出让合同应适用于中华人民共和国的法律。

12. 合同争议的解决

出让合同往往规定当事人应尽可能进行友好协商或通过调解解决，在不愿调解或调解不成的情况下，可采用仲裁方式解决，也可以通过诉讼方式解决。

13. 合同使用的文字及其有效文本

出让合同所使用的文字可由双方协商而定。因合同的履行地在中国，合同适用中国法律，因此合同的文字应以中文为准。合同中应明确规定无论采用哪种文字都具有同等的法律效力，两种文本均为有效文本。

14. 合同签署人的身份、签署时间、签署地点

合同签署人应当具有法定代表人身份，只有法定代表人的经济活动才对法人发

生效力。因此，只有具有法定代表人身份的负责人签字，并加盖公章，合同方始成立。

签字时间具有重要法律意义。一般出让合同从签字时起发生法律效力，只有成片开发出让合同经有权机关批准后才生效。

签字地点同样具有重要法律意义。一般合同均以签字地为履行合同所在地，当发生纠纷，诉之法院，一般以签字地确定诉讼管辖法院。在出让合同中，合同的标的是与土地这种不动产密切相关的土地使用权，诉讼管辖遵循不动产所在地原则。因此，出让合同的签字地应在出让方住所所在地。

15. 合同的解释和定义条款

按行为发生的原则，合同条款的解释如有疑义，须按签约的法律解释，这点已成为国际惯例，因此出让合同的解释需依照中国法律合同的定义条款由合同双方当事人商定，双方应对合同的特殊用语取得一致的解释。

16. 合同的通知

（二）合同附件

合同附件主要包括出让宗地界址图、出让宗地竖向界限、出让宗地规划条件等。

（三）补充协议

补充协议主要内容包括双方在国有建设用地使用权出让格式合同中尚未包括的未尽事宜，合同文本需要变更的事项等。

四、国有建设用地使用权出让合同示范文本

为贯彻落实《国务院关于促进节约集约用地的通知》，规范国有建设用地使用权出让合同管理，自然资源部、国家工商行政管理总局组织制定了《国有建设用地使用权出让合同》示范文本（GF—2008-2601），自2008年7月1日起执行。示范文本格式见本书附录十三。

五、国有建设用地使用权出让合同的履行及解除管理

受让人应当按照出让合同约定，按时支付国有建设用地使用权出让价款。受让人不能按时支付国有建设用地使用权出让价款的，自滞纳之日起，每日按迟延支付款项的_____‰向出让人缴纳违约金，延期付款超过60日，经出让人催交后仍不能支付国有建设用地使用权出让价款的，出让人有权解除合同，受让人无权要求返还定金，出让人并可请求受让人赔偿损失。

受让人因自身原因终止该项目投资建设，向出让人提出终止履行本合同并请求退还土地的，出让人报经原批准土地出让方案的人民政府批准后，分别按以下约定，退还除本合同约定的定金以外的全部或部分国有建设用地使用权出让价款（不计利

息），收回国有建设用地使用权，该宗地范围内已建的建筑物、构筑物及其附属设施可不予补偿，出让人还可要求受让人清除已建建筑物、构筑物及其附属设施，恢复场地平整；但出让人愿意继续利用该宗地范围内已建的建筑物、构筑物及其附属设施的，应给予受让人一定补偿：①受让人在本合同约定的开工建设日期届满一年前不少于 60 日向出让人提出申请的，出让人在扣除定金后退还受让人已支付的国有建设用地使用权出让价款；②受让人在本合同约定的开工建设日期超过一年但未满二年，并在届满二年前不少于 60 日向出让人提出申请的，出让人应在扣除本合同约定的定金，并按照规定征收土地闲置费后，将剩余的已付国有建设用地使用权出让价款退还受让人。

受让人按出让合同约定支付国有建设用地使用权出让价款的，出让人必须按照本合同约定按时交付出让土地。由于出让人未按时提供出让土地而致使受让人本合同项下宗地占有延期的，每延期一日，出让人应当按受让人已经支付的国有建设用地使用权出让价款的_____‰向受让人给付违约金，土地使用年期自实际交付土地之日起算。出让人延期交付土地超过 60 日，经受让人催交后仍不能交付土地的，受让人有权解除合同，出让人应当双倍返还定金，并退还已经支付国有建设用地使用权出让价款的其余部分，受让人并可请求出让人赔偿损失。

出让人未能按期交付土地或交付的土地未能达到本合同约定的土地条件或单方改变土地使用条件的，受让人有权要求出让人按照规定的条件履行义务，并且赔偿延误履行而给受让人造成的直接损失。土地使用年期自达到约定的土地条件之日起算。

本章小结

1. 国有建设用地使用权出让的含义、特点。
2. 国有建设用地使用权出让中的出让主体、出让客体、出让对象。
3. 国有建设用地使用权出让双方的权利和义务。
4. 国有建设用地使用权出让的方式及最高年限规定。
5. 协议出让国有建设用地使用权的概念及适用范围。
6. 不同环节协议出让的程序。
7. 招标拍卖挂牌出让国有建设用地使用权的概念及适用范围。
8. 招标拍卖挂牌出让国有建设用地使用权的组织实施及其程序。
9. 国有建设用地使用权出让合同的内容。
10. 国有建设用地使用权出让合同的履行及解除管理。

关键术语

国有建设用地使用权出让　协议出让　招标出让　拍卖出让　挂牌出让
国有建设用地使用权出让合同

案例1　未能按合同期限支付土地出让金，土地出让合同被解除

2014年11月22日，康辉公司与某市国土资源局签订了《国有建设用地使用权出让合同》。约定将位于该市城区西北角面积为8 939.77 m² 的国有土地使用权有偿出让给康辉公司，使用期为40年，并约定合同签订后30日内，康辉公司向国土资源局缴付土地使用权出让金总额15%的定金，在签订合同后60日内，支付完全部土地使用权出让金，逾期30日仍未全部支付的，国土资源局有权解除合同。合同签订后，康辉公司于2014年12月26日给付国土资源局全部定金及部分土地出让金。2014年12月27日，国土资源局给康辉公司核发了该出让土地的土地使用权证书。然而，由于资金困难，到2015年4月1日，康辉公司未将余款交付国土资源局，经多次催促后，国土资源局书面通知康辉公司，限其于9月30日前全部履行合同，否则将按有关规定处理。康辉公司接到通知后，经过努力却未筹集到钱款，截至2015年9月30日，仍未按规定履行合同。于是，国土资源局决定解除合同，收回土地使用权，对所发土地使用证进行注销登记，于2015年10月24日将该决定通知书送达康辉公司。

问题：(1) 国土资源局出让了土地，又以对方违约为由收回，是否可以？请说明理由。

(2) 如果土地出让合同规定的土地用途是建设办公楼，康辉公司是否可以用来建设高尔夫球场？为什么？

(3) 如果本案中签订国有建设用地使用权出让合同的是该市城市建设管理局，本合同是否有效？为什么？

案例解析

(1) 某市国土资源局可以收回其出让的土地使用权。因为国有建设用地使用权出让合同的出让主体、客体、程序合法，合同有效，双方是平等的合同主体，合同双方应当切实履行，康辉公司违约，国土资源局可以依照该合同收回土地使用权。

（2）不可以。《城市房地产管理法》（2019年修正）第二十六条规定："以出让方式取得土地使用权进行房地产开发的，必须按照土地使用权出让合同约定的土地用途、动工开发期限开发土地。"所以受让方取得土地使用权必须遵守出让方规定的土地用途，不得更改。

（3）无效。因为国有建设用地使用权的出让方依法只能是市、县人民政府，由市、县人民政府土地管理部门代表政府签署国有建设用地使用权出让合同，其他任何单位或部门都没有出让国有建设用地使用权的权利。

> **案例2　出让人未按建设用地使用权出让合同交付土地应赔偿受让人损失**
>
> 　　2016年，杨某通过挂牌出让竞得编号为2016G08国有建设用地使用权，与某县人民政府国土资源局签订了《成交确认书》，并按《成交确认书》规定的时间签订了《国有建设用地使用权出让合同》。合同约定某县人民政府国土资源局在2016年12月17日前将出让宗地交付给杨某，国有建设用地使用权出让金为695.335万元，定金为420万元，定金抵作土地出让价款，自合同签订之日起60日内一次性付清。合同约定出让人未按时交付出让土地超过60日，经催交后仍不能交付土地的，受让人有权解除合同，出让人应当双倍返还定金，并退还已经支付国有建设用地使用权出让价款的其余部分，受让人并可请求出让人赔偿损失。合同签订后，杨某交纳定金420万元，并按合同约定时间交清余下275.335万元，但县人民政府国土资源局未依约交付土地。杨某提起诉讼，请求人民法院依法解除双方签订的国有建设用地使用权出让合同，判令县人民政府国土资源局双倍返还定金840万元、退还已支付土地出让金275.335万元、赔偿损失100万元。
>
> 　　问题：杨某是否有权解除合同？

案例解析

本案中杨某与某县人民政府国土资源局签订的《国有建设用地使用权出让合同》合法有效。杨某依照合同约定的期限交清了全部土地出让金，县人民政府国土资源局未在合同约定的期限内交付适合开发的建设用地已构成违约，依法应当承担违约责任。根据出让合同约定，杨某有权解除合同。

实务操作

实务操作1　国有建设用地使用权出让方案的编制

××市孙村片区奥特莱斯西侧地块A-1，宗地编号为2018TDGP06R2001号的地块国有建设用地使用拟挂牌出让，宗地位置：科创路以南、科新路以北、春晖路以西；

土地用途为普通商品住宅用地,土地使用权年限为70年,容积率:1.6≤地上容积率≤2.0,地下容积率≤1.0;建筑密度≤22%;绿化率≥30%;出让底价为56 000万元。

根据以上所给材料,编制该宗地的国有建设用地使用权出让方案。

实务操作2 国有建设用地使用权出让的组织实施

经某市人民政府批准,某市国土资源局决定以拍卖方式出让大众广场北侧地块国有土地使用权。出让地块的基本情况和规划指标要求如表6-2所示。

表6-2 出让地块的基本情况和规划指标要求

项 目	内 容	项 目		内 容
编号	2017—G002	规划指标要求	容积率	地上≤3.5 地下≤1.8
			建筑密度	≤58%
			绿地率	≥20%
土地位置	某区泉西路南侧,虎泉西路北侧	出让年限(年)		50
土地面积(m²)	52 569	竞买保证金(万元)		30 000
用途	综合项目用地(包括商业、餐饮、娱乐、办公、酒店、酒店式公寓等)	实施规划要求		建筑高度整体不超过45 m,局部可超过45 m但不超过50 m,停车位配置须满足相关规范要求。地下部分建设涉及保泉,须征求市名泉管理部门的书面同意意见

(1)根据以上所给材料,编制出让文件,即国有建设用地使用权出让公告、竞买申请书、竞买资格确认书、成交确认书、国有建设用地使用权出让合同。

(2)学生分为5个小组,分别承担国土资源管理部门、房地产开发公司、土地评估公司、拍卖公司、土地登记代理公司,小组成员共同撰写本小组承担角色应完成的任务。

(3)进行出让拍卖会人员分工,根据所承担的角色组织国有建设用地使用权出让拍卖会。

复习思考题

1. 简述国有建设用地使用权出让的定义、特点。
2. 国有建设用地使用权出让的方式有哪些?
3. 国有建设用地使用权出让的最高年限是如何规定的?

4. 关于国有建设用地使用权出让最低价是如何规定的？
5. 协议出让，招标拍卖挂牌出让国有建设用地使用权的用地范围有哪些？
6. 简述招标拍卖挂牌出让国有建设用地使用权的程序。
7. 简述国有建设用地使用权出让合同的内容有哪些？
8. 国有建设用地使用权出让合同在什么情况下可以解除。

第六章　强化练习题

第七章 国有建设用地使用权转让、出租、抵押管理

第一节 国有建设用地使用权转让管理

有偿出让的土地使用权与无偿划拨的土地使用权的一个主要不同点，就是用地者不仅可以使用土地而且可以经营土地，经营的内容包括在使用年限内可以转让、出租、抵押或者用于其他经营活动。

一、国有建设用地使用权转让的概念

《宪法》第十条规定："土地的使用权可以依照法律的规定转让。"《土地管理法》第二条规定："土地使用权可以依法转让。"宪法和《土地管理法》的规定为土地使用权的转让提供了法律依据。根据《出让和转让条例》第十九条的定义，土地使用权转让是指土地使用者将土地使用权再转移的行为，包括出售、交换和赠与。具体地说，土地使用权转让是指城镇国有土地使用者在土地使用权未到期情况下，将土地使用权的剩余年限让渡给新的土地使用者的行为。按照转让前土地使用权的获得方式，土地使用权转让可以分为两种类型：一是通过出让等有偿方式获得的土地使用权的转让；二是通过行政划拨取得土地使用权通过补办出让手续后的转让。目前土地使用权转让，以有偿方式获得的土地达到转让条件后，可以将剩余使用年限内的土地使用权转让。原来由行政划拨方式获得的土地需要补办土地使用权出让手续后方可进行转让。

土地使用权转让，属于地产市场的二级市场，是土地使用者之间的横向的土地经营行为。其经营内容是指土地使用权有偿出让之后，土地使用者通过一定的投资、开发和经营，将其支配的土地使用权全部或部分的再转移，新的土地使用者要向转让者支付一定的转让费。

需要指出的一点是，我国实行土地公有制，因而转让的是土地使用权，受让人仅对土地享有使用权，所有权仍属于国家。

二、国有建设用地使用权转让的原则

土地使用权转让的原则是指法律规定的土地使用权转让所必须遵循的规则或准

则。它对土地使用权转让不仅具有指导的作用，而且具有规范效力，这种规范效力以国家法律为后盾，具有强制性、不可选择性。其目的在于使合法的转让依照国家的政策和法律得以顺利实施。

（1）出让合同规定的全部权利和义务随土地使用权同时转移的原则。

《出让和转让条例》第二十一条规定："土地使用权转让时，土地使用权出让合同和登记文件中所载明的权利、义务随之转移。"根据这一原则，土地使用权在规定期限内可以多次转让，但无论转移到谁手里，政府和土地使用者之间仍是出让关系，新的土地使用者仍要履行出让合同登记文件中所载明的权利和义务。这又被称为"认地不认人"的原则。

（2）土地使用权与地上建筑物产权相一致的原则。

《出让和转让条例》第二十二条及第二十四条规定，土地使用权和地上建筑物产权，只要一个转移，另一个也随之转移。这也是土地和房屋的相互依存关系决定的。土地是房屋的载体，房屋是土地的附着物，只有取得土地的使用权，才能拥有房屋所有权。而房屋所有权的转移，必然伴随着土地使用权的让渡，反之亦然。"房随地走"和"地随房走"的两重性是房地产市场产权流通的重要特征。当土地使用权被转让时，被转让土地上的建筑物和其他附着物也随之一起被转让。同样，当地上的建筑物或其他附着物的所有权发生转移时，土地使用权也必然同时转移。

（3）效益不可损原则。

在进行土地使用权转让时，不得损害土地上的建筑物和其他附着物的经济效益；反之，在转移建筑物和其他附着物所有权时，也不得损害土地使用权的经济效益。

（4）平等、自愿、等价、有偿的原则。

土地使用权转让的性质和特点，决定了它必须把当事人法律地位一律平等、经济利益等价有偿作为一项重要原则。同时，无论转让任何一块土地的使用权，都必须在双方自愿的情况下进行，任何单位和个人都不能横加干预。

（5）政府监督管理的原则。

土地是重要的生产资料，直接影响国计民生。因此，土地市场的交易必须置于政府的监督管理之下。

三、国有建设用地使用权转让的条件

为了防止"炒卖地皮"现象发生，削弱地产投机给经济造成的负面影响，各个国家都对土地的转让条件做出限制，这是国际通行的对地产市场进行调节和控制的基本方法。我国《城市房地产管理法》和《出让和转让条例》对土地使用权转让的条件进行了规定。

国有建设用地使用权转让应符合下列条件。

（1）按照出让合同约定已经支付全部土地使用权出让金，并取得土地使用权证书。

（2）按出让合同约定的期限和条件进行投资开发、利用。

《出让和转让条例》规定土地使用权转让的基本条件是按照土地使用权出让合同规定的期限和条件对土地进行了投资开发、利用。未满足上述条件的，土地使用权不得转让。

这里的期限不是指土地使用权出让年限，而是指使土地达到合同规定的开发、利用状态所需的时间，即土地使用者必须在规定的时间内在该地块投资多少或将该地块开发成什么规模。这里之所以要规定一定的期限，目的在于保证土地的投资速度，以便与整个城市建设、发展规划和经济发展的要求相协调，并且加快土地的开发利用。

这里的条件则是指各种要求的总和。① 投资数额条件。按照出让合同约定进行投资开发，属于房屋建设工程的，完成开发投资总额的 25% 以上；属于成片开发土地的，形成工业用地或者其他建设用地条件。② 以是否满足土地利用要求为必要条件。这里的土地利用要求条件首先是土地的用途。一般的出让合同都规定出让的地块用途，土地使用者不得擅自改变土地的用途，否则，即使符合其他转让条件，土地使用权也不得转让，还必须限期纠正。然后土地利用要求是指合同规定的建筑容积率、建筑密度、建筑物的高度及层数、附着物高度、园林绿化比率、建筑物的遮阳比、室外地面标高、建筑物的配套设施建设等各项要求。这些条件的作用在于限制土地使用权的随便转让，防止土地使用者"炒卖地皮"，扰乱土地市场。同时促使其建设开发与城市规划相协调，保证土地的开发和利用。

转让房地产时房屋已经建成的，还应当持有房屋所有权证书。

（3）土地使用权转让应当签订转让合同，并办理过户登记，这就是土地使用权转让的形式要求。

（4）土地使用权转让时，如需改变原出让合同规定的用途，必须先向自然资源主管部门和规划部门提出申请，经审核批准，调整土地使用权出让金后方可转让。

（5）行政划拨土地使用权转让，土地使用权人必须先向所在地市、县自然资源主管部门补办出让手续，交付土地出让金，办理土地登记手续后才可转让。

（6）土地使用权转让价格明显低于市场价格的，市、县人民政府有权优先收购，同样，土地使用权转让价格出现不合理上涨时，市、县人民政府可以采取必要措施防止。

四、国有建设用地使用权转让的方式

国有建设用地使用权转让的主要形式有出售、交换、赠与、继承等 4 种。

1. 出售

土地使用权出售，即土地使用权买卖，是指土地使用者将土地使用权转移给他方，他方为此支付土地使用权转让金的行为。它的主要特征是土地使用权出售方必须把土地使用权转移给购买方,而购买方则按照等价交换原则向出售方支付相应的土地使用权转让金。

2. 交换

土地使用权交换,也称土地使用权互易,是指当事人双方约定互相转移土地使用权或一方转移土地使用权,另一方转移金钱以外标的物而订立的合同。

从其定义可以看出,交换双方当事人必须以金钱以外的实物为标的物,否则就是买卖,而不是交换;必须有一方或双方以土地使用权作为转移对象。

出售和交换是土地使用权转让中具有突出市场特性的两种形式,转让双方都是根据土地市场中的供求状况决定成交价格的,市场经济中两者的性质是相同的,从法律性质看,两者均为双务有偿合同,双方当事人的法律地位也是相当的。

3. 赠与

土地使用权赠与是指赠与人愿意把自己所有的土地使用权无偿转移给受赠人,受赠人愿意接受而签订赠与合同的行为。

土地使用权的赠与是一种无偿行为,受赠人可以无偿获得土地使用权而不需要付出任何代价,这一点与出售和交换不同;赠与合同的成立,需要双方达成共识,即不仅需要赠与人愿意赠与,而且还要受赠人愿意接受。

4. 继承

土地使用权继承是指公民按照法律规定或者合法有效的遗嘱取得死者生前享有的土地使用权的行为。继承人除继承土地的使用权外,其地上附着物的所有权也随之得到继承。

在实际生活中,土地使用权还存在土地入股、企业兼并、联建联营等经营性土地使用权转移方式,以及用地单位合并、分立、更名等非经营性土地使用权转移方式。

五、国有建设用地使用权转让合同

1. 土地使用权转让合同的概念与法律特征

土地使用权转让合同是指土地使用权转让的双方当事人根据我国有关法律的规定,就土地使用权转让问题经过协商达成的协议。

土地使用权转让合同具有以下法律特征。

(1) 土地使用权转让合同是双方当事人自愿签订的。自愿的原则是民事活动应遵循的基本原则。土地使用权转让作为一种民事活动,应当在自愿的前提下,签订转让合同。

(2) 土地使用权转让合同当事人的法律地位平等。

(3) 土地使用权转让合同签订后,双方确定了债权债务关系,双方互相负有协同完成土地使用权转移的权利义务。

2. 土地使用权转让合同的内容

转让合同确定了双方当事人享有的权利及所应承担的义务。根据《中华人民共和国经济合同法》的规定，土地使用权转让合同应该包括以下内容。

（1）标的。合同的标的是指双方当事人权利义务所指向的具体对象。土地使用权转让合同的标的就是某地块的土地使用权。

（2）价款。对于土地出售来说，价款是必不可少的一部分。但对于交换和赠与这两种转移方式来说，合同中不包括价款。

（3）合同的期限、地点和方式。

（4）合同双方当事人。

（5）违约责任。

由于土地使用权转让具有多种方式，因此不同方式的转让合同的内容是有差别的。国有土地使用权转让合同（格式）见本书附录十四。

第二节 国有建设用地使用权出租管理

一、国有建设用地使用权出租的概念

土地使用权出租是指土地使用者作为出租人将土地使用权随同地上建筑物、其他附着物租赁给承租人使用，由承租人向出租人支付租金的行为。

土地使用权出租并不是单纯出租土地，而是出租人将土地使用权随同地上建筑物、其他附着物租赁给承租人使用。出租土地使用权是土地使用者的一种经营方式，出租的条件、应办的手续、基本要求和转让土地使用权的规定大体相同，但土地使用权出租后，出让合同规定的权利、义务并未转移，出租者仍需履行。

土地使用权出租只是就使用土地达成协议，不发生作为物权的土地使用权的转移。也就是说，土地使用权出租让与的并不是土地使用权的全部内容，出租人在法律上仍是所出租土地的使用权人，承租人只有使用土地的权利，没有处分土地使用权的权利，土地使用权中的处分权仍是归出租人所有。承租人取得的只是土地临时使用权。土地使用权出租人只是将土地使用权临时转移给承租人。承租人只能在合同规定的期限内使用土地。

土地使用权的出租合同是双方、有偿合同。出租人和承租人在土地使用权出租中都对对方承担相应的责任。承租人必须为使用土地付出租金。

二、国有建设用地使用权出租与出让、转让、抵押的区别

土地使用权出租是一种特殊的土地产权经营方式，它与土地使用权的出让、转让、抵押是有区别的。

1. 出租与出让的区别

土地使用权出让是土地一级市场特有的一种经营方式,土地使用权出租则存在于二三级土地市场。

土地使用权出让的主体是国家,土地出让具有国家垄断性的特点。土地使用权出租的主体是通过出让或转让方式获得土地使用权的土地使用权人。

2. 出租与转让的区别

土地使用权转让是对土地使用权的买断。在土地使用权转让之后,土地使用权人发生改变,原土地使用者享有的土地使用权消灭。而土地出租并不发生土地使用权人的改变,出租人的土地使用权并没有消灭。

在土地使用权转让时,地上建筑物及附着物的所有权也一并发生转移。而土地使用权出租时,仅仅是将地上建筑物及附着物的使用权出租给土地承租人,地上建筑物及附着物的所有权并不发生改变。

土地出租是有偿的,即土地使用权承租人必须向出租人支付租金。土地使用权的转让可以是有偿的(土地使用权的出售和交换),也可以是无偿的(土地使用权的赠与、继承)。

3. 出租与抵押的区别

土地使用权抵押时,土地使用者是以不转移占有的方式将其土地使用权抵押给他人。在抵押期间,土地使用者仍然占有土地并可以使用土地。而土地使用权出租时,土地使用者必须转移土地的占用权,也就是说,在租赁合同期限内,将由承租人占有并使用土地。

土地使用权的出租是一种独立的主合同行为,不依附于其他合同行为。而土地使用权抵押是一种从合同行为,不能独立存在,它只是为主合同行为提供担保。

在土地使用权出租结束后,承租人必须返还土地。而对于土地使用权抵押,在合同结束时,如果抵押人按时还清债务,则抵押合同结束,抵押人仍拥有土地使用权;如果抵押人不能按时偿还债务,则抵押权人可以行使抵押权,将土地进行拍卖,并将所得价款用于偿还债务。

三、国有建设用地使用权出租的条件

《出让和转让条例》第四章对土地使用权出租做出了如下规定。

(1) 通过出让方式获得的土地使用权,必须按照出让合同规定的期限和条件投资开发、利用,才可以出租。

对于没有按照土地使用权出让合同规定的期限和条件投资开发、利用土地的,土地使用权不得出租。

(2) 土地使用权出租,出租人与承租人应当签订租赁合同。

租赁合同不得违背国家法律、法规和土地使用权出让合同的规定。与土地使用权转让一样,土地使用权出租也是以土地使用权出让为基础的,它也受到使用权出让合同的限制。土地使用权出租合同必须与土地使用权出让合同中的相关内容保持一致，不能改变土地用途、土地使用条件、土地使用期限等。

（3）土地使用权出租后，出租人必须继续履行土地使用权出让合同。

土地使用权出租之后，土地使用权出让合同中规定的权利和义务并没有发生转移和消灭。土地的出租人必须履行土地出让合同规定的义务。

（4）土地使用权和地上建筑物、其他附着物出租，出租人应当依照规定办理登记。

只有根据法律规定向土地所在地的县级以上不动产登记部门办理租赁登记手续，承租人的承租权才受到法律保护。如果没有依法办理登记，则土地使用权出租不得对抗第三人。

（5）通过行政划拨的土地，不是一项独立的财产权利，不能任意出租。应当经市、县人民政府自然资源主管部门批准补办土地使用权出让手续，签订土地使用权出让合同，向当地市、县人民政府补交土地使用权出让金或者以转让、出租、抵押所获收益抵交土地使用权出让金。

四、国有建设用地使用权出租合同

1. 土地使用权出租合同的概念

土地使用权出租合同是指土地使用权出租的双方当事人根据我国有关法律的规定，就土地使用权出租问题经过协商一致达成的协议。

2. 土地使用权出租合同的内容

土地使用权出租合同必须遵守国家法律、法规和土地出让合同的规定。它应该具有以下主要内容。

（1）标的。土地使用权出租合同的标的是土地使用权。作为标的的地块必须是确定的。在合同中必须说明土地的位置、面积、开发程度、四至范围。

（2）租期。一般情况下，土地使用权出租合同中应明确规定土地使用权出租的期限。但有时也不规定土地具体租赁期限，只要出租方没有特殊原因要收回土地，承租方就可以按照合同支付租金并使用土地。对于通过出让方式取得土地使用权的地块，租期不得超过土地使用权剩余年限。土地使用权年限届满，土地租赁合同就自然终止。

（3）租金及支付期限、方式。租金是土地使用权出租合同必须具备的内容。租金因地块的不同而有差异，合同双方当事人应本着公平合理的原则商定。

（4）土地使用条件。土地使用权出租合同的土地使用权条件必须符合出让合同规定的建设条件和土地使用规则。如果需要改变，则必须按照土地使用权出让的有关规定，由出租人向土地管理部门提出申请。

（5）土地用途。对于通过出让方式取得土地使用权的土地，双方应该根据土地使用权出让合同规定的用途来约定租赁合同中土地的用途。

(6) 出租人交付土地的期限、方式和条件。

(7) 承租人租赁期满返还土地的期限、方式和条件。

(8) 有关土地使用税费的缴纳。

(9) 解除合同的条件、期限。

(10) 违约责任。

(11) 其他有关条款。

国有土地使用权租赁合同（格式）见本书附录十五。

第三节　国有建设用地使用权抵押管理

《出让和转让条例》第三十二条规定："土地使用权可以抵押。"《城市房地产管理法》（2019年修正）第四十八条规定："依法取得的房屋所有权连同该房屋占用范围内的土地使用权，可以设定抵押权。以出让方式取得的土地使用权，可以设定抵押权。"这两部法律的规定为土地使用权的抵押提供了法律依据。

一、国有建设用地使用权抵押的概念和特征

1. 土地使用权抵押的概念

土地使用权抵押是指土地使用者将其获得的土地使用权（或者包括地上建筑物及其他附着物）以不转移占有的方式向抵押权人提供债务履行担保的行为。土地使用权抵押的基本原则和转让、出租有不少相似之处，只是土地使用权抵押后，仍由原土地使用者继续使用土地，在抵押人到期未能履行债务或在抵押合同期间宣告解散、破产时，抵押权人有权处理土地使用权，或者把抵押物折价或变卖抵押物，用以清偿债务。抵押权人有优先受偿权。

2. 土地使用权抵押的特征

（1）两权主体一致。

土地使用权抵押，抵押标的物必须是通过出让或转让所取得的城镇国有土地使用权。土地使用权抵押时，其地上建筑物、其他附着物随之抵押。地上建筑物、其他附着物抵押时，其使用范围内的土地使用权也随之抵押。

（2）土地使用权抵押从属于它所担保的债权。

土地使用权抵押是一种从合同行为，不能独立存在，它只能为主合同行为提供担保。抵押不能独立存在，它是依附于所担保的债权，它随着债权关系的消灭而消灭。

（3）土地使用权不发生转移。

在进行土地使用权抵押时，土地使用者是通过不转移占有的方式将土地使用权抵押给他人作为履行债务的担保。在抵押期间，抵押人可以继续占有、使用、收益，但不具备独立的处分权。

（4）抵押权具有优先受偿权。

如果抵押人没有按规定期限履行债务，则抵押权人可以将土地使用权（包括用于抵押的地上建筑物及其他附着物）折价或进行拍卖，所得价款优先用于偿还债务。抵押权赋予了抵押权人一种优先受偿的权利，这种权利是抵押权人的债权得到偿还的保障。

二、国有建设用地使用权抵押的法定条件

为了加强房地产抵押管理，维护房地产市场秩序，保障房地产抵押当事人的合法权益，建设部于1997年根据《城市房地产管理法》，发布实行了《城市房地产抵押管理办法》。除上述三部法律法规之外，《出让和转让条例》也对有关土地使用权抵押的问题做出了规定。

（1）完备有效的土地使用权抵押必须具备的条件。

① 土地使用权必须是抵押人有权处分的财产权。也就是说，抵押人必须是土地使用权人，必须持有用于抵押的土地使用权的土地使用权证书。

② 用于抵押的土地使用权必须是法律允许转让的。如果抵押的土地是不能够被转让的，则债权人就无法行使抵押权，也就无法实现担保的目的。所以，用于抵押的土地必须是可以转让的。以出让或转让方式获得土地使用权可以用于抵押，以划拨方式获得的土地使用权不允许抵押，只有满足一定的条件才可以抵押（关于这一问题，将在本章下一节进行介绍）。

（2）不得设定抵押的土地使用权。

① 权属有争议的土地。

② 用于教育、医疗、市政等公共福利事业的土地。

③ 列入文物保护的建筑物和有重要纪念意义的其他建筑物所占用土地。

④ 已依法公告列入拆迁范围的土地。

⑤ 已依法查封、扣押、监管或者以其他形式限制的土地。

⑥ 依法不得抵押的其他土地。

（3）同一土地使用权设定两个以上抵押权的，抵押人应当将已经设定过抵押情况告知抵押权人。抵押人所担保的债权不得超过其抵押物的价值。土地使用权抵押后，该抵押土地使用权的价值大于所担保债权的余额部分，可以再次抵押，但不得超出余额部分。

（4）所担保债务的履行期限不得超过土地使用权出让合同规定的使用年限减去已经使用年限后的剩余年限。

（5）以共有的土地使用权抵押的，抵押人应当事先征得其他共有人的书面同意。

（6）以已出租的土地使用权抵押的，抵押人应当将租赁情况告知抵押权人，并将抵押情况告知承租人，原租赁合同继续有效。

（7）企业、事业单位法人分离或者合并后，原土地使用权抵押合同继续有效，其权利和义务由变更后的法人享有和承担。抵押人死亡、依法被宣告死亡或者被宣告失

踪时，其土地使用权合法继承人或代管人应当继续履行原抵押合同。

（8）土地使用权抵押，抵押当事人应当签订书面抵押合同。

（9）土地使用权抵押合同自签订之日起30日内，抵押当事人应当到土地所在地的不动产登记机构办理土地使用权抵押登记。

（10）以享受国家优惠政策购买的房地产抵押的，其抵押额以房地产权利人可以处分和收益的份额比例为限。

（11）国有企业、事业单位法人以国家授予其经营管理的房地产抵押，应当符合国有资产管理的有关规定。

（12）以集体所有制企业的土地使用权抵押的，必须经集体所有制企业职工（代表）大会通过，并报其上级主管机关备案。

（13）以中外合资企业、合作经营企业和外商独资企业的土地使用权抵押的，必须经董事会通过，但企业章程另有规定的除外。

（14）以有限责任公司、股份有限公司的土地使用权抵押的，必须经董事会或者股东大会通过，但企业章程另有规定的除外。

（15）有经营期限的企业以其所有的房地产抵押的，其设定的抵押期限不应当超过该企业的经营期限。

三、国有建设用地使用权抵押合同

1. 土地使用权抵押合同的概念

土地使用权抵押合同是指抵押人与抵押权人为保证债务的履行而签订的担保协议。它是民事合同的一种类型，是抵押双方当事人之间确定权利义务关系的依据。土地使用权抵押合同必须登记，抵押登记是抵押合同生效的法律要件，未经登记的抵押合同不发生法律效力。土地使用权抵押合同的内容确定，直接关系到抵押当事人权利和义务的法律约束和实现。

2. 土地使用权抵押合同的内容

土地使用权抵押合同应当载明下列主要内容。

（1）抵押人和抵押权人的名称或个人姓名、住址等。

（2）被担保的债权的种类、数额。

（3）债务人履行债务的期限或抵押期限。由于抵押人享有有限期的土地使用权，因此土地使用权抵押年限，不得超过原出让合同确定的年限；债务人履行主合同中债务的期限，决定着抵押权人行使抵押权的日期，只有在债务人到期未能履行债务时，抵押权人才有权依法处分抵押财产，实现抵押权。

（4）抵押物的基本情况，即用于使用权抵押的土地的位置、面积等。抵押物状况关系到抵押的目的能否实现，所以有关抵押物的基本情况必须在抵押合同中载明。

（5）抵押权担保范围。

（6）抵押权灭失的条件。

（7）抵押人和抵押权人的权利、义务及其他约定事项。

（8）违约责任及争议解决方式。

（9）抵押合同订立的时间与地点。

国有土地使用权合同（格式）见本书附录十六。

四、国有建设用地使用权抵押中抵押权的中止和消灭

1. 抵押权的中止

抵押权人对抵押房地产的处分，因下列情况而中止。

（1）抵押权人请求中止的。

（2）抵押人申请愿意并证明能够及时履行债务，并经抵押权人同意的。

（3）发现被拍卖抵押物有权属争议的。

（4）诉讼或仲裁中的抵押房地产。

（5）其他应当中止的情况。

2. 抵押权的消灭

土地抵押权消灭的情形有下面几种。

（1）债务清偿。债务人到期清偿债务或者债务人的担保人或者债务人的清算组织在债务到期后已经将债务清偿完毕，该抵押权自行消灭。

（2）抵押物消灭。抵押物消灭主要有三种情况：① 被抵押的国有土地使用权被国家收回或者使用期限届满；② 被抵押的集体土地使用权所涉的土地被国家征收；③ 土地使用权随建筑物抵押的，该建筑物灭失。

（3）土地抵押权实现。抵押人到期不履行债务或者在抵押合同期间宣告解散、破产，抵押权人有权依照国家法律、法规和抵押合同的规定处分抵押财产，并就处分抵押物的价款优先受偿，抵押物转归第三人。此时，抵押权实现，设立于土地使用权之上的抵押权也随即消灭。

（4）抵押权无效。抵押权因抵押合同或者主合同具有法定无效事由而被依法确认无效。抵押权无效是土地抵押权消灭的一种特殊情况。例如，以划拨方式取得的国有土地使用权单独设立抵押的，以乡（镇）村企业的土地使用权单独设立抵押的，以划拨土地房地产设定抵押未经政府主管部门同意审批的。又如，破产企业擅自转让已经抵押的土地使用权。按照《破产法（试行）》第四十九条的规定，在抵押期间，破产企业对已经抵押登记的房地产进行转让时，应当通知抵押权人并告知受让人该房地产已经抵押的情况。破产企业未通知抵押权人或者未告知受让人的，人民法院应依法裁定该转让行为无效。

五、国有建设用地使用权抵押中抵押权的实现

土地抵押权的实现是指在法定和约定条件下，抵押权人行使抵押权而产生的法律后果。抵押人在债务到期不履行债务或在抵押合同有效期间债务人被宣告破产解散

时，抵押权人即可行使抵押权。依照法律规定和合同约定以抵押物折价或以变卖抵押物的价款来清偿所担保的债务，抵押权得到实现。

1. 土地抵押权实现的条件

抵押权实现的条件主要有以下几方面。

（1）债务人在债务履行期届满而不履行债务的。

（2）抵押人死亡而无继承人或受遗赠人的。

（3）抵押人的继承人或受遗赠人拒绝履行清偿债务的。

（4）抵押人解散、破产或被依法撤销而又不清偿债务的。

（5）抵押合同约定的其他情况。

发生以上任何一种情况，抵押权人都可以凭借抵押权向有关部门要求对抵押土地使用权进行处分，以清偿其债务。

2. 土地抵押权实现的方式

（1）拍卖。

实现土地抵押权，一般可以通过拍卖的方式将土地使用权变现。土地使用权一经拍卖，便产生如下法律后果：① 对抵押人来讲，拍卖所得价款，在扣除强制执行费用后，抵押权人以所剩价款实现债权优先受偿，若余额超出抵押权人应得款额时，超出部分退还给抵押人。若抵押有数个抵押权人则按抵押权人登记次序，依次受偿。② 对拍定人来讲，拍卖成交后，拍定人取得拍卖土地的土地使用权。③ 对抵押人来讲，享有的土地使用权消灭。

（2）土地使用权折价。

如果拍卖无法实现，债务人又没有其他可供清偿的财产时，应当对国有土地使用权依法评估。人民法院可以参考政府土地管理部门确认的地价评估结果，将土地使用权折价，经抵押人同意，将折价后的土地使用权抵偿给抵押权人，土地使用权归抵押权人享有。

第四节 划拨国有建设用地使用权的转让、出租、抵押管理

一、国有建设用地使用权划拨

（一）国有建设用地使用权划拨的概念

国有建设用地使用权划拨是指经县级以上人民政府依法批准后，在土地使用者依法缴纳了土地补偿费、安置补助费及其他费用后，国家将土地交付给土地使用者使用，或者将土地使用权无偿交给土地使用者使用的行为。

（二）划拨用地的办理程序

（1）申请。

申请用地的建设单位持建设项目的批准文件、已批准的初步设计中的总体规划或

总平面布置图、项目选址阶段的用地预审批准文件，向县级以上自然资源主管部门提出划拨用地申请。

（2）审核。

自然资源主管部门对用地单位的用地申请、用地范围、补偿安置方案进行审核。

（3）批准。

县级以上自然资源主管部门对划拨用地有关事项进行审查并报批后，向用地单位核发国有建设用地划拨决定书。

（4）登记。

用地单位完成国有建设用地划拨决定书中规定的事项之后，向不动产登记部门提出申请，办理土地登记，核发国有建设用地划拨使用权证书。

二、划拨国有建设用地使用权的转让、出租、抵押

（一）《出让和转让条例》中的规定

按照《出让和转让条例》的规定，划拨土地使用权必须经过所在地市、县人民政府自然资源主管部门批准并补办土地使用权出让手续，签订土地使用权出让合同，补交土地使用权出让金或者以转让、出租、抵押所获收益抵交土地使用权出让金，办理土地出让登记手续后，才取得转让、出租、抵押的合法权利。补办出让手续的程序见第六章第二节。

（二）《房地产管理法》中的规定

《房地产管理法》第四章房地产交易中对因房地产交易引起的划拨土地使用权的交易做出了规定。

1. 划拨方式取得的土地使用权转让

以划拨方式取得土地使用权的，转让房地产时，应当按照国务院规定，报有批准权的人民政府审批。有批准权的人民政府准予转让的，应当由受让方办理土地使用权出让手续，并依照国家有关规定缴纳土地使用权出让金。以划拨方式取得土地使用权的，转让房地产报批时，有批准权的人民政府按照国务院规定决定可以不办理土地使用权出让手续的，转让方应当按照国务院规定将转让房地产所获收益中的土地收益上缴国家或者作其他处理。

2. 划拨方式取得的土地使用权出租

以营利为目的，房屋所有权人将以划拨方式取得使用权的国有土地上建成的房屋出租的，应当将租金中所含土地收益上缴国家。

3. 划拨方式取得的土地使用权抵押

依法取得的房屋所有权连同该房屋占用范围内的土地使用权，可以设定抵押权。房地产抵押中，设定房地产抵押权的土地使用权是以划拨方式取得的，依法拍卖该房

地产后，应当从拍卖所得的价款中缴纳相当于应缴纳的土地使用权出让金的款额后，抵押权人方可优先受偿。

(三)《关于完善建设用地使用权转让、出租、抵押二级市场指导意见》中的规定

为完善建设用地使用权转让、出租、抵押二级市场，结合建设用地使用权转让、出租、抵押二级市场的试点实践，国务院办公厅发布了《关于完善建设用地使用权转让、出租、抵押二级市场的指导意见》（国办发〔2019〕34号），其中对划拨建设用地使用权转让、出租、抵押给出了指导意见。

1. 划拨方式取得的土地使用权转让

以划拨方式取得的建设用地使用权转让，需经依法批准，土地用途符合《划拨用地目录》的，可不补缴土地出让价款，按转移登记办理；不符合《划拨用地目录》的，在符合规划的前提下，由受让方依法依规补缴土地出让价款。

2. 划拨方式取得的土地使用权出租

以划拨方式取得的建设用地使用权出租的，应按照有关规定上缴租金中所含土地收益，纳入土地出让收入管理。宗地长期出租，或部分用于出租且可分割的，应依法补办出让、租赁等有偿使用手续。建立划拨建设用地使用权出租收益年度申报制度，出租人依法申报并缴纳相关收益的，不再另行单独办理划拨建设用地使用权出租的批准手续。

3. 划拨方式取得的土地使用权抵押

以划拨方式取得的建设用地使用权可以依法依规设定抵押权，划拨土地抵押权实现时应优先缴纳土地出让收入。

1. 国有建设用地使用权转让的概念、原则、条件、转让方式和转让合同的制定。
2. 国有建设用地使用权出租的概念、条件和出租合同的制定。
3. 国有建设用地使用权抵押的概念、条件、抵押合同制定，以及抵押权中止、灭失及实现。

国有建设用地使用权转让　国有建设用地使用权出租
国有建设用地使用权抵押

 案例分析

案例1　划拨土地使用权非法出租案

2015年7月，×市A单位由于机构精简，有一幢行政办公楼空闲出来。该宗地位于市区，区位条件较好，属于划拨用地，占地面积为620 m²，建筑面积为3 100 m²。A单位于当年10月份将该幢办公楼出租给B公司经营宾馆，B公司与A单位签订了《房屋租赁协议》，协议约定：B公司每年向A单位缴纳租金30万元，租期为3年。请分析A单位的租赁行为是否合法。

案例解析

根据《出让和转让条例》第四十四条、四十五条和《城市房地产管理法》（2019年修正）第五十六条的规定，划拨土地使用权出租的必要前提条件是补办出让手续，补交出让金或土地出租行为经土地管理部门批准，并上缴土地收益。本案例中A单位在未补办出让手续，也未经该市国土资源局批准，将租金中所含的土地收益上缴国家的情况下，将行政办公楼出租给B公司，这一行为构成了非法出租土地使用权行为。

案例2　抵押土地上新增建筑物能否作为抵押财产

顺翔房地产开发有限责任公司（以下简称顺翔公司）为筹集更多的开发资金向银行贷款500万元，银行要求其提供担保。顺翔公司便把正在开发建设的一块土地的使用权抵押给银行，并依法办理了抵押登记，这时该土地上已开发建设完工了两栋楼房。顺翔公司开发的房地产由于所处位置较偏僻，购房的人一直不多，建设资金一直不能收回，所欠银行的贷款也未按时偿还。贷款期限届满时，顺翔公司已在抵押的土地上建设了第三栋楼房。银行与顺翔公司协商将抵押的建设用地使用权和土地上的三栋楼房一起拍卖以优先偿还贷款，顺翔公司同意将建设用地抵押权和三栋楼房一起拍卖。但该公司认为第三栋楼房由于是在订立抵押合同后建成的，不能就第三栋楼房拍卖的价款行使优先受偿权，银行则坚持认为第三栋楼房的价款也应当用来优先偿还贷款。两方争执不下，银行将顺翔公司告上法庭要求对抵押的建设用地使用权和三栋楼房行使优先受偿权。请问抵押土地上新增加的建筑物能不能作为抵押财产来担保债权的实现呢？

案例解析

《城市房地产管理法》（2019年修正）第五十二条规定："房地产抵押合同签订后，土地上新增的房屋不属于抵押财产。需要拍卖该抵押的房地产时，可以依法将土地上新增的房屋与抵押财产一同拍卖，但对拍卖新增房屋所得，抵押权人无权优先受偿。"根据以上规定，顺翔公司的第三栋楼房是在建设用地抵押后建造的，属于新增

建筑物，不属于抵押财产，因此银行在处分抵押的建设用地使用权时，可以连同该土地上新增的第三栋楼房一起处分，但不能对第三栋楼房行使优先受偿权。

复习思考题

1. 什么是国有建设用地使用权转让？转让的方式有哪些？
2. 简述国有建设用地使用权转让的原则和条件。
3. 简述国有建设用地使用权出租的概念及条件。
4. 简述国有建设用地使用权抵押的概念、特征。
5. 简述国有建设用地使用权抵押权的实现条件和方式。

第七章　强化练习题

第八章 农村集体建设用地管理

第一节 农村集体建设用地管理概述

一、农村集体建设用地的概念

《土地管理法》(2019年修正)第九条规定:"城市市区的土地属于国家所有。农村和城市郊区的土地,除由法律规定属于国家所有的以外,属于农民集体所有;宅基地和自留地、自留山,属于农民集体所有。"农村集体建设用地是指乡(镇)村建设用地。乡(镇)村建设用地是指乡(镇)村集体经济组织和农村个人投资或集资,进行各项非农业建设所使用的土地,是指属于农村集体所有的用于建造建筑物、构筑物的土地,主要包括乡镇企业用地、乡(镇)村公益事业用地和公共设施用地,以及农村居民住宅用地。农村集体建设用地分为三大类:宅基地、公益性公共设施用地和经营性用地。《土地管理法》中的农民集体建设用地包括原有的农民集体土地中的建设用地和经依法办理了农用地转用手续的集体农用地。

二、农村集体建设用地的使用范围

按照《土地管理法》(2004年修正)第四十三条规定,兴办乡镇企业和村民建设住宅经依法批准可以使用本集体经济组织农民集体所有的土地的,或者乡(镇)村公共设施和公益事业建设经依法批准可以使用农民集体所有的土地。以上规定将农村集体建设用地的使用范围限定于乡镇企业用地、村民建设住宅用地、乡(镇)村公共设施和公益事业用地。除了以上用地可以批准使用农民集体所有的土地外,任何单位和个人进行建设,需要使用土地的,必须依法申请使用国有土地。

随着社会经济的进一步发展,地方的经济建设需求与用地需求之间的矛盾愈发突出。尤其是在建设用地指标控制制度下,作为城市化进程边缘的县、乡(镇)受制于用地指标的紧缺,经济建设的用地需求得不到满足。这一矛盾也导致了违法违规用地问题的滋生蔓延。在这一现状下,将集体土地上加设的限制予以解除,使得集体建设用地可以在合法范围内用于建设活动,且与国有建设用地同地同权、纳入统一的建设用地市场的呼声越来越高。2015—2016年先后在全国范围内实施的集体经营性建设用地入市试点,也是这一动向在国家层面得到认可的体现,《土地管理法》(2019 年修正)删除了《土地管理法》(2004 年修正)第四十三条关于"任何单位和个人进行建设,需要使用土地,必须使用国有土地"的规定,允许集体经营性建设用地在符合规划、依法登记,并经本集体经济组织三分之二以上成员或者三分之二以上村民代表同意的条件下,通过出让、出租等方式交由集体经济组织以外的单位或者个人直接使用。同时,通过出让等方式取得的集体经营性建设用地使用权可以转让、互换、出资、赠与或者抵押。这一规定是重大的制度突破,它破除了集体经营性建设用地进入市场的法律障碍,结束了多年来集体建设用地不能与国有建设用地同权同价同等入市的二元体制,为推进城乡一体化发展扫清了制度障碍。

三、农村集体建设用地使用的原则

乡镇企业、乡(镇)村公共设施、公益事业和农村村民建住宅,使用农民集体所有的建设用地的都必须遵循以下共同的原则。

(1)维护社会主义土地公有制,保护土地所有者和使用者的合法权益。

乡(镇)村土地的集体所有制是我国土地公有制的重要组成部分,维护土地集体所有制也是维护土地公有制。乡(镇)村建设用地归集体所有,任何单位和个人只有使用权,没有所有权。严禁农民在自留地、自留山、承包地上私自建房、开矿、烧砖瓦、毁田取土和建坟等侵犯土地所有权的违法活动。同时也禁止任何单位和个人侵占、买卖和非法转让集体建设用地的活动。国家保护单位和个人在集体所有土地上的合法经营和建设活动,合法的集体建设用地使用权任何单位和个人不允许侵犯。

(2)符合规划,节约用地,保护耕地。

农村集体建设用地必须符合乡(镇)土地利用总体规划,使用乡(镇)土地利用总体规划确定的建设用地,不得使用规划中确定的农用地。乡(镇)土地利用总体规划、村镇规划是乡(镇)建设用地管理的基本依据,必须按照土地利用总体规划和村镇规划的要求安排乡(镇)村的各项建设用地。凡不符合土地利用总体规划、村镇规划的建设项目一律不准占地。凡是有潜力可挖的建设项目用地,应充分挖掘其潜力,原则上不再批准占用新地。安排建设项目用地时应尽量优先考虑使用四荒地、空闲地,保护耕地。

(3)按计划用地,不得突破计划控制指标。

乡(镇)村建设用地也属于国家计划调控的范围,国家对乡(镇)村各项建设用地都实行严格的计划指标控制。各项建设用地都必须在规定的年度用地控制指标范围内进行安排,没有计划指标,不准批地。乡(镇)村各项建设用地指标不经批准,不能调剂使用。计划指标年终有结余的,应如实上报,不得隐瞒,不准年终突击使用。

(4)依法办理用地审批手续。

不论是乡镇企业、公共设施、公益事业地还是农村宅基地都必须依法取得县级以上人民政府批准,不然,都被视为是非法占地,必须依法做出处理。如果涉及占用农用地的，必须依法办理农用地转用审批手续。

（5）建设占地与农村土地整理挂钩，严格控制占用耕地。

四、农村集体建设用地使用权的取得和收回

农村集体建设用地使用权的取得主要是通过集体所有土地使用权转移的方式取得，并不改变土地所有制的性质。

依据《土地管理法》的规定，农村集体经济组织报经原批准用地的人民政府批准，可以收回土地使用权，是指可以收回农民集体的建设用地使用权，不包括农用地使用权和农村集体土地的承包经营权。按照规定，下列情况下可以收回土地使用权。

（1）为乡（镇）村公共设施和公益事业建设，需要使用土地的，经过批准，农村集体经济组织可以收回集体建设用地使用权，但对土地使用权人造成损失的应当给予补偿，原土地使用者及地上建筑物需要搬迁的，农村集体经济组织应当给予负责搬迁。为了防止农民集体经济组织借收回土地使用权侵害土地使用者的合法权益，必须在建设用地报批时，同时报送收回土地使用权方案，并取得批准，不准随意使用收回土地使用权的权力。

（2）不按照批准的用途使用土地的，是指建设用地被依法批准后，土地使用者擅自改变批准土地的用途，如批准为公益事业用地，而土地使用者未取得土地批准机关同意转变为乡镇企业用地等，都是不允许的。出现这种情况，经原批准机关批准，农村集体经济组织应收回土地使用权，并不予补偿。

（3）因撤销、迁移等原因而停止使用土地的，是指乡镇企业、公益事业、公共设施的所有者因某种原因被撤销，或者迁移到其他地方，不再需要使用或无法使用该土地的，可以由农民集体经济组织收回土地使用权，重新安排使用，但不包括企业的破产和兼并等情形。

五、农村集体建设用地管理中存在的问题

我国是一个农业大国，农村人口占80%左右，农村家庭户多，农村集体经济组织也多，农村建设用地数量就大，如果不加强管理，就会造成农村建设用地无序紊乱和大量的土地浪费，保耕地红线的目标难以实现，进而影响国家粮食安全。为此，加强农村集体建设用地管理已迫在眉睫。近年来，农村集体建设用地管理工作取得明显成效，但也存在一些地方以新农村建设为名，擅自突破土地利用总体规划建设工业集中区，未批先用土地，强征强拆，侵犯农民利益，低地价招商引资等不容忽视的问题。目前农村集体建设用地管理中主要存在以下问题。

1. 用地规模大，闲置浪费严重

主要是乡镇企业、农民个人建房占用土地面积过大，造成了土地的大量浪费。乡镇企业往往是不顾生产规模大小，盲目铺摊子，甚至有些企业圈而不建。农民住宅往往是大院子，一户多宅、宅基地面积超标、宅基地闲置现象依然突出，造成宅基地规

模过大。

2. 用地规划落实难，用地布局零乱分散

农民个人建房往往不按规划进行建设，或者规划过大，不注意耕地保护。乡（镇）村企业用地大多各自占用本集体经济组织的土地，无统一规划，布局分散。

3. 土地利用率低，难以做到土地节约集约利用

有些乡镇企业往往设计规模过大，圈大院子。还有的乡镇企业不经过充分论证就盲目上马，使得它上马带有盲目性，下马带有随意性，成了"开关厂"，造成了厂房闲置和土地的荒芜。有些厂虽然建设起来了，但技术力量薄弱，设备简陋，尽管占地不少，但经济效益很难提高。农村居民点建设中，规划过大、宅基地面积超标、一户多宅、闲置现象突出，也造成农村居民点土地集约利用程度不高。应该做好村庄规划，并结合美丽乡村建设，提高农村居民点土地集约利用程度。

4. 管理难度大，违法用地多，查处难

随着乡、镇体制改革，撤乡并镇将原来的几个乡、镇合并为一个镇或街道，原来的行政村同时扩大，大的村有几千农村家庭户，上万的村民，幅员面积大，则给农村集体建设用地的管理增加了难度。目前，由于村民的意识和村干部及土地协管员的待遇、乡镇土地管理部门人员少、无交通工具、业务素质差、经费紧张等问题，导致在农村集体建设用地管理中还存在着一些问题。

农村集体建设用地存在法律意识淡薄，乱占乱建现象较多。一是农村中一些干部、群众的土地法制意识比较淡薄，干部越权批地，群众少批多用，抢占现象严重。同时，由于受传统思想的影响，农民建房要依风水，同时要交通条件好的地方，不按规划，随意选址的现象尤为严重。二是村民不经审批非法占用耕地甚至基本农田建住宅现象严重。三是部分单位部门"以租代征"搞城镇建设现象严重。四是乡（镇）村集体修建农村道路时，没有规划，无序乱建。五是乡（镇）村公益事业用地和公共设施用地不按规定程序审批，往往是先建后批或不批。六是城市周围集体土地上建设出售"小产权房"现象严重。

针对这些情况，在建设用地管理中，要把乡（镇）村建设用地管理放在重要的位置，作为重点来抓，使之做到合理用地、节约用地、依法用地、按计划用地。

六、加强农村集体建设用地管理的措施

农村集体建设用地管理是土地资源管理的重要组成部分。做好农村集体建设用地管理工作，对于保护耕地资源、推进美丽乡村建设、保障经济社会全面协调可持续发展，具有十分重要的意义。

近年来，党中央、国务院连续下发严格土地管理、加强土地调控的政策文件，有力地促进了各地区、各部门贯彻落实科学发展观，坚决执行宏观调控政策。但是，一些地方仍存在违反农村集体建设用地管理的法律和政策规定，将农用地转为建设用地，非法批准建设用地等问题。为严格执行有关农村集体建设用地法律和政策，坚决

遏制并依法纠正乱占农用地进行非农业建设，必须做好以下几个方面。

1. 严格执行土地用途管制制度

土地利用涉及全民族的根本利益，必须服从国家的统一管理。我国人多地少，为保证经济社会可持续发展，必须实行最严格的土地管理制度。土地用途管制制度是最严格土地管理制度的核心。但是，一些地方在土地利用中没有严格执行土地用途管制制度，未经依法批准，擅自将农用地转变为建设用地。《土地管理法》（2019年修正）第四条规定："国家实行土地用途管制制度。……使用土地的单位和个人必须严格按照土地利用总体规划确定的用途使用土地。"违反土地利用总体规划和不依法经过批准改变土地用途都是违法行为。

2. 严格规范使用农民集体所有土地进行建设

按照《土地管理法》（2019年修正）等法律法规的规定，乡镇企业、乡（镇）村公共设施、公益事业、农村村民住宅等乡（镇）村建设，应当按照村庄和集镇规划，合理布局，综合开发，配套建设；建设用地，应当符合乡（镇）土地利用总体规划和土地利用年度计划，并依法办理用地审批手续。建设占用土地，涉及农用地转为建设用地的，应当办理农用地转用审批手续。

土地利用总体规划、城乡规划确定为工业、商业等经营性用途，并经依法登记的集体经营性建设用地，土地所有权人可以通过出让、出租等方式交由单位或者个人使用。通过出让等方式取得的集体经营性建设用地使用权可以转让、互换、出资、赠与或者抵押。集体建设用地的使用者应当严格按照土地利用总体规划、城乡规划确定的用途使用土地。在土地利用总体规划制定前已建的不符合土地利用总体规划确定的用途的建筑物、构筑物，不得重建、扩建。

3. 严格控制农村集体建设用地规模

一些地方借农民集体所有建设用地使用权流转、土地整理折抵和城乡建设用地增减挂钩等名义，擅自扩大建设用地的规模。地方各级人民政府要依据土地利用总体规划和乡（镇）、村规划，对农村集体建设用地实行总量控制。严禁以各种名义，擅自扩大农村集体建设用地规模，以及通过"村改居"等方式，非法将农民集体所有土地转为国有土地。

严格控制农民集体所有建设用地使用权流转范围。土地利用总体规划、城乡规划确定为工业、商业等经营性用途，并经依法登记的集体经营性建设用地，土地所有权人可以通过出让、出租等方式交由单位或者个人使用，非经营性建设用地不允许流转。

依照《土地管理法实施条例》的规定，土地整理新增耕地面积只能折抵用于建设占用耕地的补偿，不得折抵为建设用地指标，扩大建设用地规模。城乡建设用地增减挂钩必须符合土地利用总体规划、城市规划和乡（镇）、村规划，必须确保城乡建设用地总量不增加，农用地和耕地面积不减少。不得以城乡建设用地增减挂钩为名违背农民意愿大拆大建、强制搬迁，侵害农民权益。

4. 严格禁止和严肃查处"以租代征"转用农用地的违法违规行为

近年来，一些地方出现了违反土地利用总体规划和土地利用年度计划，规避农用地转用和土地征收审批，通过出租（承租）、承包等"以租代征"方式非法使用农民集体所有土地进行非农业项目建设的行为。对此，必须严格禁止，并予以严肃查处。土地管理部门要对"以租代征"的违法违规问题进行全面清查，并严格依法依纪处理。严肃追究瞒案不报、压案不查的责任。严肃处理以罚代法、处罚不到位的行为。国家机关工作人员批准"以租代征"占地建设的，要追究其非法批地的法律责任，涉嫌犯罪的要及时移送司法机关依法处理；应给予政纪处分的，依据《行政机关公务员处分条例》等规定办理。单位和个人擅自通过"以租代征"占地建设的，要追究其非法占地的法律责任，涉嫌犯罪的要及时移送司法机关依法处理。对纠正、整改土地违法违规行为不力的地区和土地违法违规行为大量发生、造成严重后果的地区，实行问责制，由国家土地总督察责令限期整改，限期整改期间暂停该地区农用地转用和土地征收审批。

5. 严格土地执法监管

自然资源部要会同发展改革、监察、农业、建设等部门，依据土地管理的法律法规和有关规定，严格土地执法监管，坚决制止乱占农用地进行非农业建设的违法违规行为。各有关部门要依据本部门职责，切实加强监管，形成执法合力。对未取得合法用地手续的建设项目，发展改革部门不得办理项目审批、核准手续，规划部门不得办理建设规划许可，建设部门不得发放施工许可证，电力和市政公用企业不得通电、通水、通气，不动产登记部门不得办理不动产登记手续，金融机构不得发放贷款。未依法办理农用地转用审批手续占用农用地设立企业的，工商部门不得登记。同时，自然资源部要会同有关部门，根据农村经济社会发展变化的新情况，深入研究在依照土地利用总体规划、加强用途管制的前提下，完善对乡镇企业、农民住宅等农村集体建设用地管理和流转的政策措施。

第二节 乡镇企业、乡（镇）村公共设施和公益事业建设用地管理

一、概念

（一）乡镇企业建设用地

乡镇企业建设用地包括乡（镇）、村（或村民小组）两级农业集体经济组织举办的企业，农民集资联办的企业，农民个体企业及农民集体与其他单位和个人联办的企业使用的本集体所有土地。

（二）乡（镇）村公共设施、公益事业建设用地

乡（镇）村公共设施建设用地是指乡（镇）村中为适应公众的物质生活需要而建

设各种设施的用地，如道路、桥梁、供水、排水、电力、通信、公共交通、公共厕所、煤气供应等设施用地。

乡（镇）村公益事业用地是指乡（镇）村中为进行社会活动和公众活动的文化、教育、卫生、医疗、保健及公共利益需要而设置的各种事业用地，如中学、小学、卫生所、幼儿园、敬老院、体育场、商店、电影院及其他用地。

二、用地审批程序及申请材料

（一）用地审批程序

农村集体经济组织使用乡（镇）土地利用总规划划定的建设用地兴办企业或者与其他单位或个人以土地使用权入股、联营等形式共同举办企业的，应当持有关批准文件，向县级以上地方人民政府自然资源主管部门提出申请，按照省、自治区、直辖市规定的批准权限，由县级以上人民政府批准。其中，涉及占用农用地的，应先办理农用地转用审批手续。

乡（镇）村公共设施、公益事业建设需要使用土地的，由乡（镇）人民政府审核，向县级以上地方人民政府自然资源主管部门提出申请，按照省、自治区、直辖市规定的批准权限，由县级以上地方人民政府批准。其中，涉及占用农用地的，应先办理农用地转用审批手续。

（二）用地申请材料

乡镇企业与乡（镇）公共设施、公益事业用地单位向自然资源主管部门提出用地申请时，应提交以下申请材料。

（1）申请人的申请资料，包括申请书、申请人有效证明文件、法定代表人或组织负责人有效身份证明文件、授权委托书及委托代理人的身份证明文件。

（2）规划条件。

（3）项目立项、规划、环境影响评价等有关手续。

（4）用地预审文件。

（5）平面布置图。

（6）勘测定界图。

（7）法律法规规定的其他材料。

三、用地的补偿

（一）乡镇企业建设用地补偿

乡镇企业建设用地补偿费用标准，应参照《土地管理法》中征收集体土地的补偿费用的规定进行补偿。

(二) 乡（镇）村公共设施和公益事业用地的补偿

乡（镇）村公共设施和公益事业用地补偿费用标准，应参照《土地管理法》和各省、自治区、直辖市制定的有关实施办法中的规定，对被占地单位支付土地补偿费、安置补助费及地上附着物和青苗补偿费等。

四、用地的审批权限

乡镇企业和乡（镇）村公共设施和公益事业用地的审批权限由各省、自治区、直辖市人民政府制定审批权限。

第三节 农村宅基地管理

一、农村宅基地的概念

农村宅基地是指农村居民合法使用或依法批准，用于建造住宅（包括附属用房和庭院等）的集体所有土地。农村居民主要包括农村村民、回原籍乡村落户的城镇职工、退伍军人、离退休干部、回乡定居的华侨、港澳台同胞等。

宅基地通常包含主要建筑物（居住用房），附属建筑物、构筑物（如厨房、仓库、厕所、畜禽舍、沼气池等）及房屋周围独家使用的土地。宅基地不包括农民生产晒场用地。农村村民宅基地虽然规模小，但涉及范围比较广，遍及千家万户，是村镇建设用地管理的主要工作之一。

二、使用农村宅基地的要求

（1）农村村民建造住宅必须符合乡（镇）土地利用总体规划，村庄规划。鼓励自然村向中心村，下山移民、脱贫小区集聚；鼓励统建、联建和建造公寓式住宅，控制独立式住宅；尽量使用原有的宅基地和村内空闲地。

严格控制地质灾害易发区内和利用山体切坡建房，确实无法避让的，应治理达到安全要求后方可建造。

（2）严格控制用地规模，人均建设用地指标应当符合有关规定。农村居民一户只能拥有一处宅基地。宅基地的面积不得超过省、自治区、直辖市规定的标准。

（3）合理安排宅基地用地，严格控制新增宅基地占用农用地，不得占用永久基本农田。农村村民建造住宅应当与旧村改造、土地整理、宅基地复垦相结合，充分利用原有的宅基地、村内空闲地和村周边的丘陵坡地，严格控制占用耕地建造住宅，不得在永久基本农田保护区内建造住宅。

（4）农村村民建造住宅（包括新建、扩建、移建、拆建）应当依法办理用地审批手续。涉及占用农用地的应当依法办理农用地转用报批手续；涉及交通、林地、水利等用地的，还应分别取得有关部门的许可或同意。

（5）农村村民宅基地的所有权属于集体，个人只有使用权，未经批准任何人不得擅自转让、出租；农村村民出卖、出租、赠与住宅后，再申请宅基地的，不予批准。实施村镇规划进行旧村、旧城改造需要调整宅基地的，原宅基地使用人应当服从。

三、农村宅基地的审批程序和批准权限

（一）审批宅基地的程序

农村村民建房必须符合有关条件，并且具备建房物质、经济条件，方可按下列程序进行。

（1）用户按规定的用地标准，提出建房设想，向所在的村民委员会提出用地申请，填写农村村民宅基地申请审批表（见本书附录十七）。

（2）村民委员会根据村镇规划，对其用地申请进行全面审核，必要时需提请村民大会讨论通过，通过的在本集体经济组织或村民小组张榜公布。公布期满无异议，报经乡（镇）人民政府审核批准，其中涉及占农用地的，应当办理农用地转用审批手续。

（3）政府批准后，发给用户《建设用地规划许可证》。

（4）宅基地依法批准后，实地丈量批放宅基地，检查现场灰线，核实无误后，方可动工建设。

（5）村民住宅建成后，实地检查是否按照批准的面积和要求使用土地。

（6）办现宅基地登记发证手续。

农村宅基地申请报批程序示意图，如图 8-1 所示。

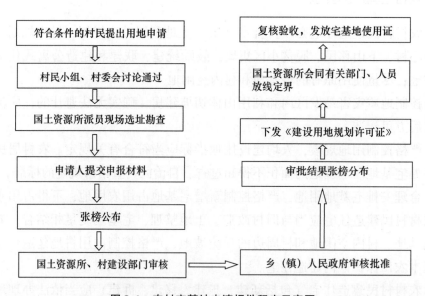

图 8-1　农村宅基地申请报批程序示意图

(二) 审批宅基地的权限

农村村民住宅用地,由乡(镇)人民政府审核批准。其中,涉及占用农用地的,依照《土地管理法》(2019年修正)第四十四条的规定办理农用地转用审批手续。

四、农村宅基地的审查

随着农村人民生活水平地不断提高,农民普遍要求改善居住条件,因此,加强村民建房建设用地管理就显得特别重要。

农村宅基地的审查可以从以下几个方面进行。

(一) 申请宅基地条件的审查

农村村民申请宅基地必须符合下列情况之一:① 因结婚等原因,确需建新房分户的;② 原住宅影响村镇规划需要搬迁的;③ 经县级以上人民政府批准回原籍落户,农村确无住房的;④ 县级以上人民政府规定的其他条件。

有下列情况之一的,不得批准使用宅基地。

(1) 出卖、出租或者以其他形式非法转让房屋的。

村民因住房出卖、出租或以其他形式非法转让房屋的,即使宅基地面积达不到标准,或者没有宅基地,申请宅基地,也不予批准。

(2) 一户有一处或一处以上住宅的。

《土地管理法》(2019年修正)明确规定,农村村民一户只能拥有一处宅基地。对于农村村民一户有两处以上宅基地的,应分不同情况进行处理。对于因房产继承等原因形成的多处宅基地,原则上不做处理,村民可以以出卖方式进行处理,但只能出卖给宅基地面积达不到标准的本村村民;也可以维持原状,但房屋不得翻建,房屋损坏不能利用的,应退出多余的宅基地。因其他原因造成的一户多宅,可以由村民委员会或农村集体经济组织将多余的宅基地依法收回,统一安排使用,有地上附着物的,应当给予补偿,补偿标准由村民会议确定;也可以实行有偿使用,缴纳宅基地超标使用费,但房屋损坏不能利用的,不准翻建,必须退出多余的宅基地。对收回和退出的宅基地,应当依法办理集体土地使用权注销登记手续。

(3) 户口已迁出,不在当地居住的。

(4) 户口已合法迁入,但原籍宅基地未退还集体的。

(5) 其他按规定不应建房和安排宅基地用地的。

(二) 宅基地面积标准的审查

我国地域辽阔,自然条件差别较大,生活习惯各有不同。因为山区、丘陵、平原、牧区、城郊集镇等情况不同,所以各地宅基地面积标准也就不会完全一致。

省、自治区、直辖市人民政府应当根据本行政区域的情况制定本行政区域的宅基地面积标准。

县级人民政府可以根据本地具体情况，在省级人民政府规定的限额内制定本行政区域内的宅基地面积标准。宅基地的面积不得超过省、自治区、直辖市规定的标准。

（三）建房用地方向的审查

（1）审查村内有无空闲地可利用，能否利用劣等地。

（2）审查村内建筑布局是否合理，可否调整。

（3）审查村内道路是否过宽。

（4）审查可否建成楼房或联户建设。

五、加强农村宅基地管理的措施

强化农村宅基地规范管理，是事关农业发展、农村社会稳定、农民脱贫致富的重要工作，对于统筹城乡发展，促进节约集约用地，维护农民的合法权益，推进社会主义新农村建设，保持农村社会稳定和经济可持续发展具有重要意义。为做好农村村民宅基地管理，自然资源部先后出下发了《关于加强农村宅基地管理的意见》（国土资发〔2004〕234号）、《关于进一步完善农村宅基地管理制度切实维护农民权益的通知》（国土资发〔2010〕28号）等文件，先后从加强规划计划控制引导、严格标准和规范、落实节约用地制度、加强监管等方面进行宅基地管理。

按照2018年国务院机构改革和2019年修订的《土地管理法》规定，农业农村部门负责宅基地改革和管理有关工作，为切实加强农村宅基地管理，农业农村部下发了《关于进一步加强农村宅基地管理的通知》，对农村宅基地管理进一步进行规范。

（一）切实履行部门职责

农村宅基地管理和改革是党和国家赋予农业农村部门的重要职责，具体承担指导宅基地分配、使用、流转、纠纷仲裁管理和宅基地合理布局、用地标准、违法用地查处，指导闲置宅基地和闲置农房利用等工作。各级农业农村部门要充分认识加强宅基地管理工作的重要意义，在党委政府的统一领导下，主动担当，做好工作衔接，健全机构队伍，落实保障条件，系统谋划工作，创新方式方法，全面履职尽责，保持工作的连续性、稳定性，防止出现弱化宅基地管理的情况。要主动加强与自然资源、住房城乡建设等部门的沟通协调，落实宅基地用地指标，建立国土空间规划、村庄规划、宅基地确权登记颁证、农房建设等资源信息共享机制，做好宅基地审批管理与农房建设、不动产登记等工作的有序衔接。

（二）依法落实基层政府属地责任

建立部省指导、市县主导、乡镇主责、村级主体的宅基地管理机制。宅基地管理工作的重心在基层，县乡政府承担属地责任，农业农村部门负责行业管理，具体工作由农村经营管理部门承担。

按照《土地管理法》（2019年修正）规定，农村村民住宅用地由乡镇政府审核批准。乡镇政府要因地制宜探索建立宅基地统一管理机制，依托基层农村经营管理部门，统筹协调相关部门宅基地用地审查、乡村建设规划许可、农房建设监管等职责，推行一个窗口对外受理、多部门内部联动运行，建立宅基地和农房乡镇联审联办制度，为农民群众提供便捷高效的服务。要加强对宅基地申请、审批、使用的全程监管，落实宅基地申请审查到场、批准后丈量批放到场、住宅建成后核查到场等"三到场"要求。要开展农村宅基地动态巡查，及时发现和处置涉及宅基地的各类违法行为，防止产生新的违法违规占地现象。要指导村级组织完善宅基地民主管理程序，探索设立村级宅基地协管员。

（三）严格落实"一户一宅"规定

农村村民一户只能拥有一处宅基地，面积不得超过本省、自治区、直辖市规定的标准。农村村民应严格按照批准面积和建房标准建设住宅，禁止未批先建、超面积占用宅基地。经批准易地建造住宅的，应严格按照"建新拆旧"要求，将原宅基地交还村集体。农村村民出卖、出租、赠与住宅后，再申请宅基地的，不予批准。对历史形成的宅基地面积超标和"一户多宅"等问题，要按照有关政策规定分类进行认定和处置。人均土地少、不能保障一户拥有一处宅基地的地区，县级人民政府在充分尊重农民意愿的基础上，可以采取措施，按照省、自治区、直辖市规定的标准保障农村村民实现户有所居。

（四）鼓励节约集约利用宅基地

严格落实土地用途管制，农村村民建住宅应当符合乡（镇）土地利用总体规划、村庄规划。合理安排宅基地用地，严格控制新增宅基地占用农用地，不得占用永久基本农田；涉及占用农用地的，应当依法先行办理农用地转用手续。城镇建设用地规模范围外的村庄，要通过优先安排新增建设用地计划指标、村庄整治、废旧宅基地腾退等多种方式，增加宅基地空间，满足符合宅基地分配条件农户的建房需求。城镇建设用地规模范围内，可以通过建设农民公寓、农民住宅小区等方式，满足农民居住需要。

（五）鼓励盘活利用闲置宅基地和闲置住宅

鼓励村集体和农民盘活利用闲置宅基地和闲置住宅，通过自主经营、合作经营、委托经营等方式，依法依规发展农家乐、民宿、乡村旅游等。在尊重农民意愿并符合规划的前提下，鼓励村集体积极稳妥开展闲置宅基地整治，整治出的土地优先用于满足农民新增宅基地需求、村庄建设和乡村产业发展。闲置宅基地盘活利用产生的土地增值收益要全部用于农业农村。在征得宅基地所有权人同意的前提下，鼓励农村村民在本集体经济组织内部向符合宅基地申请条件的农户转让宅基地。各地可探索通过制定宅基地转让示范合同等方式，引导规范转让行为。转让合同生效后，应及时办理宅基地使用权变更手续。对进城落户的农村村民，各地可以多渠道筹集资金，探索通过多种方式鼓励其自愿有偿退出宅基地。

（六）依法保护农民合法权益

要充分保障宅基地农户资格权和农民房屋财产权。不得以各种名义违背农民意愿强制流转宅基地和强迫农民"上楼"，不得违法收回农户合法取得的宅基地，不得以退出宅基地作为农民进城落户的条件。严格控制整村撤并，规范实施程序，加强监督管理。宅基地是农村村民的基本居住保障，严禁城镇居民到农村购买宅基地，严禁下乡利用农村宅基地建设别墅大院和私人会馆。严禁借流转之名违法违规圈占、买卖宅基地。

（七）做好宅基地基础工作

各级农业农村部门要结合国土调查、宅基地使用权确权登记颁证等工作，推动建立农村宅基地统计调查制度，组织开展宅基地和农房利用现状调查，全面摸清宅基地规模、布局和利用情况。逐步建立宅基地基础信息数据库和管理信息系统，推进宅基地申请、审批、流转、退出、违法用地查处等的信息化管理。要加强调查研究，及时研究解决宅基地管理和改革过程中出现的新情况新问题，注意总结基层和农民群众创造的好经验好做法，落实新修订的土地管理法规定，及时修订完善各地宅基地管理办法。要加强组织领导，强化自身建设，加大法律政策培训力度，以工作促体系建队伍，切实做好宅基地管理工作。

六、农村宅基地制度改革

探索农村宅基地管理新模式，建立农村宅基地管理新机制对建设美丽乡村、促进土地节约集约、促进乡村振兴，具有十分重要意义。

党的十八届三中全会对农村土地征收、集体经营性建设用地入市、宅基地制度改革做出重要部署。2014年12月，中央全面深化改革领导小组第七次会议和中央政治局常委会会议，审议通过《关于农村土地征收、集体经营性建设用地入市、宅基地制度改革试点工作的意见》。2015年2月27日，十二届全国人大常委会第十三次会议审议通过《关于授权国务院在北京市大兴区等三十三个试点县（市、区）行政区域暂时调整实施有关法律规定的决定》，授权在试点地区在2017年12月31日前，暂时调整实施《土地管理法》《城市房地产管理法》)有关法律规定。2015年3月23日至25日，原自然资源部召开试点工作部署暨培训会议，正式启动农村土地征收、集体经营性建设用地入市、宅基地制度改革试点（以下简称农村土地制度改革三项试点）

工作。2015年6月，原自然资源部会同中央农办、发展改革委、财政部、原农业部等相关部门，研究批复试点地区实施方案，确定了集体经营性建设用地入市和宅基地制度改革试点各15个，土地征收制度改革试点3个。2017年11月，宅基地制度改革拓展到全部33个试点县（市、区）。2017年11月4日，十二届全国人大常委会第三十次会议决定，授权在试点地区暂时调整实施有关法律规定的期限延长至2018年12月31日。

为做好农村土地制度改革试点工作，原自然资源部研究制定了《农村土地征收、集体经营性建设用地入市和宅基地制度改革试点实施细则》；印发了《关于深化统筹农村土地制度改革三项试点工作的通知》，落实中央对试点工作的新部署；财政部等有关部门出台《农村集体经营性建设用地入市土地增值收益调节金征收使用管理办法》等配套制度，完善试点配套政策。

十九大提出实施乡村振兴战略，明确提出了深化农村土地制度的任务。随后，2018年中央一号文件根据十九大精神，做出了探索宅基地所有权、资格权、使用权"三权分置"的改革部署，要求落实宅基地集体所有权，保障宅基地农户资格权和农民房屋财产权，适度放活宅基地和农民房屋使用权。

2019年8月26日第十三届全国人民代表大会常务委员会第十二次会议通过了关于修改《中华人民共和国土地管理法》的决定，修订的《土地管理法》（2019年修正）完善了农村宅基地制度，在原来一户一宅的基础上，增加宅基地户有所居的规定，明确规定：人均土地少、不能保障一户拥有一处宅基地的地区，县级人民政府在充分尊重农民意愿的基础上可以采取措施，按照省、自治区、直辖市规定的标准保障农村村民实现户有所居。这是对一户一宅制度的重大补充和完善。考虑到农民变成城市居民真正完成城市化是一个漫长的历史过程，《土地管理法》（2019年修正）规定：国家允许进城落户的农村村民自愿有偿退出宅基地，鼓励农村集体经济组织及其成员盘活利用闲置宅基地和闲置住宅。这一规定意味着地方政府不得违背农民意愿强迫农民退出宅基地。同时，在总结试点经验的基础上，下放宅基地审批权限，明确农村村民住宅建设由乡镇人民政府审批。

第四节　农村集体经营性建设用地流转管理

农村集体建设用地作为主要的生产要素，一直是我国城乡各种经济活动的载体，但集体建设用地流转受到法律的严格限制。1998年修改的《土地管理法》明确肯定了符合土地利用总体规划并依法取得建设用地的企业，因破产、兼并等情形致使土地使用权依法发生转移。

随着社会经济的发展，特别是市场经济的发展，集体建设用地流转活动已相当普遍，流转主体和形式也日趋多样，集体建设用地流转已成为一个必须承认的客观现实，若不引起高度重视，必将冲击我国现行的土地利用制度，进而影响经济社会的持续、协调、健康发展。

农村土地流转涉及面广，政策性强，关系到广大农民群众的切身利益和农村改革、发展、稳定的大局。近年来，全国各地集体土地流转普遍存在，但在大部分地区，集体土地呈现自发、无序地流转，虽然部分地方相继出台了一些流转管理措施和办法，但因政策、标准和程序不同，缺少可共同遵循的、符合市场规律的章法，使得农村集体建设用地入市流转游离于规范管理之外。因此，急需建立健全农村土地流转市场管理体制来规范土地流转。

一、农村集体经营性建设用地流转的概念

农村集体经营性建设用地，是指具有生产经营性质的农村建设用地，包括农村集体经济组织使用乡（镇）土地利用总体规划确定的建设用地兴办企业或者与其他单位和个人以土地使用权入股、联营等形式共同举办企业、商业所使用的农村集体建设用地。

农村集体经营性建设用地流转，是指集体建设用地在符合规划和用途管制前提下，允许农村集体经营性建设用地出让、租赁、入股，实行与国有土地同等入市流转、同权同价。是指经依法批准的农村集体经营性建设用地因为出让、租赁、作价出资（入股）、合作或联营、转让、出租、抵押等原因引起的土地使用权权属的转移、实际使用者的变更或担保设立的行为。

二、农村集体经营性建设用地入市试点情况

2013年11月，中共十八届三中全会审议通过了《中共中央关于全面深化改革若干重大问题的决定》，指出了要建立城乡统一的建设用地市场。在符合规划和用途管制前提下，允许农村集体经营性建设用地出让、租赁、入股，实行与国有土地同等入市、同权同价。

2014年12月，中央全面深化改革领导小组第七次会议审议了《关于农村土地征收、集体经营性建设用地入市、宅基地制度改革试点工作的意见》。会议指出，坚持土地公有制性质不改变、耕地红线不突破、农民利益不受损三条底线，在试点基础上有序推进。

2015年1月，中共中央办公厅和国务院办公厅联合印发了《关于农村土地征收、集体经营性建设用地入市、宅基地制度改革试点工作的意见》。

全国人大常委会于2015年2月27日发布了《全国人大常委会关于授权国务院在北京市大兴区等三十三个试点县（市、区）行政区域暂时调整实施有关法律规定的决定》，授权国务院在北京市大兴区等三十三个试点县（市、区）行政区域，暂时调整实施《土地管理法》《城市房地产管理法》关于农村土地征收、集体经营性建设用地入市、宅基地管理制度的有关规定。上述调整在2017年12月31日前试行。2017年11月4日，十二届全国人大常委会第三十次会议决定，授权在试点地区暂时调整实施

有关法律规定的期限延长至 2018 年 12 月 31 日。

三、农村集体经营性建设用地流转的规定

2019 年修订的《土地管理法》规定依法登记的集体经营性建设用地土地所有权人可以通过出让、出租等方式交由单位或者个人使用，破除了集体经营性建设用地进入市场的法律障碍，为集体土地与国有土地"同地同权"，纳入统一的建设用地市场打下了制度性基础。

1. 流转范围

近年来，为规范集体经营性建设用地流转，各级政府主管部门也制定了一些规范性文件，如《自然资源部关于促进农业稳定发展农民持续增收推动城乡统筹发展的若干意见》（国土资发〔2009〕27号）规定，除宅基地、集体公益事业建设用地，凡符合土地利用总体规划、依法取得、并已经确权为经营性的集体建设用地，可采用出让、转让等多种方式有偿使用和流转。《土地管理法》（2019年修正）六十三条规定：土地利用总体规划、城乡规划确定为工业、商业等经营性用途，并经依法登记的集体经营性建设用地，土地所有权人可以通过出让、出租等方式交由单位或者个人使用。

2. 流转的条件

（1）流转的集体经营性建设用地必须符合规划。土地利用总体规划、城乡规划确定为工业、商业等经营性用途的集体建设用地方可流转。

（2）流转的集体经营性建设用地必须经过依法登记。经依法批准使用的，土地权属关系合法，界址清楚，没有权属纠纷。

（3）符合土地用途管制制度的要求，入市流转的集体经营性建设用地在每年的土地利用年度计划中要作出安排。

（4）集体经营性建设用地出让、出租等，应当经本集体经济组织成员的村民会议三分之二以上成员或者三分之二以上村民代表的同意。

（5）集体经营性用地使用权流转后的用途必须符合土地利用总体规划和村镇规划，在城市规划区内的必须符合城市规划。

（6）集体经营性建设用地使用权流转后，具体建设项目必须符合国家有关产业政策，严禁使用集体建设用地用于房地产开发和住宅建设。

（7）有偿取得的集体建设用地使用权再次流转，按照集体建设用地有偿使用合同约定投入开发建设的资金达到工程建设总投资的 25% 以上；拨用取得的集体建设用地再次流转，应当重新签订集体建设用地有偿使用合同，补缴土地有偿使用费。

3. 流转的形式

农村集体经营性建设用地流转形式主要有出让、出租、作价出资（入股）、合作或联营和转让、互换、出资、赠与、抵押等。通过以出让、出租、作价出资或入股、合作或联营方式依法取得的集体建设用地使用权的土地使用人，完成流转协议约定的

条件后，在使用年期内，可以依法将余期土地使用权流转。

4. 流转的年限

关于集体经营性建设用地流转的年期，试点各地有不同规定，有的3～5年，有的10～15年，但多是出于限制目的。既然允许集体建设用地流转，并作为一种规范的用地方式，就应当考虑到取得土地使用权的开发建设和长期利用，不宜限制过短的期限，同时也应与国有土地流转期限相衔接，因此，首次流转的最高期限，应参照国有土地出让的最高年限确定，即工业用地不超过50年，商业用地不超过40年，综合用地不超过50年等；再次流转的期限为剩余土地使用权年限。

《土地管理法》（2019年修正）六十三条规定：集体经营性建设用地的出租，集体建设用地使用权的出让及其最高年限、转让、互换、出资、赠与、抵押等，参照同类用途的国有建设用地执行。具体办法由国务院制定。

5. 流转的程序

集体建设用地首次流转程序应为：申请流转→批准流转申请→价格评估、确定底价→发布交易信息→接受竞买申请→竞买资格审查→组织招拍挂→流转双方签订《成交确认书》→签订《集体建设用地使用权流转合同》→缴纳成交地价款→办理土地登记→公布集体建设用地使用权流转结果。

集体建设用地再次流转程序应为：委托申请→形式审查→信息发布→征集意向受让方→组织交易→签订《集体建设用地使用权转让合同》→缴纳成交地价款→办理变更土地登记。

四、规范农村集体经营性建设用地流转的措施

针对集体建设用地流转存在的问题，提出规范集体建设用地流转的措施，从而保证集体建设用地合法、有序流转。

1. 完善集体建设用地流转的法律法规

国家要完善集体建设用地流转相关的法律、行政规章，明确集体土地所有权的主体及权能，允许集体建设用地使用权依法流转。同时，对农民集体建设用地流转的范围、条件、形式、期限、程序和收益分配等问题，应做出明确的规定。

2. 做好集体建设用地流转计划、规划

集体建设用地使用权流转必须符合乡(镇)土地利用总体规划、城市建设规划、村镇建设规划、乡(镇)土地利用年度计划。村镇建设规划必须坚持集约用地和保护耕地的原则，城镇建设规划中建设用地规模不得超过土地利用总体规划确定的村镇建设用地规模。乡(镇)土地利用年度计划由市人民政府统一掌握、优先安排，但建设用地总量原则上不得突破土地利用年度计划。如确需调整土地利用年度计划的，必须报市人民政府审批。

3. 做好集体建设用地流转地价评估及管理工作

土地作为特殊商品进入市场就是产权在经济上的实现，因此，确定集体建设用地

使用权流转价格非常关键。确定集体建设用地的地价，应实行国有、集体建设用地同质同价的原则。应建立完善的集体土地基准地价体系及相应的集体建设用地地价评估体系，建立最低保护价制度、价格申报与公示制度，加强流转价格动态监测。

4. 建立和完善集体建设用地流转管理制度

规范集体建设用地流转，必须建立完善的集体建设用地流转登记制度、流转合同管理制度、流转纠纷调处制度、流转动态监测与监管制度、流转价格评估与管理制度、集体建设用地流转交易机制。

1. 农村集体建设用地的概念。
2. 农村集体建设用地使用权取得的方式。
3. 农村集体建设用地使用权收回的情况。
4. 乡镇企业、乡（镇）公共设施和公益事业建设用地的审批程序及补偿。
5. 农村宅基地的使用要求、审批程序。
6. 农村宅基地管理的措施。
7. 农村集体经营性建设用地流转的概念、相关规定及规范措施。

农村集体建设用地　乡镇企业用地　乡(镇)公益事业用地
乡(镇)公共设施用地　农村宅基地　农村集体经营性建设用地流转

 实务操作

A县B乡（镇）某某村村民张某因儿子张某某年满18周岁，需分户，向村委会提出宅基地申请，请列出张某进行农村宅基地申请审批的具体程序及所需的审批材料，填写宅基地申请表。

复习思考题

1. 什么是农村集体建设用地？
2. 使用农村集体建设用地的原则有哪些？

3. 哪些情况下经批准可以收回农村集体建设用地使用权？
4. 使用农村宅基地的条件有哪些？
5. 简述农村宅基地的审批程序和审批权限。
6. 如何审查农村宅基地？
7. 简述加强农村宅基地管理的措施。
8. 集体经营性建设用地能否流转？如何规范集体经营性建设用地流转？

第八章 强化练习题

第九章 城乡建设用地节约集约用地管理

第一节 城乡建设用地节约集约用地概述

一、建设用地节约集约用地制度概述

(一) 建设用地节约集约利用面临的严峻挑战

1. 土地投入产出效益低

以单位土地承载 GDP 比较,我国国土空间利用效率低。若以每平方公里的土地上承载的 GDP 表示国土经济密度:中国与美国的陆地疆域面积相当,2012 年中国经济总量和国土经济密度是美国的 1/5~1/4。韩国国土面积为 9.9 万平方公里,与江苏、浙江面积相当,但国土经济密度高于江苏 2.8 倍、高于浙江 4 倍。我国与经济发达的小国相比,国土经济密度的差距更大。

2. 用地布局不合理,区域间用地水平差异大

我国区域经济发展差距较大,从经济发展上来看,一般规律是东部沿海省份好于中部省份,中部省份又好于西部内陆及边疆地区。2017 年,中国大陆各省经济仍然是东强西弱,南强北弱。GDP 总量排在前十的经济大省中,东南省份占了四席:广东、江苏、浙江和福建;中部占两席:河南和湖北;西部四川排名第六;北部仅河北入围。而且,东南第一大省广东是四川和河北的 2.4~2.5 倍。从大陆各省人均 GDP 来看,前三名分别为北京 12.9 万元、上海 12.5 万元和天津 11.9 万元;人均 GDP 最少的三个省分别是:甘肃 2.9 万、云南 3.5 万和贵州 3.8 万元。从地均 GDP 来看,上海、北京、天津、广东、浙江、福建、江苏、重庆、山东、陕西排名前十,前十名中,西部地区仅占两席。

3. 城乡建设用地空间布局不合理

特大城市、大城市呈现以主城区为主、"摊大饼"方式向外蔓延发展,城市土地利用布局严重不合理,城市环境、城市生态、城市交通逐步退化,呈现严重的"大城市病"。城市内部土地利用不合理,铺张浪费和过度密集并存,老城区过度拥挤,密

度大，容积率低。新城区贪大求洋，开发区铺张浪费。

集镇和村庄用地布局散乱，用途与功能配置不合理，生产、生活功能配套缺失，用地低效、闲置普遍，效率低下。

4. 城乡建设用地利用水平和结构不合理

城乡之间存在明显的用地效率落差，并呈扩大趋势。受部门分割和行业垄断的影响，交通、能源、信息、给排水等各个子系统建设之间缺乏一体化的协调机制，造成基础设施难以充分发挥系统整体效应，还导致用地布局不合理形成土地资源浪费；受行政区划的限制，基础设施的规划、建设和管理缺乏一体化的协调机制，共享性较差，并存在重复建设，直接体现为基础设施用地占建设用地比例偏高。现行基础设施建设对经济社会发展缺乏长期、准确的预测和规划考虑，煤、油、矿、水等资源产地与加工消费地分离，需要长距离、大运量运送与城镇体系和经济空间布局不完全匹配；人流出行、物流运送交通混行、管理水平低下，从而降低了基础设施的整体运营效能，客观上表现为基础设施能力不足，引发了重复建设，造成了用地集约水平不高问题。

5. 建设用地增长，整体用地效率较低

《中国统计年鉴》的数据显示，2007年全国建设用地总面积为3 272.00万公顷，2017年全国建设用地总面积为3 957.41万公顷，十年建设用地总面积增加了685.41万公顷。

从经济增长和用地变动状况看，在1996—2000年和2000—2004年两个时段内：全国国内生产总值每增长1%，需要净增城乡用地各为146 km^{2}和189 km^2；全国第二、第三产业增加值每增长1%，需要净增城乡用地各为160 km^{2}和227 km^2；全国财政收入每增长1%，需要净增城乡用地各为90 km^{2}和128 km^2。

6. 建设用地规模较大，低效、闲置的存量土地量大面广

根据《中国统计年鉴》及《中国城市建设统计年鉴》的数据显示：中国城市建设用地面积从2008年的3.91万km^{2}扩增至2017年的5.52万km^2，十年面积增长了近一倍，呈现明显扩张态势。同时，人均城市建设用地也居高不下。数据显示，2017年中国城市人均建设面积为134.61 m^2，大大超出规划人均城市建设用地指标应在85.1～105.0 m^2/人的国家标准，也明显高于发达国家人均84.4 m^{2}和其他发展中国家人均83.3 m^{2}的水平。

我国闲置土地尤其是城镇闲置土地规模大、分布广。据自然资源部节约集约用地专项督察结果，全国2009—2013年已供应的建设用地中，存在闲置土地13718宗，面积达105.27万亩。2018年4月自然资源部发布的《自然资源部关于2017年国家土地督察工作情况的公告》显示，2016年至2017年在山东、河南发现闲置和低效用地87.06万亩，国家土地督察机构2017年督察新发现闲置住宅用地3148宗，23.8万亩。

7. 农村居民点用地效率低，集约潜力大

改革开放以来，农村居住条件得到了很大改善。由于长期规划滞后，自然村布局零星分散，功能布局混乱，居民点以分散式或独立式为主。旧宅基地占地多，一户多宅、空关房、"空心村"现象普遍存在。农村居民点废弃空闲地较多，村庄中猪舍、牛棚、粪缸、废弃晒场等占地面积过大，实际居住用地比例较低。

农村人口向城市大量转移过程中，理应伴随的农村居民点用地减少现象并没出现。农村人口不断减少的同时，我国的农村居民点用地却出现了上升势头。2009—2015年，全国农村居民点用地面积呈线性增长趋势，从2009年1847.28万公顷增长到2015年1911.58万公顷，总计增加64.30万公顷。建设用地节约集约利用除了充分利用和盘活城镇闲置土地外，更大空间是在农村居民点用地上。

(二) 土地节约集约用地制度实施的背景及意义

我国人多地少，耕地资源稀缺，当前又正处于工业化、城镇化快速发展时期，建设用地供需矛盾十分突出。切实保护耕地，大力促进节约集约用地，走出一条建设占地少、利用效率高的符合我国国情的土地利用新路子，是关系民族生存根基和国家长远利益的大计，是全面贯彻落实科学发展观的具体要求，是我国必须长期坚持的一条根本方针。

党中央、国务院高度重视节约集约用地，将资源节约确定为基本国策和优先战略。中共十八届三中全会《中共中央关于全面深化改革若干重大问题的决定》强调要健全能源、水、土地节约集约使用制度。中央城镇化工作会议上，习近平总书记对城镇建设节约集约利用土地问题做了重要阐述，提出要按照严守底线、调整结构、深化改革的思路，严控增量，盘活存量，优化结构，提升效率。在中央农村工作会议上，李克强总理指出，在城乡建设上要节约集约用地，尽量少占或不占良田。

近年来，我们着力规范土地资源利用行为，不断完善土地节约集约利用的制度和政策。然而，我国土地资源粗放利用的现状还没有根本转变。单位国内生产总值地耗不仅高于发达国家而且高于一些新兴经济体国家，一些地方城镇建设用地规模扩张过快，城镇建成区人口密度大幅下降，脱离了人多地少的基本国情。

面对日益严重的粗放浪费土地的现象，自然资源部坚决贯彻中央的决策部署，2014年全国国土资源工作会议提出了节约集约利用国土资源是我们保障科学发展的核心任务，必须坚持最严格的节约用地制度，节约集约用好土地，确保新型城镇化和新农村建设健康发展。为从更大范围、更宽领域和更深层次推进节约集约用地，以土地利用方式转变促进经济发展方式转变，保证新型城镇化和新农村建设健康发展，有必要制定专门规章，从用地的各个环节进一步加以规范，促进土地节约集约利用。

鉴于各地方在节约集约用地方面进行了大量积极尝试，如北京市推进开发区工业用地节约集约利用、广东省开展"节约集约用地示范省建设"、浙江省开展"亩产倍增行动计划"及江苏南京在推进产业用地节约集约利用等方面都积累了宝贵的经验。《节约集约利用土地规定》起草过程中,以党中央、国务院重要指示精神为基础,充分吸收了地方成功做法和经验,与现行法律法规相衔接,将现有制度规范提升为法律制度,使节约集约用地迈上法制轨道。

党中央、国务院高度重视节约集约用地工作,明确提出要建立健全严格的节约集约用地制度,并将资源节约确定为基本国策和优先战略,多次对实行严格的节约用地制度提出明确要求。节约集约用地制度是我国土地管理制度中的一项基础性制度,是保障和促进经济社会科学发展的战略举措。积极推进节约集约用地制度建设和实施,是健全最严格的土地管理制度的重要组成部分;是完善节约集约用地法制、体制、机制的重要工作任务;是促进转变土地利用方式和经济发展方式,全面落实节约优先战略的重要着力点;是落实最严格的耕地保护制度的重大举措;是提升土地资源对经济社会发展的承载能力和利用效益,破解"两难"问题,促进城乡建设用地合理布局和节约集约利用,保障和促进经济社会可持续发展的重要途径。各级自然资源主管部门要把思想认识统一到党中央、国务院的决策部署上来,要从国家战略和为子孙后代负责的高度,把加快推进节约集约用地制度建设和实施作为当前必须做好的一项重要工作任务,切实增强使命感和紧迫感,加快建设体系完备、措施有力、切实可行的节约集约用地制度。

(三) 建设用地节约集约用地制度建设的标志性文件

建设用地节约集约用地制度建设的 5 个标志性文件如下。

(1)《国务院关于促进节约集约用地的通知》(国发〔2008〕3 号)。

(2)《自然资源部关于大力推进节约集约用地制度建设的意见》(国土资发〔2012〕47 号)。

(3)《自然资源部关于严格执行土地使用标准大力促进节约集约用地的通知》(国土资发〔2012〕132 号)。

(4)《节约集约利用土地规定》(自然资源部令第 61 号)。

(5)《自然资源部关于推进土地节约集约利用的指导意见》(国土资发〔2014〕119 号)。

二、建设用地节约集约利用的概念

所谓节约集约用地,是相对于浪费和粗放用地而言的。它主要包括三层含义:一是节约用地,就是各项建设都要尽量节省用地,千方百计地不占或少占耕地;二是集约用地,每宗建设用地必须提高投入产出的强度,提高土地利用的集约化程度;三是通过整合置换和储备,合理安排土地投放的数量和节奏,改善建设用地结构、布局,挖掘用地潜力,提高土地配置和利用效率。

节约集约利用土地是指通过规模引导、布局优化、标准控制、市场配置、盘活利用等手段，达到节约土地、减量用地、提升用地强度、促进低效废弃地再利用、优化土地利用结构和布局、提高土地利用效率的各项行为与活动。

建设用地节约集约利用是指在符合有关法规、政策、规划的前提下，通过降低建设用地消耗、增加对土地的投入，不断提高土地的利用效率和经济效益的一种开发经营模式。

三、建设用地节约集约用地制度的基本内容

要按照"规划管控、计划调节、标准控制、市场配置、政策鼓励、监测监管、考核评价、共同责任"的框架体系，重点建立健全以下 8 项节约集约用地制度。

1. 土地利用总体规划管控制度

实行建设用地总量控制，科学确定各类建设用地总量，落实土地利用总体规划确定的建设用地规模、布局、结构和时序安排；实行以人均建设用地为基本标准的城镇工矿用地规模控制，按照土地利用总体规划确定的人均建设用地标准从严控制规划期内城镇工矿用地；实行农村建设用地规模控制，提高农村土地利用效率，确保农村现有建设用地总量不增加；实行建设用地布局和结构控制，以土地利用总体规划统筹各区域、各行业发展用地，强化产业发展、城乡建设、基础设施布局、生态环境建设等相关规划与土地利用总体规划的衔接；实行耕地和基本农田总量及空间（布局）控制，依据土地利用总体规划划定基本农田保护区并实行永久保护；实行建设用地功能区控制和空间管制，按照土地利用总体规划划定城乡建设用地规模边界、扩展边界和禁止建设边界，划定允许建设区、有条件建设区、限制建设区和禁止建设区，落实建设用地管制边界和管制区域；实行土地利用总体规划自上向下逐级控制，下一级规划不得突破上一级规划确定的约束性指标和分区管制规定；实行土地利用总体规划成果公告和调整评估制度，规划编制要扩大公众参与，规划一经批准应依法予以公告；调整规划的，必须就调整的必要性和合理性等进行评估，依法组织听证和专家论证，并向社会公示。

2. 土地利用计划调节制度

加强和改进土地利用年度计划管理，严格控制新增建设用地总量和新增建设用地占用耕地的数量，降低经济发展对土地资源的过度消耗；实行差别化的计划区域调节政策，依据国家区域发展战略，从严控制东部发达地区新增建设占用耕地计划指标，合理安排中部地区和东北地区新增建设用地计划指标，适当增加西部欠发达地区未利用地计划指标；实行有保有控的产业用地政策，优先安排保障性住房和农民住房、环保、医疗卫生和现代服务业用地，合理安排重点能源、交通、水利等基础设施项目用地，支持战略性新兴产业和高技术、高附加值、低消耗、低排放的新产业、新工艺、新产品项目用地；统筹安排城乡建设用地增减挂钩、围填海用地和盘活存量建设用地；鼓励符合条件的地区开展工矿废弃地复垦调整利用和低丘缓坡

荒滩等未利用地开发利用。

3. 建设用地使用标准控制制度

实行建设项目用地准入标准，修订和实施限制禁止用地目录，控制资源消耗高、环境危害大、产能过剩、土地利用强度低、投入产出效益差的项目用地；实行城乡统一的建设用地指标控制，完善科学可行的建设用地标准体系，修订和实施工程建设项目用地指标，合理确定城镇规划区范围以外的农村宅基地和宅基地建筑占地最高控制面积，控制建设项目用地规模，逐步形成覆盖城乡、覆盖各类产（行）业的建设用地使用标准体系；实行工业项目建设用地指标控制，适时修订工业项目建设用地控制指标，明确工业项目投资强度、容积率、建筑系数、绿地率、非生产设施占地比例等控制性指标要求，实现工业用地节约集约和优化配置；探索建立经营性建设项目投资和产出标准体系，综合评定土地利用效率和效益。

4. 土地资源市场配置制度

实行土地资源市场配置，完善国有土地出让、租赁、作价入股等配置方式；实行经营性基础设施用地有偿使用，缩小划拨供地范围；坚持和完善国有土地招标拍卖挂牌出让制度，依据规划确定用途，通过市场竞争确定土地价格和用地者；加快推进经营性集体建设用地使用制度改革，城镇建设用地范围外依法取得的集体经营性建设用地使用权，可按有关规定采取公开规范的方式转让，与国有土地享有平等权益；鼓励集体土地使用权人以土地使用权联营、入股等形式兴办企业，盘活利用闲置土地和低效用地。

5. 节约集约用地鼓励政策制度

实行开发区节约集约用地鼓励政策，完善开发区节约集约利用评价、考核与升级扩区、优先安排建设用地指标相挂钩的激励机制。实行工业用地节约集约利用鼓励政策，深化完善工业用地提高利用率和容积率不再增收土地价款的规定；实行优先发展产业的地价政策，各省（自治区、直辖市）确定的优先发展产业且用地集约的工业项目，出让底价可按不低于《工业用地出让最低价标准》的70%确定。鼓励地上、地下空间开发利用，完善地上地下建设用地使用权配置方式、地价确定、权利设定和登记制度。实行城市改造中低效利用土地"二次开发"的鼓励政策，在符合法律和市场配置原则下，制订规划、计划、用地取得、地价等支持政策，鼓励提高存量建设用地利用效率。

6. 土地利用监测监管制度

实行土地供应全程监管，以供地前发布实施供地计划、供后规范履行出让合同（划拨决定书）为重点，以国土资源遥感监测"一张图"为基础的综合监管平台为支撑，对土地供应总量、布局、结构、价格和开发利用情况实行全面监管，形成"全国覆盖、全程监管、科技支撑、执法督查、社会监督于一体"的综合监管体系；实行土地利用巡查，以乡镇国土所为平台和依托，以建设项目开工、竣工、土地用途改变、土地闲置、土地开发利用强度为重点，开展动态巡查；实行土地开发利用信息公开，定期公布批而未供、供而未用、低效用地、合同履行等情况，扩大公众参与，发挥社会监督作用。

7. 土地利用评价考核制度

实行城乡建设用地节约集约利用评价考核，以上一级政府对下一级政府单位国内生产总值建设用地面积下降为考核重点，定期公布考核结果，作为控制区域建设用地规模、下达土地利用年度计划的依据；定期开展开发区土地集约利用评价，评价结果作为开发区升级、扩区的依据；开展重点城市建设用地节约集约利用潜力评价，全面掌握城市建设用地利用状况、集约利用程度、潜力规模与空间分布，评价结果作为科学用地管地、制定相关用地政策的重要依据。

8. 节约集约用地共同责任制度

努力争取各级党委政府对节约集约用地的领导，加强部门协同联动，充分调动社会力量参与，着力构建"党委领导、政府负责、部门协同、公众参与、上下联动"的共同责任制度。

四、建设用地节约集约利用的目标

1. 建设用地总量得到严格控制

实施建设用地总量控制和减量化战略，城乡建设用地总量控制在土地利用总体规划确定的目标之内，努力实现全国新增建设用地规模逐步减少，到2020年，单位建设用地第二、第三产业增加值比2010年翻一番，单位固定资产投资建设用地面积下降80%，城市新区平均容积率比现城区提高30%以上。

2. 土地利用结构和布局不断优化

实施土地空间引导和布局优化战略，完成全国城市开发边界、永久基本农田和生态保护红线划定，引导城市建设向组团式、串联式、卫星城式发展，工业用地逐步减少，生活和基础设施用地逐步增加，中西部地区建设用地占全国建设用地的比例有所提高。

3. 土地存量挖潜和综合整治取得明显进展

实施土地内涵挖潜和整治再开发战略，"十二五规划"和"十三五规划"期间，累计完成城镇低效用地再开发750万亩、农村建设用地整治900万亩、历史遗留工矿废弃地复垦利用300万亩，土地批后供应率、实际利用率明显提高。

4. 土地节约集约利用制度更加完善，机制更加健全

"党委领导、政府负责、部门协同、公众参与、上下联动"的自然资源管理新格局基本形成，节约集约用地制度更加完备，市场配置、政策激励、科技应用、考核评价、共同责任等机制更加完善，建成一批国土资源节约集约利用示范省、模范县（市）。一是建设用地总量得到严格控制；二是土地利用结构和布局不断优化；三是地存量挖潜和综合整治取得明显进展；四是土地节约集约利用制度更加完善，机制更加健全。

五、加强建设用地节约集约利用的政策措施

（一）严格用地规模管控

1. 严格控制城乡建设用地规模

实行城乡建设用地总量控制制度，强化县（市）城乡建设用地规模刚性约束，遏制土地过度开发和建设用地低效利用。加强相关规划与土地利用总体规划的协调衔接，相关规划的建设用地规模不得超过土地利用总体规划确定的建设用地规模。依据二次土地调查成果和土地变更调查成果，按照国家统一部署，调整完善土地利用总体规划，从严控制城乡建设用地规模。探索编制实施重点城市群土地利用总体规划和村土地利用规划，强化对城镇建设用地总规模的控制，合理引导乡村建设集中布局、集约用地。严格执行围填海造地政策，控制围填海造地规模。

2. 逐步减少新增建设用地规模

与国民经济和社会发展计划、节约集约用地目标要求相适应，各地应逐步减少新增建设用地计划和供应，东部地区特别是优化开发的三大城市群地区要以盘活存量为主，率先压减新增建设用地规模。严格核定各类城市新增建设用地规模，适当增加城区人口为100万～300万的大城市新增建设用地，合理确定城区人口为300万～500万的大城市新增建设用地，从严控制城区人口为500万以上的特大城市新增建设用地。

3. 着力盘活存量建设用地

着力释放存量建设用地空间，提高存量建设用地在土地供应总量中的比重。制定促进批而未征、征而未供、供而未用土地有效利用的政策，将实际供地率作为安排新增建设用地计划和城镇批次用地规模的重要依据，对近五年平均供地率小于60%的市、县，除国家重点项目和民生保障项目外，暂停安排新增建设用地指标，促进建设用地以盘活存量为主。严格执行依法收回闲置土地或征收土地闲置费的规定，加快闲置土地的认定、公示和处置。建立健全低效用地再开发激励约束机制，推进城乡存量建设用地挖潜利用和高效配置。完善土地收购储备制度，制定工业用地等各类存量用地回购和转让政策，建立存量建设用地盘活利用激励机制。

4. 有序增加建设用地流量

按照土地利用总体规划和土地整治规划，在安排新增建设用地时同步减少原有存量建设用地，既保持建设用地总量不变又增加建设用地流量，保障经济社会发展用地，提高土地节约集约利用水平。在确保城乡建设用地总量稳定、新增建设用地规模逐步减少的前提下，逐步增加城乡建设用地增减挂钩、工矿废弃地复垦利用和城镇低效用地再开发等流量指标，统筹保障建设用地供给。建设用地流量供应，主要用于促进存量建设用地的布局优化，推动建设用地在城镇和农村内部、城乡之间合理流动。各地要探索创新"以补充量定新增量、以压增量倒逼存量挖潜"的建设

用地流量管理办法和机制，合理保障城乡建设用地，促进土地利用和经济发展方式转变。

5. 提高建设用地利用效率

合理确定城市用地规模和开发边界，强化城市建设用地开发强度、土地投资强度、人均用地指标整体控制，提高区域平均容积率，优化城市内部用地结构，促进城市紧凑发展，提高城市土地综合承载能力。制定地上、地下空间开发利用管理规范，统筹地上地下空间开发，推进建设用地的多功能立体开发和复合利用，提高空间利用效率。完善城市、基础设施、公共服务设施、交通枢纽等公共空间土地综合开发利用模式和供地方式，提高土地利用强度。统筹城市新区各功能区用地，鼓励功能混合和产城融合，促进人口集中、产业集聚、用地集约。加强开发区用地功能改造，合理调整用地结构和布局，推动单一生产功能向城市综合功能转型，提高土地利用经济、社会、生态综合效益。

（二）优化开发利用格局

1. 优化建设用地布局

发挥国土规划和土地利用总体规划的引导管控作用，最大限度保护耕地、园地和河流、湖泊、山峦等自然生态用地，促进形成规模适度、布局合理、功能互补的城镇空间体系，加快构建以城市群为主体、大中小城市和小城镇协调发展的城镇化格局。加快划定城市开发边界、永久基本农田和生态保护红线，促进生产、生活、生态用地合理布局。结合农村土地综合整治，因地制宜、量力而行，在具备条件的地方对农村建设用地按规划进行区位调整、产权置换，促进农民住宅向集镇、中心村集中。完善与区域发展战略相适应、与人口城镇化相匹配、与节约集约用地相挂钩的土地政策体系，促进区域、城乡用地布局优化。

2. 严控城市新区无序扩张

严格城市新区用地管控，除因中心城区功能过度叠加、人口密度过高或规避自然灾害等原因外，不得设立城市新区；确需设立城市新区的，必须以人口密度、用地产出强度和资源环境承载能力为基准，以符合土地利用总体规划为前提。按照《城市新区设立审核办法》，严格审核城市新区规划建设用地规模和布局。制订新区用地扩张与旧城改造相挂钩的方案，促进新旧城区联动发展。

3. 加强产业与用地的空间协同

强化产业发展规划与土地利用总体规划的协调衔接，统筹各业各类用地，重点保障与区域资源环境和发展条件相适应的主导产业用地，合理布局战略性新兴产业、先进制造业和基础产业用地，引导产业集聚、用地集约。完善用地激励和约束机制，严禁为产能严重过剩行业新增产能项目提供用地，促进落后产能淘汰退出和企业兼并重组。推动特大城市中心城区部分产业向卫星城疏散，强化大中城市中心城区现代商贸、现代服务等功能，提高城市土地产业支撑能力。

4. 合理调整建设用地比例结构

与新型城镇化和新农村建设进程相适应，引导城镇建设用地结构调整，控制生产用地，保障生活用地，增加生态用地；优化农村建设用地结构，保障农业生产、农民生活必需的建设用地，支持农村基础设施建设和社会事业发展；促进城乡用地结构调整，合理增加城镇建设用地，加大农村空闲、闲置和低效用地整治，力争到2020年，城镇工矿用地在城乡建设用地总量中的比例提高到40%左右。调整产业用地结构，保障水利、交通、能源等重点基础设施用地，优先安排社会民生、扶贫开发、战略性新兴产业，以及国家扶持的健康和养老服务业、文化产业、旅游业、生产性服务业发展用地。

（三）健全用地控制标准

1. 完善区域节约集约用地控制标准

继续落实"十二五规划"单位国内生产总值建设用地下降30%的目标要求。探索开展土地开发利用强度和效益考核，依据区域人口密度、第二三产业产值、产业结构、税收等指标和建设用地结构、总量的变化，提出控制标准，加快建立综合反映土地利用对经济社会发展承载能力和水平的评价标准。

2. 引导城乡提高土地利用强度

加强对城镇和功能区土地利用强度的管控和引导，依据城镇建设用地普查，开展人均城镇建设用地、城市土地平均容积率、各功能区容积率和不同用途容积率、建筑密度、单位土地投资等土地利用效率和效益的控制标准研究。提出"十三五规划"时期平均容积率等节约集约用地考核具体指标。逐步确立由国家和省（自治区、直辖市）调控城镇区域投入产出、平均建筑密度、平均容积率控制标准，各城镇自主确定具体地块土地利用强度的管理制度，实现城镇整体节约集约、功能结构完整、利用疏密有致、建筑形态各具特点的土地利用新格局。

3. 严格执行各行各业建设项目用地标准

在建设项目可行性研究、初步设计、土地审批、土地供应、供后监管、竣工验收等环节，严格执行建设用地标准，建设项目的用地规模和功能分区，不得突破标准控制。各地要在用地批准文件、出让合同、划拨决定书等法律文本中，明确用地标准的控制性要求，加强土地使用标准执行的监督检查。鼓励各地在严格执行国家标准的基础上，结合实际制定地方土地使用标准，细化和提高相关要求。对国家和地方尚未编制用地标准的建设项目，国家和地方已编制用地标准但因安全生产、地形地貌、工艺技术有特殊要求需要突破标准的建设项目，必须开展建设项目节地评价论证，合理确定用地规模。

(四) 发挥市场机制作用

1. 发挥市场机制的激励约束作用

深化国有建设用地有偿使用制度改革，扩大国有土地有偿使用范围，逐步对经营性基础设施和社会事业用地实行有偿使用，缩小划拨供地范围。加快形成充分反映市场供求关系、资源稀缺程度和环境损害成本的土地市场价格机制，通过价格杠杆约束粗放利用，激励节约集约用地。完善土地租赁、转让、抵押二级市场。健全完善主体平等、规则一致、竞争有序的市场规制，营造有利于土地市场规范运行、有效落实节约集约用地的制度环境。

2. 鼓励划拨土地盘活利用

按照促进流转、鼓励利用的原则，进一步细化原划拨土地利用政策，加快推进原划拨土地入市交易和开发利用，提高土地要素市场周转率和利用效率。符合规划并经市、县人民政府批准后，原划拨土地可依法办理出让、转让、租赁等有偿使用手续。符合规划并经依法批准后，原划拨土地既可与其他存量土地一并整体开发，也可由原土地使用权人自行开发。经依法批准后，鼓励闲置划拨土地上的工业厂房、仓库等用于养老、流通、服务、旅游、文化创意等行业发展，在一定时间内可继续以划拨方式使用土地，暂不变更土地使用性质。

3. 完善土地价租均衡的调节机制

完善工业用地出让最低价标准相关实施政策，建立有效调节工业用地和居住用地合理比价机制，提高工业用地价格，优化居住用地和工业用地结构比例。实行新增工业用地弹性出让年期制，重点推行工业用地长期租赁。加快制定有利于节约集约用地的租金标准，根据产业类型和生产经营周期确定各类用地单位的租期和用地量，引导企业减少占地规模，缩短占地年期，防止工业企业长期大量圈占土地。进一步完善土地价租税体系，提高土地保有成本，强化对土地取得、占有和使用的经济约束，提高土地利用效率和效益。

(五) 实施综合整治利用

1. 推动城乡土地综合利用

在符合建设要求、不影响质量安全和生态环境的基础上，因地制宜推动城市交通、商业、娱乐、人防、绿化等多功能、一体化、综合型公共空间立体开发建设，引导城镇建设提高开发强度和社会经济活动承载力。引导工业企业通过技改、压缩绿地和辅助设施用地，扩大生产用地，提高工业用地投资强度和利用效率。推动农村各类用地科学布局，鼓励农用地按循环经济模式引导、组合各类生产功能，实现土地复合利用、立体利用。结合永久基本农田和生态保护红线的划定，保留连片优质农田和菜地，作为城市绿心、绿带，发挥耕地的生产、生态和景观等多重功能。

2. 大力推进城镇低效用地再开发

坚持规划统筹、政府引导、市场运作、公众参与、利益共享、严格监管的原则，在严格保护历史文化遗产、传统建筑和保持特色风貌的前提下，规范有序推进城镇更新和用地再开发，提升城镇用地人口、产业承载能力。结合城市棚户区改造，建立合理利益分配机制，采取协商收回、收购储备等方式，推进"旧城镇"改造；依法办理相关手续，鼓励"旧工厂"改造和产业升级；充分尊重权利人意愿，鼓励采取自主开发、联合开发、收购开发等模式，分类推动"城中村"改造。

3. 强化开发区用地内涵挖潜

推动开发区存量建设用地盘活利用，鼓励对现有工业用地追加投资、转型改造，提高土地利用强度。提高开发区工业用地准入门槛，制定各开发区亩均投资强度标准和最低单独供地标准，并定期更新。推动开发区建设一定规模的多层标准厂房，支持各类投资开发主体参与建设和运营管理。加强标准厂房建设的土地供应，国家级和省级开发区建设标准厂房容积率超过1.2的，所需新增建设用地年度计划指标由省级国土资源主管部门单列。各地可结合实际，制定扶持标准厂房建设和鼓励中小项目向标准厂房集中的政策，促进中小企业节约集约用地。

4. 因地制宜盘活农村建设用地

统筹运用土地整治、城乡建设用地增减挂钩等政策手段，整合涉地资金和项目，推进田、水、路、林、村综合整治，促进农村低效和空闲土地盘活利用，改善农村生产生活条件和农村人居环境。土地整治和增减挂钩要按照新农村建设、现代农业发展和农村人居环境改造的要求，尊重农民意愿，坚持因地制宜、分类指导、规划先行、循序渐进，保持乡村特色，防止大拆大建；要坚持政府统一组织和农民主体地位，增加工作的公开性和透明度，维护农民土地合法权益，确保农民自愿、农民参与、农民受益。在同一乡(镇)范围内调整村庄建设用地布局的，由省级自然资源部门统筹安排，纳入城乡建设用地增减挂钩管理。

5. 积极推进矿区土地复垦利用

按照生态文明建设和矿区可持续发展的要求，坚持强化主体责任与完善激励机制相结合，综合运用矿山地质环境治理恢复、土地复垦等政策手段，全面推进矿区土地复垦，改善矿区生态环境，提高矿区土地利用效率。依法落实矿山土地复垦主体责任，确保新建在建矿山损毁土地及时全面复垦。创新土地管理方式，在集中成片、条件具备的地区，推动历史遗留工矿废弃地复垦和挂钩利用，确保建设用地规模不增加、耕地综合生产能力有提高、生态环境有改善，废弃地得到盘活利用。

(六) 推动科技示范引领

1. 推广应用节地技术和模式

及时总结提炼各类有利于节约集约用地的建造技术和利用模式，完善激励机制和政策，加大推广应用力度。要重点推广城市公交场站、大型批发市场、会展和文体中心、城市新区建设中的地上地下空间立体开发、综合利用、无缝衔接等节地技术和节地模式，鼓励城市内涵发展；加快推广标准厂房等节地技术和模式，降低工业项目占地规模；引导铁路、公路、水利等基础设施建设采取措施，减少工程用地和取弃土用地；推进盐碱地、污染地、工矿废弃地的治理与生态修复技术创新，加强暗管改碱节地技术研发和应用，实现土地循环利用。

2. 研究制定激励配套政策

加大节地技术和节地模式的配套政策支持力度，在用地取得、供地方式、土地价格等方面，制定鼓励政策，形成节约集约用地的激励机制。对现有工业项目不改变用途前提下提高利用率和新建工业项目建筑容积率超过国家、省、市规定容积率部分的，不再增收土地价款。在土地供应中，可将节地技术和节地模式作为供地要求，落实到供地文件和土地使用合同中。协助相关部门，探索土地使用税差别化征收措施，按照节约集约利用水平完善土地税收调节政策，鼓励提高土地利用效率和效益。

3. 组织开展土地整治技术集成与应用

加强土地整治技术集成方法研究，组织实施一批土地整治重大科技专项，选取典型区域开展应用示范攻关。在土地整理、土地复垦、土地开发和土地修复中，综合运用先进科学技术，推进农村土地整治和城市更新，修复损毁土地，保障土地可持续利用，提高节约集约用地水平。

4. 深入开展节约集约用地模范县市创建

完善创建活动指标标准体系和评选考核办法，深化创建活动工作机制建设，定期评选模范县（市），引导开展节约集约示范省建设。以创建活动引导各地树立正确的政绩观和科学发展理念；广泛动员社会各方力量，推进土地节约集约利用进社区、进企业、进家庭、进课堂。

（七）加强评价监管宣传

1. 全面清查城乡建设用地情况

以第二次全国土地调查和城镇地籍调查为基础，通过年度土地变更调查和年度城镇地籍调查数据更新汇总，全面掌握城乡建设用地的结构、布局、强度、密度等现状及其变化情况。在此基础上，各地可根据需要开展补充调查，为充分利用各类闲置、低效和未利用土地及开展节约集约用地评价考核提供翔实的建设用地基础数据。

2. 全面推进节约集约用地评价

持续开展单位国内生产总值建设用地消耗下降目标的年度评价。进一步完善开发区建设用地节约集约利用评价，适时更新评价制度。部署开展城市节约集约用地初始评价，在初始评价基础上开展区域和中心城区更新评价。加快建立工程建设项目节地评价制度，明确节地评价的范围、原则和实施程序，通过制度规范促进节约集约用地。

3. 加强建设用地全程监管及执法督察

全面落实土地利用动态巡查制度，超过土地使用合同规定的开工时间一年以上未开工且未开工建设用地总面积已超过近五年年均供地量的市、县，要暂停新增建设用地供应。建立健全土地市场监测监管实地核查办法，加大违法违规信息的网上排查和实地核查。充分运用执法、督察手段，加强与审计、纪检监察、检察等监督或司法机关的联动，有效制止和严肃查处违法违规用地行为。

4. 强化舆论宣传和引导

充分利用多种媒体渠道和"6.25"土地日等活动平台，广泛宣传我国土地资源国情和形势，增强社会各界的资源忧患意识，促进形成节约集约用地全民共识。深入宣传全面落实节约优先战略，提高土地利用效率和效益的做法和典型经验。加强科普宣传和人才培训，普及推广节约集约用地知识。

第二节 建设项目节地评价管理

为进一步改进和规范建设项目用地审查报批工作，落实土地使用标准控制制度，促进超标准、无标准建设项目节约使用土地，切实提高节约集约用地水平，自然资源部办公厅下发了《关于规范开展建设项目节地评价工作的通知》（国土资厅发〔2015〕16号）。

一、开展建设项目节地评价的重要性

党中央、国务院高度重视节约集约用地工作，明确提出强化节地标准建设。为了落实中央要求，充分发挥土地使用标准对建设项目用地的控制作用，规范超标准、无标准建设项目节约合理用地，自然资源部下发的《节约集约利用土地规定》（自然资源部令第61号）和《自然资源部关于推进土地节约集约利用的指导意见》（国土资发〔2014〕119号），对建立和完善建设项目节地评价制度，规范开展节地评价，促进节约集约用地提出明确要求。开展建设项目节地评价对健全建设用地审批制度、完善节约集约用地评价体系、落实建设用地标准控制制度、推进节约集约用地具有重要意义。

二、建设项目节地评价的范围及项目认定

要严格执行国家发布的各类土地使用标准，在建设项目设计、审批、供地、用地等环节，进一步落实标准控制制度。对国家和地方已经颁布土地使用标准和建设标准，但因安全生产、地形地貌、工艺技术等有特殊要求，确需突破土地使用标准确定的规模和功能分区的建设项目，以及国家和地方尚未颁布土地使用标准和建设标准的建设项目，县级以上自然资源主管部门应当组织开展建设项目节地评价，并将其作为建设

用地供应的依据。

为了提高建设项目用地审查报批效率，水库和水电工程项目淹没区用地、矿山企业开采区用地、通信和输电线路塔基用地、河道治理工程用地和引排灌工程用地，不列入建设项目节地评价范围。

用地单位开展建设项目节地评价，首先应确定哪些项目是需要进行节地评价的建设项目。确定节地评价的建设项目一般可采取以下两种方式。

（1）用地单位自我认定。在申报建设用地之前，用地单位应详细了解自身建设项目所在行业的土地使用标准和建设用地标准编制和发布情况。对于本行业既无土地使用标准又无建设标准的建设项目，应自我认定为节地评价项目。

（2）自然资源主管部门认定。国家、省、市、县各级自然资源主管部门，无论在哪个层级审核出的无标准和超标准的建设项目，均应退回原报建方，进行节地评价，其节地评价报告通过自然资源主管部门组织的专家评审论证后，方可重新申报。

在确定建设项目为节地评价项目后，自然资源主管部门可以采取多种方式通知用地单位，通常以正式书面形式通知。超标准的建设项目在接到通知后，通过采取新的技术措施和方法，按照土地使用标准对超出用地部分进行核减，重新核定建设用地规模后符合土地使用标准的，可按照正常的报建程序进行申报。

三、建设项目节地评价的组织实施

（一）实施主体

根据《关于规范开展建设项目节地评价工作的通知》要求，用地单位是项目节地评价的实施主体，由其开展节地评价，编制节地评价报告，并在建设项目用地报件中附具节地评价材料。对于用地单位没有按照要求开展建设项目节地评价的，自然资源主管部门在用地报件申请受理、审查过程中，应当退回材料，由用地单位开展节地评价。

（二）组织方式

用地单位组织开展节地评价可以采取两种方式，即自行组织技术力量进行评价和委托技术力量较为雄厚的单位进行评价。

用地单位和相关技术单位进行节地评价时，应成立专门的节地评价技术小组，由从事相关领域时间较长、技术专业能力强、具有行业高级职称的技术人员组成。其中应有选取熟悉建设的一线工程技术人员参与，对建设项目的用地规模和各功能分区规模进行多方位、多角度、多层次的评价，科学合理确定建设项目用地规模，编制节地评价报告。

四、建设项目节地评价的内容

建设项目节地评价应体现4个方面内容：①用地规模是否节约；②用地结构是否合理；③用地功效是否最大化；④用地综合效益是否最优。

提高建设项目的土地配置和利用效率，既防止低效用地，又要防止高强度用地，引起社会问题和环境问题。

五、建设项目节地评价评审论证

（一）建设项目节地评价评审论证的组织

县级以上地方自然资源主管部门在建设项目用地预审和建设用地审查报批环节，要依法规范审查项目用地的土地使用标准执行情况。

对于超标准的建设项目及未颁布土地使用标准的建设项目，县级以上地方自然资源主管部门受理建设项目节地评价报告等申报材料后，县级以上地方有法定审批权的地方自然资源主管部门应当及时组织专家进行建设项目节地评审论证。对于上报自然资源部的建设项目，由所在地的省级自然资源主管部门组织专家进行建设项目节地评审论证。

在操作中，地方自然资源主管部门可以根据实际情况自行组织论证，或者指定或授权下属事业单位具体承办。评审论证可采取专家论证会的形式。有条件的地方，也可通过互联网组织线上评审。

评审论证主要程序应遵循如下步骤：①建设项目用地单位开展节地评价；②自然资源主管部门制订节地评审论证方案；③自然资源主管部门组织专家进行节地评审论证；④节地评审论证专家组出具节地评审论证意见；⑤资料归档。

节地评价评审论证专家组应当由自然资源及相关行业领域专家组成，成员为5人以上单数。专家库内专家应符合以下条件：熟悉土地使用标准、建设标准、土地节约集约利用、规划设计等专业领域的业务和法律法规；从事土地管理、公路、铁路、航空、电力、石油天然气、煤炭等行业领域工作满5年并具有高级职称或同等专业水平；能够认真、公正、诚实、廉洁地履行职责。

经对建设项目用地预审或审查报批材料进行审核，属于超标准或无标准建设项目，但申报材料中对超标准的原因、申请用地规模依据未作说明；属于确定需开展节地评价的无标准建设项目，对用地总规模和功能分区用地规模的合理性未作说明，无法进行节地评价的，受理审批的自然资源主管部门应要求核减建设用地规模；属于已开展建设项目节地评价并通过建设项目用地预审的单独选址建设项目，在建设用地审查报批时，建设项目未超过预审确定的建设用地总规模，功能分区未发生重大变化的，不再重复开展节地评价；属于超过建设项目用地预审有效期、建设用地规模和功能分区发生重大变化、预审阶段未进行节地评价等情形之一的，在建设用地审查报批环节，仍须重新开展节地评价。

(二) 建设项目节地评价评审论证的原则

建设项目节地评价评审论证的原则有以下几点。

(1) 依法依规原则。依据法律法规、土地使用标准、建设标准、行业设计标准等开展节地评审论证。

(2) 满足生产功能原则。论证工作应从实际出发，充分考虑建设项目类型、特点，在体现生产能力、生产工艺和产品技术标准要求前提下，因地制宜，合理确定建设项目用地规模。

(3) 满足安全性原则。评审论证工作应考虑建设项目在充分满足工程建设、生产运营、环境防护等安全条件下，合理确定建设项目用地规模。

(4) 体现技术先进性原则。建设项目在满足生产工艺要求前提下，应综合考虑土地资源利用、工程投资、环境保护等技术经济条件，进行多方案技术经济比选，采取有利于节约集约用地的先进生产工艺流程和技术。

(三) 建设项目节地评价评审论证的内容

建设项目节地评价评审论证的内容包括以下几方面。

(1) 节地评价方法的科学性。针对建设项目特点所采取的评价方法是否科学合理；能够定量评价的是否进行了量化计算；定性分析是否科学。

(2) 规划布局的合理性。对节地评价报告中建设项目规划布局方案合理性及各功能分区划分的合理性进行论证。

(3) 建设项目各功能分区规模的合理性。对各功能分区用地规模合理性，新增功能分区的必要性及用地规模的合理性，是否存在夹带项目外用地等进行论证。

(4) 建设项目用地总规模的合理性。对节地评价报告中总用地规模合理性进行论证，对因安全生产、地形地貌、工艺技术等特殊要求确需突破土地使用标准的真实性、科学性进行分析，对超标准用地规模是否合理进行论证。

(5) 建设项目工程技术措施的科学性和先进性。结合建设项目所属行业发展现状，对建设项目是否符合国家产业政策，所采取的工程技术是否是行业推荐和提倡的先进技术进行论证。

(四) 建设项目节地评价评审论证的意见

专家组根据论证情况出具评审论证意见，分以下两种情形。

(1) 出具"通过评审论证"意见。经专家论证，对评价方法科学、规划布局合理、各功能分区和总规模用地合理、采用的工程技术先进的建设项目，专家组出具"通过评审论证"意见。建设用地单位接到意见后，可按照相关要求履行后续报批手续。

（2）出具"未通过评审论证"意见。经专家论证，对报告采取的评价方法不科学、规划布局有待完善，各功能分区和总规模用地不尽合理、采用的工程技术不够先进的，出具"未通过评审论证"意见。同时，专家组应提出详细的修改意见。

用地单位接到"未通过评审论证"意见后，应对报告进行修改完善或核减建设项目用地规模后再提交自然资源主管部门。用地单位在节地评价报告通过论证之前，应暂停用地报批程序。

经专家组评审论证出具"通过评审论证"意见的，地方自然资源主管部门在上报建设项目用地报批材料时，应当在审查报告中对建设项目节地评审论证情况进行描述，并附具专家和专家组论证意见。

自然资源部将对建设项目节地评审论证材料进行检查和抽查，对于节地评审结果明显异常的建设项目，可委托相关单位组织评审。

（五）建设项目节地评价评审论证的资料归档

县级以上地方自然资源主管部门应当对建设项目节地评价评审论证工作过程中的相关资料、文件进行整理，并按规定归档。

应当归档的评审论证资料包括以下几项：① 建设项目节地评审论证委托书；② 关于提交建设项目节地评价报告的通知；③ 建设项目节地评审报告；④ 建设项目节地评审专家论证意见；⑤ 建设项目节地评审专家组论证意见；⑥ 其他应当归档的资料。

1. 建设用地节约集约用地制度实施的意义。
2. 节约集约利用土地及建设用地节约集约利用的概念。
3. 建设用地节约集约用地制度的基本内容。
4. 加强建设用地节约集约利用的政策措施。
5. 建设项目节地评价的重要性。
6. 建设项目节地评价的范围、组织实施及评价内容。
7. 节地评价评审论证的组织、原则、内容、意见及资料归档。

节约集约用地　建设用地节约集约利用　建设用地节约集约用地制度
建设项目节地评价　建设项目节地评价评审论证

案例分析

> **案例1** 临沂市兰山区大力推进地下空间合理开发利用，实现建设用地节约集约利用
>
> 临沂市兰山区在城市经济发展、人口增长的背景下，按照"综合化、分层化、深层化"的思路，遵循"建设节约型城市，促进城市可持续发展"的原则，合理开发利用地下空间资源，将一部分地面设施转入地下，综合布置地下各项设施，从而进一步拓展城市空间容量、完善城市功能、改善城市环境、维护城市绿色生态空间，实现城市可持续发展。
>
> 临沂市兰山区地下空间开发利用工程有临沂沂蒙革命纪念馆地下空间利用示范工程、河底交通隧道工程、地下空间商业区及地下停车场建设工程等。其中，沂蒙革命纪念馆是山东省临沂市开发利用地下空间的示范工程。该纪念馆总建筑面积约5万平方米，其中地上建筑面积约2万平方米，占总建筑面积的40%左右；地下建筑面积约3万平方米，建筑密度大于45%，占总建筑面积的60%左右。地上三层主要用于沂蒙革命精神展示、红色影视教育、党史陈列、沂蒙革命精神研究、群众路线展示等等，地下两层主要用于商业、娱乐、停车场等综合服务设施建设。

案例解析

我国人多地少，耕地资源稀缺，当前又正处于工业化、城镇化快速发展时期，建设用地供需矛盾十分突出。切实保护耕地，大力促进节约集约用地，走出一条建设占地少、利用效率高的符合我国国情的土地利用新路子，是关系民族生存根基和国家长远利益的大计，是全面贯彻落实科学发展观的具体要求，是我国必须长期坚持的一条根本方针。要加强建设用地节约集约利用的措施之一就是严格用地规模管控。提高建设用地利用率，统筹地上地下空间开发，推进建设用地的多功能立体开发和复合利用，提高空间利用效率是用地规模管控的有效途径。临沂市兰山区按照"先地下、后地上"的规划建设要求，结合城市主要商业核心区、交通拥堵路段和城市公园等实施地下空间开发利用，把节约集约用地与城市功能交叉，打造地下空间新体系，促进了建设用地的节约集约利用，尤其是沂蒙革命纪念馆地下建筑面积超过了地上，按照1.0的容积率计算，可节地44亩。该项目合理开发利用了城市地下空间，拓展了空间资源，促进了建设用地集约利用。

案例 2　猴山水库工程项目节地评价

2013年11月22日，国家发展和改革委员以"发改农经〔2013〕2354号"对辽宁省绥中猴山水库工程项目建议书进行了批复。辽宁省绥中猴山水库位于绥中县狗河中游范家乡赵家甸村上游约 1 km 处，断面距离绥中县约 35 km，距离前卫火车站约 25 km。水库总库容约 11.59 亿立方米，为大Ⅱ型水库，工程等别为Ⅱ等。工程主要任务以供水为主，兼顾防洪，同时改善下游农业灌溉条件。

工程拟选址涉及绥中县范家乡条石沟村、薛家村，明水乡东洼村、明水村、平河子村，前卫镇背阴嶂村，三山林场。利用第二次土地调查成果，确定项目拟用地总面积为 911.488 8 公顷。其中，农用地面积为 575.859 5 公顷，建设用地面积为 48.719 6 公顷，未利用地面积为 286.909 7 公顷。按水库功能划分，坝址用地为 26.951 9 公顷，水库淹没区用地为 881.058 7 公顷，弃渣场用地为 3.478 2 公顷。

案例解析

猴山水库工程项目属于水利工程项目，国家和辽宁省尚未颁布土地使用标准和建设标准，符合开展节地评价的项目要求。根据《关于规范开展建设项目节地评价工作的通知》要求，用地单位是项目节地评价的实施主体，由其开展节地评价，编制节地评价报告，并在建设项目用地报件中附具节地评价材料。根据《关于规范开展建设项目节地评价工作的通知》（国土资厅发〔2015〕16号）的规定："为了提高建设项目用地审查报批效率，水库和水电工程项目淹没区用地、矿山企业开采区用地、通信和输电线路塔基用地、河道治理工程用地和引排灌工程用地，不列入建设项目节地评价范围。"因此，猴山水库工程项目除水库淹没区用地 881.058 7 公顷不列入节地评价范围外，其他的水库用地共 30.430 1 公顷需要进行节地评价。建设项目节地评价的内容应包括用地规模是否节约，用地结构是否合理，用地功效是否最大化，用地综合效益是否最优等方面的内容。

《关于规范开展建设项目节地评价工作的通知》中规定："县级以上地方国土资源主管部门在建设项目用地预审和建设用地审查报批环节，要依法规范审查项目用地的土地使用标准执行情况。对于国家未颁布土地使用标准的建设项目，申报材料对项目用地的总规模和功能分区用地规模以及是否体现节约集约用地要求做出说明的，县级以上地方有法定审批权的地方国土资源主管部门应当开展节地评价，组织专家评审，出具评审论证意见。自然资源部负责审查的建设用地项目，属于上述情形、申报材料符合上述开展节地评价条件的，由所在地的省级国土资源主管部门组织开展节地评价。"该建设项目用地属于自然资源部负责审查的建设用地项目，因此应由辽宁省国土资源厅及时组织专家进行建设项目节地评审论证。

1. 建立土地节约集约用地制度的意义是什么？
2. 简述节约集约利用土地、建设用地节约集约利用的概念。
3. 建设用地节约集约用地制度的基本内容有哪些？
4. 建设用地节约集约利用的目标有哪些？
5. 加强建设用地节约集约利用的政策措施有哪些？
6. 简述开展建设项目节地评价的重要性。
7. 哪些建设项目需要开展节地评价？确定开展节地评价的建设项目的方法有哪些？
8. 建设项目节地评价的实施主体是谁？节地评价的内容包括哪些？
9. 建设项目节地评审论证由谁在哪个阶段组织进行？
10. 建设项目节地评审论证的原则和内容包括哪些？

第九章　强化练习题

附　　录

附录一

建设项目用地预审与选址申请表（格式）

<table>
<tr><td rowspan="6">申请单位情况</td><td colspan="2">项目编码</td><td colspan="4"></td></tr>
<tr><td colspan="2">申请单位名称</td><td colspan="4"></td></tr>
<tr><td colspan="2">通信地址</td><td></td><td>邮政编码</td><td colspan="2"></td></tr>
<tr><td colspan="2">法定代表人姓名</td><td></td><td>身份证号</td><td colspan="2"></td></tr>
<tr><td colspan="2">委托代理人姓名</td><td></td><td>联系电话</td><td colspan="2"></td></tr>
<tr><td colspan="6"></td></tr>
<tr><td rowspan="22">建设项目情况</td><td colspan="2">项目名称</td><td></td><td>项目批准/核准/备案机关</td><td colspan="2"></td></tr>
<tr><td colspan="2">发改部门批准的项目建议书或项目核准/备案批准文件编号</td><td colspan="4"></td></tr>
<tr><td rowspan="2">项目性质</td><td rowspan="2">立项单位级别</td><td>□省级或以上建设项目</td><td rowspan="2">项目类型</td><td colspan="2">□重大建设项目</td></tr>
<tr><td>□市级建设项目</td><td colspan="2">□一般建设项目</td></tr>
<tr><td colspan="2">投资性质及规模（万元）</td><td colspan="4"></td></tr>
<tr><td rowspan="9">投资主体性质</td><td>□机关法人</td><td>□事业法人</td><td>□社团（包括村委会）法人</td><td colspan="2">□个人</td></tr>
<tr><td rowspan="3">□内资企业</td><td>□国有企业</td><td>□集体企业</td><td colspan="2">□股份合作企业</td></tr>
<tr><td>□联营企业</td><td>□有限责任公司</td><td colspan="2">□股份有限公司</td></tr>
<tr><td>□私营企业</td><td>□其他企业</td><td colspan="2"></td></tr>
<tr><td rowspan="2">□港澳台投资企业</td><td>□合资经营企业</td><td>□合作经营企业</td><td colspan="2"></td></tr>
<tr><td>□独资经营企业</td><td>□投资股份有限公司</td><td colspan="2"></td></tr>
<tr><td rowspan="2">□外商投资企业</td><td>□中外合资经营企业</td><td>□中外合作经营企业</td><td colspan="2"></td></tr>
<tr><td>□外商独资企业</td><td>□外商投资股份有限公司</td><td colspan="2"></td></tr>
<tr><td rowspan="7">行业类别</td><td>□农、林、牧、渔业</td><td>□采矿业</td><td>□电力、燃气及水生产和供应</td><td colspan="2">□建筑业</td></tr>
<tr><td>□文化、体育和娱乐</td><td>□制造业</td><td>□交通运输、仓储和邮政业</td><td colspan="2">□房地产业</td></tr>
<tr><td>□租赁和商务服务业</td><td>□批发和零售业</td><td>□信息、计算机、软件服务业</td><td colspan="2">□金融业</td></tr>
<tr><td>□公共管理和社会组织</td><td>□国际组织</td><td>□科研、技术服务和地质勘察</td><td colspan="2">□教育</td></tr>
<tr><td>□居民服务和其他服务业</td><td>□住宿和餐饮业</td><td>□水利、环境和公共设施管理</td><td colspan="2">□其他</td></tr>
<tr><td colspan="4">□卫生、社会保障和社会福利</td><td></td></tr>
<tr><td colspan="2">项目依据的国家规划、行业规划、区域规划、省级有关规划等</td><td colspan="4"></td></tr>
</table>

(续表)

	用地规模 (平方米)			建筑规模 (平方米)			
申请用地情况	分类面积 (平方米)	农用地	耕地 (基本农田)	建设用地	未利用地	围填海	
	项目各组成部分 (功能分区)用 地情况						
	补充耕地资金标 准和总额、补充 耕地拟采取方式 及措施						
	用地性质	□新建　□扩建　□改造　□返还、补偿、安置地　□补办　□延期					
	申请用途						
	选址意向	□待选址 □＿＿＿区＿＿＿街道办＿＿＿路＿＿＿＿＿＿＿					

申请人需要补充说明的事项：

申请人承诺：
　　本表填报的内容及提交的有关附件的原件或复印件是真实的。如有任何虚假，审批机关可终止审理；如因虚假而引致的法律责任，概由申请人承担，与审批机关无关。
　　若有书面材料需通知申请人，可按本表填写的通信地址邮寄送达。

申请单位（人）：　　　　（签章）
法人代表人：
＿＿＿＿年＿＿＿＿月＿＿＿＿日

附录二 建设项目用地预审与选址意见书（格式）

基本情况	项目名称	
	项目代码	
	建设单位名称	
	项目建设依据	
	项目拟选位置	
	拟用地面积（含各地类明细）	
	拟建设规模	
附图及附件名称		

遵守事项

一、本书是自然资源主管部门依法审核建设项目用地预审和规划选址的法律凭据。

二、未经依法审核同意，本书的各项内容不得随意变更。

三、本书所需附图及附件由相应权限的机关依法确定。

四、本书自核发起有效期三年，如对土地用途、建设项目选址等进行重大调整的，应当重新办理本书。

中华人民共和国

建设项目
用地预审与选址意见书

用字第————号

根据《中华人民共和国土地管理法》《中华人民共和国城乡规划法》和国家有关规定，经审核，本建设项目符合国土空间用途管制要求，核发此书。

核发机关
日　期

附录三

建设用地申请表（格式）

建设用地申请单位（盖章）				
建设项目名称				
建设用地预审报告	预审机关		预审报告文号	
地质灾害危险性评估报告	预审机关		预审报告文号	
可行性研究报告	批准机关	批准时间	批准文号	建设规模
工程初步设计	批准机关	批准时间	批准文号	工程概算
建设资金组成				
工程建设工期				
申请用地面积		其中：耕地面积		
功能分区	名称	用地面积		容积率
补充耕地方式				
备注				

中华人民共和国自然资源部监制

附录四

建设用地项目呈报材料
"一书四方案"
（格式）

编制机关（公章）：
主要负责人（签字）：
编 制 时 间：　　　　　　　　　　　年　　月　　日

中华人民共和国自然资源部监制

一、建设用地项目呈报说明书

计量单位：公顷

申请用地单位					
建设用地项目名称					
申请用地总面积				新增建设用地	
土地利用现状	权属\地类		合计	国有土地	集体土地
	总计				
	（一）农用地				
	其中	耕地			
		其中：基本农田			
		林地			
		园地			
		草地			
	（二）建设用地				
	（三）未利用地				
分批次城镇村建设用地	拟开发地块编号		用地面积		开发用途
	合计：				
单独选址建设项目用地	建设项目用地预审文件	预审机关			
		批复文件			
		预审意见			
	项目批准文件	批准机关			
		批准文号			
		建设规模			
	工程设计批准文件	批准机关			
		批准文号			
		工程概算			
	功能分区名称		用地面积		
	合计：				

(续表)

县（市）人民政府 审　核　意　见	 （公章） 主管领导（签字）：　　　　　　　　年　月　日
市（地、州）人民政府 自然资源主管部门 审　查　意　见	 （公章） 主管领导（签字）：　　　　　　　　年　月　日
市（地、州）人民政府 审　核　意　见	 （公章） 主管领导（签字）：　　　　　　　　年　月　日
备　注	

填表人：

二、农用地转用方案

计量单位：公顷

地　类	转用面积	其　中	
		国有土地	集体土地
农用地			
其中：耕地			
含基本农田			
耕地质量情况	质量等别	面积		
	质量等别	面积		
	质量等别	面积		
	质量等别	面积		
	质量等别	面积		
	平均质量等别	合计		
土地利用总体规划			
符合规划		规划级别	
需调整规划		规划级别	
涉及占用基本农田		补划基本农田	
农用地转用计划			
申请使用国家计划		已安排使用省级计划	
年度	农用地	其中：耕地	年度	农用地	其中：耕地

未使用当年计划指标的，应予以说明：

填表人：

三、补充耕地方案

计量单位：公顷、万元

占用耕地面积				
含25度以上坡耕地		可调整地类		
需补充耕地面积		其中：水田		
补充耕地责任单位				
补充耕地承担单位				
挂钩确认信息编号				
补充耕地方式				
委托补充			自行补充	
补充面积	耕地开垦费缴纳标准	缴纳金额	补充面积	补充耕地费用标准	补充耕地总费用
已补充耕地情况				
挂钩的土地整治项目备案号	挂钩面积	所在县（市、区）	验收单位及文号	质量等别
合　计		平均质量等别		补充水田	
承诺补充耕地情况				
挂钩的土地整治项目备案号	挂钩面积	所在县（市、区）	完成时限	质量等别
合　计		平均质量等别		补充水田	
补改结合补充耕地情况				
挂钩的提质改造项目备案号	挂钩面积	所在县（市、区）	完成时限	提升质量等别
合　计		平均提升质量等别		补充水田	

填表人：

四、征收土地方案

计量单位：公顷、万元、人

征收土地面积						其中：耕地				
被征收土地涉及的权属单位										
乡（镇）						村				
权属状况										

<table>
<tr><td rowspan="12">征地补偿情况</td><td rowspan="3">区片编号</td><td colspan="5">农用地</td><td rowspan="3">建设用地</td><td rowspan="3">未利用土地</td><td colspan="2">征地区片综合地价标准</td></tr>
<tr><td colspan="3">耕地</td><td rowspan="2">林地</td><td rowspan="2">园地</td><td rowspan="2">其他农用地</td></tr>
<tr><td>旱地</td><td>水浇地</td><td>水田</td><td colspan="2">社保标准</td></tr>
<tr><td></td><td></td><td></td><td></td><td></td><td></td><td></td><td></td><td></td><td></td><td></td></tr>
<tr><td></td><td></td><td></td><td></td><td></td><td></td><td></td><td></td><td></td><td></td><td></td></tr>
<tr><td></td><td></td><td></td><td></td><td></td><td></td><td></td><td></td><td></td><td></td><td></td></tr>
<tr><td>合计</td><td></td><td></td><td></td><td></td><td></td><td></td><td></td><td></td><td></td><td></td></tr>
<tr><td rowspan="5">其他费用</td><td colspan="2">名称</td><td colspan="8">金额</td></tr>
<tr><td colspan="2">青苗补偿费</td><td colspan="8"></td></tr>
<tr><td colspan="2">地上附着物补偿费</td><td colspan="8"></td></tr>
<tr><td colspan="2"></td><td colspan="8"></td></tr>
<tr><td colspan="2">征地总费用</td><td colspan="3"></td><td colspan="2">征地费用综合标准</td><td colspan="3"></td></tr>
</table>

	需安置农业人口数			需安置劳动力人数	
征地安置情况	安置途径	发放安置补助费			
		农业安置			
		社会保障安置			
		留地留物业安置			
		用地单位安置			
		征地款入股安置			
其他需要说明的情况					

填表人：

五、供地方案

计量单位：公顷、公里、个

	功能分区	供地方式	供地面积
申请供地情况			
	合计		

	功能分区	数量	申请用地	原有用地（改扩建项目）	指标控制面积	指标对应条件
指标适用情况						

说明开展节地评价论证情况：

填表人：

"一书四方案"填报说明

"一书四方案"由市、县人民政府自然资源主管部门应用部电子报盘软件填报，并打印签字盖章；所有面积、资金有关数字须保留四位小数。

一、建设用地项目呈报说明书

1. "建设用地项目名称"栏填写建设用地项目名称。
2. "新增建设用地面积"栏填写申请用地中需转为建设用地的农用地和未利用地的面积之和。
3. "使用集体土地"栏填写申请用地中不涉及征收的农村集体土地面积。
4. 县（市）和市（地、州）人民政府及自然资源主管部门审核、审查意见栏须填写意见，并签字盖章。

二、农用地转用方案

1. "质量等别"采用国家土地利用等别；"平均质量等别"填写占用的耕地各质量等别与面积加权平均值，保留整数位。
2. "符合规划"栏填写符合规划或不符合规划，"需调整规划"栏填写需要调整或不需要调整，"规划级别"栏填写国家、省、市、县、乡级，可填写一级或多级。
3. 建设用地项目应先使用申报用地当年的农用地转用计划指标，对于未使用当年用地计划指标的，应予以说明。

三、补充耕地方案

1. "25°以上坡耕地"栏仅适合大中型水利水电建设项目填写。
2. "可调整地类"栏填写占用的此前因农业结构调整由耕地改为非耕农地并记入耕地保护任务的面积。
3. "挂钩确认信息编号"栏填写在部耕地占补平衡动态监管系统中挂钩确认的信息编号。
4. "平均质量等别"栏填写挂钩的补充耕地各质量等别与面积加权平均值，保留整数位。
5. "补充水田"栏填写挂钩的补充耕地中水田面积。

四、征收土地方案

1. 被征收土地涉及的权属单位，"乡（镇）"、"村"栏填写征地涉及的乡（镇）和村的名称。
2. 征地补偿情况中，"征地区片价标准"指单位土地面积的土地补偿费和安置补助费之和。

3. 征地安置情况中,"安置途径"栏各项安置方式填写人数。

五、供地方案

1. "功能分区"栏应严格按照建设用地指标规定的名称和内容填写。

2. 申请供地情况中,根据各功能分区相应填写供地方式和面积;适用相同建设用地指标值的同类功能分区、采取同一供地方式的,可以合并填写,"供地面积"栏填写供地面积之和。

3. 指标适用情况中,"数量"栏填写功能分区的个数,公路路基等线状工程填写各有关工程段长度之和。

4. 改扩建项目如原有项目用地不在申请用地范围内,应在"原有用地"栏填写原有各功能分区的用地面积。

5. "指标控制面积"栏填写按建设用地指标值计算的用地面积;"指标对应条件"栏填写选用该建设用地指标所依据的条件。

6. "说明开展节地评价论证情况"指申请用地超过土地使用标准的建设项目或尚未出台土地使用标准的有关行业建设项目,须填写开展节地评价论证情况。

附录五

国有建设用地划拨决定书（格式）

根据《中华人民共和国土地管理法》和《中华人民共和国土地管理法实施条例》的规定，本宗国有建设用地业经依法批准，决定以划拨方式提供。

使用本宗建设用地的单位或个人，必须遵守本《国有建设用地划拨决定书》（以下简称决定书）的规定。

本决定书是依法以划拨方式设立国有建设用地使用权、使用国有建设用地和申请土地登记的凭证。

签发机关：

签发时间： 年 月 日

摘 要

一、本宗地的批准机关和使用权人

批准机关：_____；

批准文号：_____；

划拨建设用地使用权人：_____；

建设项目名称：_____。

二、本宗地的用途：_____

_____。

三、宗地编号：_____。

四、本宗地坐落于_____

_____。

本宗地的平面界限为_____

_____。_____其平面界限图详见附件1。

本宗地的竖向界限以_____为上界限，以_____为下界限，高差为_____米。其竖向界限图详见附件2。

本宗地空间范围是以上述界址点所构成的垂直面和上、下高程所在的水平面封闭形成的空间范围。

五、本宗地总面积大写_____平方米（小写_____平方米）。其中划拨宗地面积为大写_____平方米（小写_____平方米）。

六、本宗地划拨价款为大写_____万元（小写_____万元）。

一般规定

七、本宗土地属国有建设用地。土地使用者拥有划拨建设用地使用权。宗地范围内的地下资源、埋藏物和市政公用设施均不属划拨范围。

八、划拨建设用地使用权经依法登记后受法律保护，任何单位和个人不得侵占。

九、划拨建设用地使用权人必须按照本决定书规定的用途和使用条件开发建设和使用土地。需改变土地用途的，必须持本决定书向市、县自然资源行政主管部门提出申请，报有批准权的人民政府批准。

十、本决定书项下的划拨建设用地使用权未经批准不得擅自转让、出租。需转让、出租的，划拨建设用地使用权人应当持本决定书等资料向市、县自然资源行政主管部门提出申请，报有批准权的人民政府批准。

十一、在本宗地使用过程中，政府保留对本宗地的规划调整权。划拨建设用地使用权人对本宗地范围内的建筑物、构筑物及其附属设施进行改建、翻建、重建的，必须符合政府调整后的规划。

十二、政府为公共事业需要而敷设的各种管道与管线进出、通过、穿越本宗土地，划拨建设用地使用权人应当提供便利。

十三、自然资源主管部门有权对本宗土地的使用情况进行监督检查，划拨建设用地使用权人应当予以配合。

十四、有下列情形之一的，经原批准用地的人民政府批准，市、县人民政府可以收回土地使用权：

1. 为公共利益需要使用土地的；
2. 为实施城市规划进行旧城区改建，需要调整使用土地的；
3. 自批准的动工开发建设日期起，逾期两年未动工开发建设的；
4. 因用地单位撤销、迁移等原因，停止使用土地的。

特别规定

十五、本宗土地只限用于建设_____项目。

划拨建设用地使用权人在宗地范围内新建建筑物、构筑物及其附属设施，应当符合土地使用标准的规定和市、县城市规划主管部门、项目建设主管部门确定的宗地规划、建设条件。宗地规划、建设条件详见附件三。其中：

主体建筑物性质_____

附属建筑物性质_____

总建筑面积_____平方米；

建筑容积率不高于_____不低于_____；

建筑限高_____；

建筑密度不高于_____不低于_____；

绿地率不高于_____不低于_____；

其他土地利用要求_____。

十六、本宗地用于廉租住房和经济适用住房建设的，其宗地范围内的住房建筑总面积为大写_____平方米（小写_____平方米），住房总套数不少于_____套。其中，单套建筑面积为50平方米以下的廉租住房_____套，单套建筑面积为_____平方米以下的_____套。

用于廉租住房和经济适用住房建设的，不得改变土地用途。

十七、划拨建设用地使用权人应当承建下列公共设施，并在建成后移交给政府：

(1)＿＿＿＿＿＿＿＿＿＿＿＿＿＿＿＿＿＿＿＿＿＿＿＿＿＿＿＿＿；
(2)＿＿＿＿＿＿＿＿＿＿＿＿＿＿＿＿＿＿＿＿＿＿＿＿＿＿＿＿＿；
(3)＿＿＿＿＿＿＿＿＿＿＿＿＿＿＿＿＿＿＿＿＿＿＿＿＿＿＿＿＿。

十八、本建设项目应于＿＿＿＿年＿＿＿＿月＿＿＿＿日之前开工建设，并于＿＿＿＿年＿＿＿＿月＿＿＿＿日之前竣工。不能按期开工建设的，应向市、县自然资源行政主管部门申请延期，但延期期限不得超过一年。

用于廉租住房和经济适用住房建设的，开发建设期限不得超过三年。

十九、项目竣工验收时，应按国家有关规定对本决定书规定的土地开发利用条件进行检查核验。没有自然资源主管部门的检查核验意见，或者检查核验不合格的，不得通过竣工验收。

二十、划拨建设用地使用权人不按本决定书规定的开发建设期限进行建设，造成土地闲置的，依照有关规定处理。

二十一、划拨建设用地使用权人应当依法合理使用和保护土地。划拨建设用地使用权人在本宗土地上的一切活动，不得损害或者破坏周围环境或设施，使国家、集体或者个人利益遭受损失的，划拨建设用地使用权人应当予以赔偿。

二十二、划拨建设用地使用权人违反本决定书规定使用土地的，依法予以处理。

二十三、本决定书未尽事宜，市、县人民政府自然资源主管部门可依据土地管理法律、法规的有关规定另行规定，作为本决定书的附件。

附　则

二十四、本决定书由市、县自然资源主管部门负责签发。

二十五、本决定书一式四份，划拨建设用地使用权人持二份，自然资源主管部门留存二份。

二十六、本决定书自签发之日起生效。

附件1：划拨宗地平面界限图

附件2：划拨宗地竖向界限图

附件3：划拨宗地规划/建设条件

说　明

一、本决定书按宗地核发

同一项目用地依据规划用途和项目功能分区可以划分为不同宗地的，应先行分割成不同的宗地，再按宗地核发《国有建设用地划拨决定书》。

二、本决定书第二条中，宗地用途按《土地利用现状分类》（中华人民共和国国家标准 GB/T 21010-2017）规定的土地二级类填写。

三、本决定书第四条中，划拨建设用地使用权是由划拨宗地的平面界限和竖向界限封闭形成的空间范围。

划拨宗地的平面界限按宗地的界址点坐标填写。

划拨宗地的竖向界限，可以按照1985年国家高程系统为起算基点填写，也可以按照各地高程系统为起算基点填写。

四、本决定书第十五条中的规划、建设条件是指：城市规划区内的项目，依据市、县城市规划主管部门出具的规划条件填写；城市规划区外的单独选址项目或线性工程，可依据项目建设主管部门出具的建设条件填写。

五、本决定书由省、自治区、直辖市自然资源主管部门统一编号。

六、划拨建设用地使用权人应当妥善保管本决定书，不得擅自涂改，如有遗失或损坏应立即向签发机关申请补办。

附录六 建设用地规划许可证（格式）

中华人民共和国

建设用地规划许可证

地字第　　　号

根据《中华人民共和国城乡规划法》和国家有关规定，《中华人民共和国土地管理法》和国土空间规划和用途管制要求，经审核，本建设用地符合国土空间规划和用途管制要求，颁发此证。

发证机关

日　　期

用地单位	
项目名称	
批准用地机关	
批准用地文号	
用地位置	
用地面积	
土地用途	
建设规模	
土地取得方式	
附图及附件名称	

遵守事项

一、本证是经自然资源主管部门依法审核，建设用地符合国土空间规划和用途管制的要求，准予使用土地的法律凭证。

二、未取得本证而占用土地的，属违法行为。

三、未经发证机关审核同意，本证的各项规定不得随意变更。

四、本证所需附图及附件由发证机关依法确定，与本证具有同等法律效力。

附录七

征地补偿安置方案（格式）

_____建设用地项目需征用_____市（县）_____乡（镇）、_____乡（镇）、_____乡（镇）、_____乡（镇）集体土地。根据国务院（_____省人民政府）以_____〔_____（年）〕_____号批准的《征收土地方案》，和_____省的有关规定，经对被征地村（组）征地补偿登记的复核，_____市（县）自然资源局会同_____、_____、_____（部门），拟订《征地补偿安置方案》如下：

一、土地补偿安置费标准

编号	被征地村（组）	征收的地类		面积（公顷）	区片编号	土地补偿安置费标准（征地综合区片价）
1	乡（镇）村（组）	农用地	耕地 水田			
			水浇地			
			旱地			
			合计			
			林地			
			园地			
			草地			
			其他农用地			
			合计			
		建设用地				
		未利用土地				
		合计				
2	乡（镇）村（组）					

二、地上附着物补偿标准

编号	地上附着物名称	单位	规格	补偿标准

三、青苗补偿标准

编号	农作物种类	生长期	补偿标准

四、社会保障金标准

五、各被征地村（组）征地补偿安置费用

乡（镇）村（组）	土地补偿安置费（区片价）	社会保障金	地上附着物补偿费	青苗补偿费	合计
合计					

六、农业人口安置办法

七、其他
1. 承包土地调整
2. 农业税减免
3. ……

市（县）自然资源局盖章

_____年____月_____日

附录八

＿＿＿＿＿市（县）人民政府征收土地方案公告（格式）

[(年)] 第   号

＿＿＿年＿＿＿月＿＿＿日，国务院（＿＿＿＿省人民政府）根据《中华人民共和国土地管理法》第四十七条、《中华人民共和国土地管理法实施条例》第二十五条（和《＿＿＿＿省土地管理法实施办法》）的有关规定，以＿＿＿＿[＿＿＿（年）]＿＿＿号批准征收集体土地＿＿＿公顷。现将经国务院（＿＿＿＿省人民政府）批准的《征收土地方案》内容和有关事项公告如下。

一、建设用地项目名称

二、征收土地位置（四至范围，有条件的应附土地利用现状图）

三、被征地村（组）及面积

1. ＿＿＿乡（镇）＿＿＿村（组）＿＿＿公顷，其中耕地＿＿＿公顷。
2. ＿＿＿乡（镇）＿＿＿村（组）＿＿＿公顷，其中耕地＿＿＿公顷。
3. ＿＿＿乡（镇）＿＿＿村（组）＿＿＿公顷，其中耕地＿＿＿公顷。
4. ……

四、土地补偿安置标准

（一）土地补偿费和安置补助费标准

地类名称		面积（公顷）	土地补偿费标准	安置补助费标准
耕地				
林地				
园地				
牧草地				
水域				
交通用地				
村庄、工矿用地				
未利用土地				

（二）地上附着物补偿标准

（三）青苗补偿标准

（四）社会保障金标准

五、被征收土地所涉及的农业人员安置办法

六、被征收土地四至范围内的土地所有权人、使用权人在本公告规定的期限内，持土地权属证书或其他有关证明材料，到指定的地点办理征地补偿登记，请相互转告。

凡从自然资源主管部门现场调查之日起，抢建、抢种的地上附着物不予办理补偿登记。

	登记时间	登记地点	复核时间
_____乡（镇） _____村（组）	月　　日至　　月　　日		
_____乡（镇） _____村（组）	月　　日至　　月　　日		
_____乡（镇） _____村（组）	月　　日至　　月　　日		

七、土地所有权人、使用权人在规定期限内不办理征地补偿登记将被视为放弃其应有的权益。

特此公告。

市（县）人民政府盖章

_____年_____月_____日

附录九

_____ 市（县）自然资源局
征地补偿安置方案公告（格式）

[_____ （年）] 第 号

根据国务院（_____省人民政府）以_____〔_____（年）〕_____号批准的《征收土地方案》，_____市（县）自然资源局经对被征村（组）征地补偿登记的复核，拟订了《征地补偿安置方案》。根据《中华人民共和国土地管理法》第四十七条和《中华人民共和国土地管理法实施条例》第二十五条规定，现将《征地补偿安置方案》内容和有关事项，公告如下。

一、土地补偿安置标准
二、地上附着物补偿标准
三、青苗补偿标准
四、社会保障金标准
五、各被征地村（组）征地补偿安置费用
六、被征地农业人口安置办法
七、其他
（以上内容同征地补偿安置方案）

八、被征收土地四至范围内的土地所有权人和土地使用权人对本方案内容如有不同意见，请于_____月_____日前以村委会（村集体经济组织）或村民小组为单位，以收面形式送达_____、_____、_____、〔市（县）自然资源局指定地点〕。

联系人：   联系电话：

九、本方案在征求意见后，报_____市（县）人民政府批准组织实施。根据《中华人民共和国土地管理法实施条例》第二十五条的规定，对批准后的《征地补偿安置方案》有争议，不影响组织实施。

特此公告。

市（县）自然资源局盖章

年　月　日

附录十

国有建设用地使用权出让意向书（格式）

出让人：中华人民共和国_____省（自治区、直辖市）_____市（县）_____；

拟受让人：_____。

出让人（甲方）与拟受让人（乙方）双方本着平等、自愿、有偿、诚实信用的原则，经过双方协商一致，达成以下用地意向：

第一条　甲方将位于_____的宗地使用权出让给乙方，宗地编号为_____，宗地面积（大写）_____平方米（小写_____平方米）。宗地四至：东_____，南_____，西_____，北_____。

第二条　本用地意向书拟出让宗地的用途为_____，土地使用权出让年期为_____。

第三条　甲方同意在交付土地时该宗地应达到本条第_____款规定的土地条件：

（一）达到场地平整和周围基础设施_____通，即通_____。

（二）周围基础设施达到_____通，即通_____，但场地尚未拆迁和平整，建筑物和其他地上物状况如下：_____。

（三）现状土地条件。

第四条　本用地意向书宗地的土地使用权出让金为每平方米人民币（大写）_____元（小写_____元）；总额为人民币大写_____元（小写_____元），付款方式_____。

第五条　乙方在本用地意向书的宗地范围内新建建筑物的，应符合下列要求：

主体建筑物性质_____；

附属建筑物性质_____；

建筑容积率_____；

建筑密度_____；

建筑限高_____；

投资强度_____；

绿地比例_____；

其他土地利用要求_____；

第六条　乙方同意在本用地意向书的宗地范围内一并修建下列工程，并在建后，无偿移交给政府：

（一）_____；

（二）_____；

第七条　乙方知悉本《国有建设用地使用权出让意向书》的内容。

需要在土地交易场所和中国土地市场网上公示____日，并根据公示期满的反馈情况，按以下情况处理：

（一）公示期间，有异议且经审查发现确实存在违反法律法规行为的，协议出让程序终止，并严格依法处理。

（二）公示期满，无异议或虽有异议但经审查没有发现存在违反法律法规行为的，双方将按本意向书约定签订《国有建设用地使用权出让合同》。

第八条　符合本意向书第七条第二款规定条件的，双方同意于_____年_____月_____日在_____签订《国有建设用地使用权出让合同》。

第九条　本意向书对双方具有同等法律效力。

第十条　本《国有建设用地使用权出让意向书》未尽事宜，可由双方约定后作为附件，与本意向书具有同等法律效力。

出让人（甲方）：　　　　　　　　拟受让人（乙方）：
地址：　　　　　　　　　　　　　地址：
法定代表人（委托代理人）（签字）：　法定代表人（委托代理人）（签字）：
电话：　　　　　　　　　　　　　电话：
邮政编码：　　　　　　　　　　　邮政编码：

年　月　日

附录十一

国有建设用地使用权招标拍卖挂牌出让方案（格式）

国有建设用地使用权招拍挂出让方案（商住）

		宗地编号			
原宗地基本情况		位置		原权属情况	
		土地权属来源			
		土地用途		储备或收回成本（万元）	
		土地面积（公顷/亩）			
规划设计条件		规划面积（公顷/亩）		规划用途	
		容积率		其他详见《＊＊＊＊规划条件》编号：＊＊＊＊	
房地产开发项目建设条件		开工建设时间		项目竣工时间	
		配建等要求			
基准地价		级别		价格（万元/亩）	
				楼面地价（元/m²）	
出让意见		用途		出让面积（公顷/亩）	
		出让方式		出让期限（年）	
		宗地四至			
		土地开发程度			
		评估总地价（万元）		评估单价（万元/亩）	
				楼面地价（元/m²）	
		出让价格内涵		交地时间	
		起始价格		单价（万元/亩）	
				楼面地价（元/m²）	
		底价		增价幅度（万元）	

(续表)

价款支付方式和期限		
实施要点	出让时间和地点	
	公告媒介和时间	
	承办机构	
说明事项	宗地成交后，凭成交确认书、国有建设用地使用权出让合同、建设用地规划许可证，由_____按规定时间，办理供地交接手续	
市县自然资源局意见	签字（盖章） 年　月　日	
市县政府批准意见	签字（盖章） 年　月　日	
附件	1. 规划条件 2. 房地产开发项目意见书 3. 区域位置图 4. 地下管网说明	

国有建设用地使用权招拍挂出让方案（工业）

		宗地编号			
原宗地基本情况		位置		原权属情况	
		土地权属来源			
		土地用途		储备或收回成本（万元）	
		土地面积（公顷/亩）			
规划设计条件		规划面积（公顷/亩）		规划用途	
		容积率		其他详见《****规划条件》编号：****	
环保约束条件					
项目建设条件		开工建设时间		项目竣工时间	
		配建等要求			
基准地价		级别		价格（万元/亩）	
出让意见		用途		出让面积（公顷/亩）	
		出让方式		出让期限（年）	
		宗地四至			
		土地开发程度			
		评估总地价（万元）		评估单价（万元/亩）	
		交地时间		开工建设时间	
		项目竣工时间		出让价格内涵	
		起始价格（万元）		单价（万元/亩）	
		是否设置底价		增加幅度（万元）	

(续表)

价款支付方式和期限		
实施要点	出让时间和地点	
	公告媒介和时间	
	承办机构	
说明事项	宗地成交后，凭成交确认书、国有建设用地使用权出让合同、建设用地规划许可证，由 _____ 按规定时间，办理供地交接手续	
市县自然资源局意见	签字（盖章） 年　月　日	
市县政府批准意见	签字（盖章） 年　月　日	
附件	1. 产业类别及准入条件 2. 环保约束条件 3. 规划 4. 区域位置图 5. 地下管网说明	

备注：（1）本方案经市县人民政府批准后实施；（2）本方案一式十份。

附录十二

招标拍卖挂牌出让国有建设用地使用权示范文本

A 国有建设用地使用权出让预申请书示范文本

国有建设用地使用权出让预申请书

_____自然资源局：

我方现申请受让位于_____（位置）编号为_____的地块［地段］中_____平方米的土地使用权，具体四至为：_____。该地块已列入你局公布的招标拍卖挂牌出让计划。我方愿意以_____元/平方米，总计人民币_____万元（大写）（¥_____）为最低出价，若获你局同意，我方愿意签订说明此意的承诺书，交纳相应的保证金，并按要求参加你局组织的此宗地招标拍卖挂牌出让活动。

申请人：_____（加盖公章）

法定代表人（或授权委托代理人）签名：_____

联系人：_____

地　址：_____

邮政编码：_____

电　话：_____

申请日期：_____年_____月_____日

B 国有建设用地使用权出让公告文本格式

1. 国有建设用地使用权招标出让公告格式

自然资源局
国有建设用地使用权招标出让公告

告字［　　］　号

经_____人民政府批准，_____资源局决定以招标方式出让_____（幅）地块的国有建设用地使用权。现将有关事项公告如下：

一、招标出让地块的基本情况和规划指标要求

编号	土地位置	土地面积（m²）	土地用途	规划指标要求			出让年限（年）	投资强度要求	投标保证金	……
				容积率	建筑密度	……				

［其他需要说明的宗地情况］

二、中华人民共和国境内外的法人、自然人和其他组织均可申请参加，申请人应当［可以］单独申请，也可以联合申请。［申请人应具备的其他条件］

三、本次国有建设用地使用权招标出让按照价高者得原则确定中标人［本次国有建设用地使用权招标出让按照能够最大限度地满足招标文件中规定的各项综合评价标准者得的原则确定中标人］。

四、本次招标出让的详细资料和具体要求，见招标出让文件。申请人可于_____年_____月_____日至_____年_____月_____日，到_____（地点）获取招标出让文件。

五、申请人可于_____年_____月_____日至_____年_____月_____日，到_____（地点）向我局提交书面申请。交纳投标保证金的截止时间为_____年_____月_____日_____时。经审查，申请人按规定交纳投标保证金，具备申请条件的，我局将在_____年_____月_____日_____时前确认其投标资格。

六、本次国有建设用地使用权招标出让活动定于_____年_____月_____日_____时至_____年_____月_____日_____时在_____（地点）投标，_____年_____月_____日_____时在_____（地点）开标。

七、其他需要公告的事项

（一）本次招标不允许［允许］邮寄投标文件，但必须在投标截止时间前收到方为有效，具体时间以我局收到投标文件的时间为准。

　　……

八、联系方式与银行账户

联系地址：_____

联系电话：_____

联 系 人：_____

开户单位：_____

开 户 行：_____

账　　号：_____

_____自然资源局

_____年_____月_____日

2. 投标邀请书格式

_____自然资源局
国有建设用地使用权投标邀请书

_____（被邀请单位名称）：

经_____人民政府批准，_____自然资源局决定采取邀请招标方式出让_____（幅）地块的国有建设用地使用权，现邀请你单位参加投标。具体事项如下：

一、招标出让地块的基本情况和规划指标要求

编号	土地位置	土地面积（m²）	土地用途	规划指标要求			出让年限（年）	投资强度要求	投标保证金	……
				容积率	建筑密度	……				

[其他需要说明的宗地情况]

二、投标人应具备以下条件

…………

三、本次国有建设用地使用权招标出让按照能够最大限度地满足招标文件中规定的各项综合评价标准者得的原则确定中标人。

四、本次招标出让的详细资料和具体要求，见招标出让文件。你单位若愿意参加此次投标活动，可于_____年_____月_____日至_____年_____月_____日到_____（地点）获取招标文件。

五、你单位可于_____年_____月_____日至_____年_____月_____日到_____（地点）向我局提交书面申请。交纳投标保证金的截止时间为_____年_____月_____日_____时。经审查，你单位按规定交纳投标保证金，具备申请条件的，我局将在_____年_____月_____日_____时前确认投标资格。

六、本次国有建设用地使用权招标出让活动定于_____年_____月_____日_____时至_____年_____月_____日_____时在_____（地点）投标，_____年_____月_____日_____时在_____（地点）开标。

七、其他需要注意的事项

（一）本次招标不允许［允许］邮寄投标文件，但必须在投标截止时间前收到方为有效，具体时间以我局收到投标文件的时间为准。

……

八、联系方式与银行账户

联系地址：_____

联系电话：_____

联 系 人：_____

开户单位：_____

开 户 行：_____

账　　号：_____

_____自然资源局

____年____月____日

3. 国有建设用地使用权拍卖出让公告格式

＿＿＿＿＿自然资源局
国有建设用地使用权拍卖出让公告

＿＿＿＿告字〔　　〕　　号

经＿＿＿＿人民政府批准，＿＿＿＿自然资源局决定以拍卖方式出让＿＿＿＿（幅）地块的国有建设用地使用权。现将有关事项公告如下：

一、拍卖出让地块的基本情况和规划指标要求

编号	土地位置	土地面积（m²）	土地用途	规划指标要求			出让年限（年）	投资强度要求	投标保证金	……
				容积率	建筑密度	……				

〔其他需要说明的宗地情况〕

二、中华人民共和国境内外的法人、自然人和其他组织均可申请参加，申请人应当〔可以〕单独申请，也可以联合申请。〔申请人应具备的其他条件〕

三、本次国有建设用地使用权拍卖出让采用增价拍卖方式，按照价高者得原则确定竞得人。

四、本次拍卖出让的详细资料和具体要求，见拍卖出让文件。申请人可于＿＿＿＿年＿＿＿月＿＿＿日至＿＿＿年＿＿＿月＿＿＿日，到＿＿＿＿＿＿＿＿＿（地点）获取拍卖出让文件。

五、申请人可于＿＿＿年＿＿＿月＿＿＿日至＿＿＿年＿＿＿月＿＿＿日，到＿＿＿＿＿＿＿（地点）向我局提交书面申请。交纳竞买保证金的截止时间为＿＿＿年＿＿＿月＿＿＿日＿＿＿时。经审查，申请人按规定交纳竞买保证金，具备申请条件的，我局将在＿＿＿年＿＿＿月＿＿＿日＿＿＿时前确认其竞买资格。

六、本次国有建设用地使用权拍卖会定于＿＿＿年＿＿＿月＿＿＿日＿＿＿时在＿＿＿＿＿＿＿（地点）举办。

七、其他需要公告的事项

…………

八、联系方式与银行账户

联系地址：_____

联系电话：_____

联 系 人：_____

开户单位：_____

开 户 行：_____

账   号：_____

_____自然资源局

_____年_____月_____日

4. 国有建设用地使用权挂牌出让公告格式

＿＿＿＿＿＿自然资源局
国有建设用地使用权挂牌出让公告

＿＿＿＿＿告字〔　　〕　　号

经＿＿＿＿人民政府批准，＿＿＿＿自然资源局决定以挂牌方式出让＿＿＿＿（幅）地块的国有建设用地使用权。现将有关事项公告如下：

一、挂牌出让地块的基本情况和规划指标要求

编号	土地位置	土地面积（m²）	土地用途	规划指标要求			出让年限（年）	投资强度要求	投标保证金	……
				容积率	建筑密度	……				

〔其他需要说明的宗地情况〕

二、中华人民共和国境内外的法人、自然人和其他组织均可申请参加，申请人应当〔可以〕单独申请，也可以联合申请。〔申请人应具备的其他条件〕

三、本次国有建设用地使用权挂牌出让按照价高者得原则确定竞得人。

四、本次挂牌出让的详细资料和具体要求，见挂牌出让文件。申请人可于＿＿＿＿年＿＿＿＿月＿＿＿＿日至＿＿＿＿年＿＿＿＿月＿＿＿＿日，到＿＿＿＿＿＿＿＿（地点）获取挂牌出让文件。

五、申请人可于＿＿＿＿年＿＿＿＿月＿＿＿＿日至＿＿＿＿年＿＿＿＿月＿＿＿＿日，到＿＿＿＿＿＿＿＿（地点）向我局提交书面申请。交纳竞买保证金的截止时间为＿＿＿＿年＿＿＿＿月＿＿＿＿日＿＿＿＿时。经审查，申请人按规定交纳竞买保证金，具备申请条件的，我局将在＿＿＿＿年＿＿＿＿月＿＿＿＿日＿＿＿＿时前确认其竞买资格。

六、本次国有建设用地使用权挂牌地点为＿＿＿＿＿＿＿＿；各地块挂牌时间分别：

1. ＿＿号地块：＿＿＿＿年＿＿＿＿月＿＿＿＿日＿＿＿＿时至＿＿＿＿年＿＿＿＿月＿＿＿＿日＿＿＿＿时；

2. ＿＿号地块：＿＿＿＿年＿＿＿＿月＿＿＿＿日＿＿＿＿时至＿＿＿＿年＿＿＿＿月＿＿＿＿日＿＿＿＿时；

　　…………

七、其他需要公告的事项

（一）挂牌时间截止时，有竞买人表示愿意继续竞价，转入现场竞价，通过现场竞价确定竞得人。

……

八、联系方式与银行账户

联系地址：_____

联系电话：_____

联 系 人：_____

开户单位：_____

开 户 行：_____

账 　 号：_____

_____自然资源局

_____年_____月_____日

5. 国有建设用地使用权公开出让公告格式

＿＿＿＿＿＿自然资源局
国有建设用地使用权公开出让公告

＿＿＿＿告字 [　　] 　　号

经＿＿＿＿人民政府批准，＿＿＿＿自然资源局决定公开出让＿＿＿＿（幅）地块的国有建设用地使用权。现将有关事项公告如下：

一、公开出让地块的基本情况和规划指标要求

编号	土地位置	土地面积（m²）	土地用途	规划指标要求		……	出让年限（年）	投资强度要求	投标保证金	……
				容积率	建筑密度					

[其他需要说明的宗地情况]

二、中华人民共和国境内外的法人、自然人和其他组织均可申请参加，申请人应当［可以］单独申请，也可以联合申请。[申请人应具备的其他条件]

三、我局将根据申请截止时的申请情况，在＿＿＿年＿＿＿月＿＿＿日＿＿＿时确定上述宗地公开出让的具体方式（招标、拍卖或挂牌），并告知所有申请人。

本次国有建设用地使用权公开出让按照价高者得原则确定受让人。

四、本次公开出让的详细资料和具体要求，见公开出让文件。申请人可于＿＿＿年＿＿＿月＿＿＿日至＿＿＿年＿＿＿月＿＿＿日，到＿＿＿＿＿＿＿（地点）获取出让文件。

五、申请人可于＿＿＿年＿＿＿月＿＿＿日至＿＿＿年＿＿＿月＿＿＿日，到＿＿＿＿＿＿＿（地点）向我局提交书面申请。交纳投标、竞买保证金的截止时间为＿＿＿年＿＿＿月＿＿＿日＿＿＿时。经审查，申请人按规定交纳投标、竞买保证金，具备申请条件的，我局将在＿＿＿年＿＿＿月＿＿＿日＿＿＿时前确认其投标、竞买资格。

六、公开出让的时间为＿＿＿年＿＿＿月＿＿＿日＿＿＿时，地点为＿＿＿＿＿＿。

七、其他需要公告的事项
　……

八、联系方式与银行账户

联系地址：_____

联系电话：_____

联 系 人：_____

开户单位：_____

开 户 行：_____

账　　号：_____

_____自然资源局

____年____月____日

C 投标［竞买］申请书示范文本

投标［竞买］申请书

＿＿＿＿＿＿自然资源局：

经认真阅读编号为＿＿＿＿地块的招标［拍卖］［挂牌］出让文件，我方完全接受并愿意遵守你局国有建设用地使用权招标［拍卖］［挂牌］出让文件中的规定和要求，对所有文件均无异议。

我方现正式申请参加你局于＿＿＿年＿＿＿月＿＿＿日在＿＿＿＿＿＿＿＿（地点）举行的＿＿＿地块国有建设用地使用权招标［拍卖］［挂牌］活动。

我方愿意按招标［拍卖］［挂牌］出让文件规定，交纳投标［竞买］保证金人民币＿＿＿万元（大写）（￥＿＿＿）。

若能中标［竞得］该地块，我方保证按照国有建设用地使用权招标［拍卖］［挂牌］出让文件的规定和要求履行全部义务。

若我方在国有建设用地使用权招标［拍卖］［挂牌］出让活动中，出现不能按期付款或有其他违约行为，我方愿意承担全部法律责任，并赔偿由此产生的损失。

特此申请和承诺。

附件：

1. ＿＿＿＿＿＿＿＿＿＿；
2. ＿＿＿＿＿＿＿＿＿＿；
…………

申 请 人：＿＿＿＿＿＿＿＿＿＿（加盖公章）

法定代表人（或授权委托代理人）签名：＿＿＿＿＿＿

联 系 人：＿＿＿＿＿＿＿＿＿＿＿＿＿＿＿＿

地　　址：＿＿＿＿＿＿＿＿＿＿＿＿＿＿＿＿

邮政编码：＿＿＿＿＿＿＿＿＿＿＿＿＿＿＿＿

电　　话：＿＿＿＿＿＿＿＿＿＿＿＿＿＿＿＿

申请日期：＿＿＿年＿＿＿月＿＿＿日

D 投标［竞买］资格确认书示范文本

投标［竞买］资格确认书

＿＿＿＿＿＿＿＿（投标［竞买］人名称）：

你方提交的对＿＿＿＿号地块的投标［竞买］申请书及相关文件资料收悉。经审查，你方已按规定交纳了投标［竞买］保证金，所提交文件资料符合我方本次招标［拍卖］［挂牌］出让文件的规定和要求，现确认你方具备参加本次国有建设用地使用权投标［拍卖竞买］［挂牌竞买］资格。请持此《投标［竞买］资格确认书》参加我局于_____年_____月_____日_____时在_____（地点）举行的国有建设用地使用权招标［拍卖］［挂牌］活动。

_____自然资源局

_____年___月___日

E　国有建设用地使用权招标出让投标书示范文本

国有建设用地使用权招标出让投标书

_____自然资源局：

经认真阅读_____号地块招标出让文件和现场踏勘，我方完全接受招标出让文件中的规定和要求，愿意以人民币_____万元（大写）（¥_____）的价格竞投该地块国有建设用地使用权。按照招标文件规定，我方随本标书一同提交以下文件：

（1）_____；
（2）_____；
…………

我方承诺，所提交的标书及相关文件真实准确。

我方已按招标出让文件的规定，交纳了人民币_____万元（大写）（¥_____）的投标保证金。我方承诺，在接到你局发出的《中标通知书》后，将按约定及时签订《国有建设用地使用权出让合同》。如果我方未在规定期限内签订《国有建设用地使用权出让合同》，或不能按《国有建设用地使用权出让合同》约定交付全部中标价款，或违反招标文件的规定，或不履行本投标书承诺等，均可被视为违约，你局可不退还我方交纳的投标保证金。

在《中标通知书》发出后、《国有建设用地使用权出让合同》签订及履行以前，本标书为你局与我方之间具有法律约束力的文件。

其他需要说明的事项：_____
投　标　人：_____（加盖公章）
法定代表人（或授权委托代理人）签名：_____
联　系　人：_____
地　　　址：_____
邮政编码：_____
电　　　话：_____
投标日期：_____年_____月_____日

F 国有建设用地使用权挂牌出让竞买报价单示范文本

国有建设用地使用权挂牌出让竞买报价单

竞买人编号：_____

地块编号		由竞买人填写
竞买报价	人民币_____万元（大写） ￥_____	
竞买人	名称： （加盖公章）	
法定代表人 （或授权委托代理人）	（签名）	
收到报价时间	____年____月____日____时____分	由挂牌主持人填写
挂牌主持人	（签名）	
确认时间	____年____月____日____时____分	

G 授权委托书示范文本

授权委托书

委托人		受托人	
姓　名		姓　名	
性　别		性　别	
出生日期		出生日期	
工作单位		工作单位	
职　务		职　务	
证件号码	身份证（　） 护照（　）	证件号码	身份证（　） 护照（　）

　　本人授权_____（受托人）代表本人参加____年____月____日在_____（地点）举办的编号为_____地块的国有建设用地使用权招标［拍卖］［挂牌］出让活动，代表本人签订《国有土地使用权出让合同》等具有法律意义的文件、凭证等。
　　受托人在该地块招标［拍卖］［挂牌］出让活动中所做出的承诺、签署的合同或文件，本人均予以承认，并承担由此产生的法律后果。

委托人（签名）：_____
____年____月____日

备注	兹证明本委托书确系本单位法定代表人_____亲自签署。 <div style="text-align:right">（单位公章） ____年____月____日</div>

H 中标通知书示范文本

中标通知书

　　_____（中标人名称）：

　　现确定你方为编号_____地块的国有建设用地使用权招标出让中标人，有关事项通知如下：

　　该地块中标单价为每平方米人民币_____元（大写）（￥_____），总价为人民币_____万元（大写）（￥_____）。其中，出让金单价为每平方米人民币_____元（大写）（￥_____），总价为人民币_____万元（大写）（￥_____）。

　　本《中标通知书》一经签发，即视为成交。你方交纳的投标保证金，自动转作受让地块的定金。你方应当于_____年_____月_____日之前，持本《中标通知书》到_____（地点）与_____自然资源局签订《国有建设用地使用权出让合同》。不按期签订《国有建设用地使用权出让合同》的，视为你方放弃中标资格，你方应承担相应法律责任。

　　本《中标通知书》一式_____份，招标人执_____份，中标人执_____份。

　　特此通知。

　　招标人：_____（加盖公章）

　　　　　　　　　　　　　　　　　　_____年_____月_____日

I 成交确认书示范文本

成交确认书

　　在_____年_____月_____日_____（地点）举办的国有建设用地使用权拍卖［挂牌］出让活动中，_____（竞得人）竞得编号_____地块的国有建设用地使用权。现将有关事项确认如下：

　　该地块成交单价为每平方米人民币_____元（大写）（￥_____），总价为人民币_____万元（大写）（￥_____）。其中，出让金单价为每平方米人民币_____元（大写）（￥_____），总价为人民币_____万元（大写）（￥_____）。

　　竞得人交纳的竞买保证金，自动转作受让地块的定金。_____（竞得人）应当于_____年_____月_____日之前，持本《成交确认书》到_____（地点）与_____自然资源局签订《国有建设用地使用权出让合同》。不按期签订《国有建设用地使用权出让合同》的，视为竞得人放弃竞得资格，竞得人应承担相应法律责任。

　　本《成交确认书》一式_____份，拍卖［挂牌］人执_____份，竞得人执_____份。

　　特此确认。

　　拍卖［挂牌］人：_____

　　竞　得　人：_____

　　　　　　　　　　　　　　　　　　_____年_____月_____日

附录十三

国有建设用地使用权出让合同（格式）

本合同双方当事人：

出让人：中华人民共和国_____省（自治区、直辖市）_____市（县）_____局；

通信地址：_____；邮政编码：_____；电话：_____；传真_____；开户银行：_____；账号：_____。

受让人：_____；

通信地址：_____；邮政编码：_____；电话：_____；传真：_____；开户银行：_____；账号：_____。

第一章 总 则

第一条 根据《中华人民共和国土地管理法》《中华人民共和国城市房地产管理法》等法律、有关行政法规及土地供应政策规定，双方本着平等、自愿、有偿、诚实信用的原则，订立本合同。

第二条 出让土地的所有权属中华人民共和国，出让人根据法律的授权出让国有建设用地使用权，地下资源、埋藏物不属于国有建设用地使用权出让范围。

第三条 受让人对依法取得的国有建设用地，在出让期限内享有占有、使用、收益和依法处置的权利，有权利用该土地依法建造建筑物、构筑物及其附属设施。

第二章 出让土地的交付与出让价款的缴纳

第四条 本合同项下出让宗地编号为_____，宗地总面积大写_____平方米（小写_____平方米），其中出让宗地面积为大写_____平方米（小写_____平方米）。

本合同项下的出让宗地坐落于_____。

本合同项下出让宗地的平面界址为_____；出让宗地的平面界址图见附件1。

本合同项下出让宗地的竖向界限以_____为上界限，以_____为下界限，高差为_____米。出让宗地竖向界限见附件2。

出让宗地空间范围是以上述界址点所构成的垂直面和上、下界限高程平面封闭形成的空间范围。

第五条 本合同项下出让宗地的用途为_____。

第六条 出让人同意在_____年_____月_____日前将出让宗地交付给受让人，出让人同意在交付土地时该宗地应达到本条第_____项规定的土地条件：

（一）场地平整达到_____；周围基础设施达到_____；

（二）现状土地条件 _____。

第七条　本合同项下的国有建设用地使用权出让年期为_____年，按本合同第六条约定的交付土地之日起算；原划拨（承租）国有建设用地使用权补办出让手续的，出让年期自合同签订之日起算。

第八条　本合同项下宗地的国有建设用地使用权出让价款为人民币大写_____元（小写_____元），每平方米人民币大写_____元（小写_____元）。

第九条　本合同项下宗地的定金为人民币大写_____元（小写_____元），定金抵作土地出让价款。

第十条　受让人同意按照本条第____款第____项的规定向出让人支付国有建设用地使用权出让价款：

（一）本合同签订之日起__日内，一次性付清国有建设用地使用权出让价款；

（二）按以下时间和金额分　期向出让人支付国有建设用地使用权出让价款。

第一期　人民币大写_____元（小写_____元），付款时间：_____年_____月_____日之前。

第二期　人民币大写_____元（小写_____元），付款时间：_____年_____月_____日之前。

第　期　人民币大写_____元（小写_____元），付款时间：_____年_____月_____日之前。

第　期　人民币大写_____元（小写_____元），付款时间：_____年_____月_____日之前。

分期支付国有建设用地使用权出让价款的，受让人在支付第二期及以后各期国有建设用地使用权出让价款时，同意按照支付第一期土地出让价款之日中国人民银行公布的贷款利率，向出让人支付利息。

第十一条　受让人应在按本合同约定付清本宗地全部出让价款后，持本合同和出让价款缴纳凭证等相关证明材料，申请出让国有建设用地使用权登记。

第三章　土地开发建设与利用

第十二条　受让人同意本合同项下宗地开发投资强度按本条第_____项规定执行：

（一）本合同项下宗地用于工业项目建设，受让人同意本合同项下宗地的项目固定资产总投资不低于经批准或登记备案的金额人民币大写_____万元（小写_____万元），投资强度不低于每平方米人民币大写_____元（小写_____元）。本合同项下宗地建设项目的固定资产总投资包括建筑物、构筑物及其附属设施、设备投资和出让价款等。

（二）本合同项下宗地用于非工业项目建设，受让人承诺本合同项下宗地的开发投资总额不低于人民币大写_____万元（小写_____万元）。

第十三条　受让人在本合同项下宗地范围内新建建筑物、构筑物及其附属设施的，应符合市（县）政府规划管理部门确定的出让宗地规划条件（见附件3）。其中：

主体建筑物性质_____；附属建筑物性质_____；

建筑总面积_____平方米；建筑容积率不高于_____不低于_____；

建筑限高_____；建筑密度不高于_____不低于_____；

绿地率不高于_____不低于_____；其他土地利用要求_____。

第十四条　受让人同意本合同项下宗地建设配套按本条第_____项规定执行：

（一）本合同项下宗地用于工业项目建设，根据规划部门确定的规划设计条件，本合同受让宗地范围内用于企业内部行政办公及生活服务设施的占地面积不超过受让宗地面积的_____%，即不超过_____平方米，建筑面积不超过_____平方米。受让人同意不在受让宗地范围内建造成套住宅、专家楼、宾馆、招待所和培训中心等非生产性设施；

（二）本合同项下宗地用于住宅项目建设，根据规划建设管理部门确定的规划建设条件，本合同受让宗地范围内住宅建设总套数不少于_____套。其中，套型建筑面积90平方米以下住房套数不少于_____套，住宅建设套型要求为_____。本合同项下宗地范围内套型建筑面积90平方米以下住房面积占宗地开发建设总面积的比例不低于_____%。本合同项下宗地范围内配套建设的经济适用住房、廉租住房等政府保障性住房，受让人同意建成后按本项下第_____种方式履行：

1. 移交给政府；

2. 由政府回购；

3. 按政府经济适用住房建设和销售管理的有关规定执行；

4. _____；

5. _____。

第十五条　受让人同意在本合同项下宗地范围内同步修建下列工程配套项目，并在建成后无偿移交给政府：

（一）_____；

（二）_____；

（三）_____。

第十六条　受让人同意本合同项下宗地建设项目在_____年_____月_____日之前开工，在_____年_____月_____日之前竣工。

受让人不能按期开工，应提前30日向出让人提出延建申请，经出让人同意延建的，其项目竣工时间相应顺延，但延建期限不得超过一年。

第十七条　受让人在本合同项下宗地内进行建设时，有关用水、用气、污水及其他设施与宗地外主管线、用电变电站接口和引入工程，应按有关规定办理。

受让人同意政府为公用事业需要而敷设的各种管道与管线进出、通过、穿越受让宗地，但由此影响受让宗地使用功能的，政府或公用事业营建主体应当给予合理补偿。

第十八条 受让人应当按照本合同约定的土地用途、容积率利用土地，不得擅自改变。在出让期限内，需要改变本合同约定的土地用途的，双方同意按照本条第____项规定办理：

（一）由出让人有偿收回建设用地使用权；

（二）依法办理改变土地用途批准手续，签订国有建设用地使用权出让合同变更协议或者重新签订国有建设用地使用权出让合同，由受让人按照批准改变时新土地用途下建设用地使用权评估市场价格与原土地用途下建设用地使用权评估市场价格的差额补缴国有建设用地使用权出让价款，办理土地变更登记。

第十九条 本合同项下宗地在使用期限内，政府保留对本合同项下宗地的规划调整权，原规划如有修改，该宗地已有的建筑物不受影响，但在使用期限内该宗地建筑物、构筑物及其附属设施改建、翻建、重建，或者期限届满申请续期时，必须按届时有效的规划执行。

第二十条 对受让人依法使用的国有建设用地使用权，在本合同约定的使用年限届满前，出让人不得收回；在特殊情况下，根据社会公共利益需要提前收回国有建设用地使用权的，出让人应当依照法定程序报批，并根据收回时地上建筑物、构筑物及其附属设施的价值和剩余年期国有建设用地使用权的评估市场价格及经评估认定的直接损失给予土地使用者补偿。

第四章 国有建设用地使用权转让、出租、抵押

第二十一条 受让人按照本合同约定支付全部国有建设用地使用权出让价款，领取国有土地使用证后，有权将本合同项下的全部或部分国有建设用地使用权转让、出租、抵押。首次转让的，应当符合本条第____项规定的条件：

（一）按照本合同约定进行投资开发，完成开发投资总额的百分之二十五以上；

（二）按照本合同约定进行投资开发，已形成工业用地或其他建设用地条件。

第二十二条 国有建设用地使用权的转让、出租及抵押合同，不得违背国家法律、法规规定和本合同约定。

第二十三条 国有建设用地使用权全部或部分转让后，本合同和土地登记文件中载明的权利、义务随之转移，国有建设用地使用权的使用年限为本合同约定的使用年限减去已经使用年限后的剩余年限。

本合同项下的全部或部分国有建设用地使用权出租后，本合同和土地登记文件中载明的权利、义务仍由受让人承担。

第二十四条 国有建设用地使用权转让、抵押的，转让、抵押双方应持本合同和相应的转让、抵押合同及国有土地使用证，到国土资源管理部门申请办理土地变更登记。

第五章 期限届满

第二十五条 本合同约定的使用年限届满，土地使用者需要继续使用本合同项下

宗地的，应当至迟于届满前一年向出让人提交续期申请书，除根据社会公共利益需要收回本合同项下宗地的，出让人应当予以批准。

住宅建设用地使用权期限届满的，自动续期。

出让人同意续期的，土地使用者应当依法办理出让、租赁等有偿用地手续，重新签订出让、租赁等土地有偿使用合同，支付土地出让价款、租金等土地有偿使用费。

第二十六条　土地出让期限届满，土地使用者申请续期，因社会公共利益需要未获批准的，土地使用者应当交回国有土地使用证，并依照规定办理国有建设用地使用权注销登记，国有建设用地使用权由出让人无偿收回。出让人和土地使用者同意本合同项下宗地上的建筑物、构筑物及其附属设施，按本条第_____项约定履行：

（一）由出让人收回地上建筑物、构筑物及其附属设施，并根据收回时地上建筑物、构筑物及其附属设施的残余价值，给予土地使用者相应补偿；

（二）由出让人无偿收回地上建筑物、构筑物及其附属设施。

第二十七条　土地出让期限届满，土地使用者没有申请续期的，土地使用者应当交回国有土地使用证，并依照规定办理国有建设用地使用权注销登记，国有建设用地使用权由出让人无偿收回。本合同项下宗地上的建筑物、构筑物及其附属设施，由出让人无偿收回，土地使用者应当保持地上建筑物、构筑物及其附属设施的正常使用功能，不得人为破坏。地上建筑物、构筑物及其附属设施失去正常使用功能的，出让人可要求土地使用者移动或拆除地上建筑物、构筑物及其附属设施，恢复场地平整。

第六章　不可抗力

第二十八条　合同双方当事人任何一方由于不可抗力原因造成的本合同部分或全部不能履行，可以免除责任，但应在条件允许下采取一切必要的补救措施以减少因不可抗力造成的损失。当事人迟延履行期间发生的不可抗力，不具有免责效力。

第二十九条　遇有不可抗力的一方，应在7日内将不可抗力情况以信函、电报、传真等书面形式通知另一方，并在不可抗力发生后15日内，向另一方提交本合同部分或全部不能履行或需要延期履行的报告及证明。

第七章　违约责任

第三十条　受让人应当按照本合同约定，按时支付国有建设用地使用权出让价款。受让人不能按时支付国有建设用地使用权出让价款的，自滞纳之日起，每日按迟延支付款项的_____‰向出让人缴纳违约金，延期付款超过60日，经出让人催交后仍不能支付国有建设用地使用权出让价款的，出让人有权解除合同，受让人无权要求返还定金，出让人并可请求受让人赔偿损失。

第三十一条　受让人因自身原因终止该项目投资建设，向出让人提出终止履行本合同并请求退还土地的，出让人报经原批准土地出让方案的人民政府批准后，分别按以下约定，退还除本合同约定的定金以外的全部或部分国有建设用地使用权出让价款

（不计利息），收回国有建设用地使用权，该宗地范围内已建的建筑物、构筑物及其附属设施可不予补偿，出让人还可要求受让人清除已建建筑物、构筑物及其附属设施，恢复场地平整；但出让人愿意继续利用该宗地范围内已建的建筑物、构筑物及其附属设施的，应给予受让人一定补偿：

（一）受让人在本合同约定的开工建设日期届满一年前不少于 60 日向出让人提出申请的，出让人在扣除定金后退还受让人已支付的国有建设用地使用权出让价款；

（二）受让人在本合同约定的开工建设日期超过一年但未满二年，并在届满二年前不少于 60 日向出让人提出申请的，出让人应在扣除本合同约定的定金，并按照规定征收土地闲置费后，将剩余的已付国有建设用地使用权出让价款退还受让人。

第三十二条 受让人造成土地闲置，闲置满一年不满两年的，应依法缴纳土地闲置费；土地闲置满两年且未开工建设的，出让人有权无偿收回国有建设用地使用权。

第三十三条 受让人未能按照本合同约定日期或同意延建所另行约定日期开工建设的，每延期一日，应向出让人支付相当于国有建设用地使用权出让价款总额_____‰的违约金，出让人有权要求受让人继续履约。

受让人未能按照本合同约定日期或同意延建所另行约定日期竣工的，每延期一日，应向出让人支付相当于国有建设用地使用权出让价款总额_____‰的违约金。

第三十四条 项目固定资产总投资、投资强度和开发投资总额未达到本合同约定标准的，出让人可以按照实际差额部分占约定投资总额和投资强度指标的比例，要求受让人支付相当于同比例国有建设用地使用权出让价款的违约金，并可要求受让人继续履约。

第三十五条 本合同项下宗地建筑容积率、建筑密度等任何一项指标低于本合同约定的最低标准的，出让人可以按照实际差额部分占约定最低标准的比例，要求受让人支付相当于同比例国有建设用地使用权出让价款的违约金，并有权要求受让人继续履行本合同；建筑容积率、建筑密度等任何一项指标高于本合同约定最高标准的，出让人有权收回高于约定的最高标准的面积部分，有权按照实际差额部分占约定标准的比例，要求受让人支付相当于同比例国有建设用地使用权出让价款的违约金。

第三十六条 工业建设项目的绿地率、企业内部行政办公及生活服务设施用地所占比例、企业内部行政办公及生活服务设施建筑面积等任何一项指标超过本合同约定标准的，受让人应当向出让人支付相当于宗地出让价款_____‰的违约金，并自行拆除相应的绿化和建筑设施。

第三十七条 受让人按本合同约定支付国有建设用地使用权出让价款的，出让人必须按照本合同约定按时交付出让土地。由于出让人未按时提供出让土地而致使受让人本合同项下宗地占有延期的，每延期一日，出让人应当按受让人已经支付的国有建设用地使用权出让价款的_____‰向受让人给付违约金，土地使用年期自实际交付土地之日起算。出让人延期交付土地超过 60 日，经受让人催交后仍不能交付土地的，受让人有权解除合同，出让人应当双倍返还定金，并退还已经支付国有建设用地使用权出让价款的其余部分，受让人并可请求出让人赔偿损失。

第三十八条　出让人未能按期交付土地或交付的土地未能达到本合同约定的土地条件或单方改变土地使用条件的，受让人有权要求出让人按照规定的条件履行义务，并且赔偿延误履行而给受让人造成的直接损失。土地使用年期自达到约定的土地条件之日起算。

第八章　适用法律及争议解决

第三十九条　本合同订立、效力、解释、履行及争议的解决，适用中华人民共和国法律。

第四十条　因履行本合同发生争议，由争议双方协商解决，协商不成的，按本条第_____项约定的方式解决：

（一）提交_____仲裁委员会仲裁；

（二）依法向人民法院起诉。

第九章　附　则

第四十一条　本合同项下宗地出让方案业经_____人民政府批准，本合同自双方签订之日起生效。

第四十二条　本合同双方当事人均保证本合同中所填写的姓名、通信地址、电话、传真、开户银行、代理人等内容的真实有效，一方的信息如有变更，应于变更之日起15日内以书面形式告知对方，否则由此引起的无法及时告知的责任由信息变更方承担。

第四十三条　本合同和附件共_____页，以中文书写为准。

第四十四条　本合同的价款、金额、面积等项应当同时以大、小写表示，大小写数额应当一致，不一致的，以大写为准。

第四十五条　本合同未尽事宜，可由双方约定后作为合同附件，与本合同具有同等法律效力。

第四十六条　本合同一式_____份，出让人、受让人各执_____份，具有同等法律效力。

出让人（章）：　　　　　　　　　　受让人（章）：

法定代表人（委托代理人）：　　　　法定代表人（委托代理人）：
（签字）：　　　　　　　　　　　　（签字）：

年　　月　　日

附件1：出让宗地平面界址图

附件2：出让宗地竖向界限

附件3：_____市（县）政府规划管理部门确定的出让宗地规划条件

附录十四

国有土地使用权转让合同（格式）

转让方：_____（甲方）
受让方：_____（乙方）

甲、乙双方根据《中华人民共和国土地管理法》《中华人民共和国城市房地产管理法》《中华人民共和国土地管理法实施条例》《中华人民共和国城镇国有土地使用权出让和转让暂行条例》等有关法律法规的规定，本着自愿、平等、有偿的原则订立本合同。

第一条　甲方依据本合同转让土地使用权，土地所有权属中华人民共和国。地下资源、埋藏物和市政公用设施不在本合同的土地使用权转让范围。

第二条　甲方将位于_____区_____号宗地土地使用权有偿转让给乙方（具体位置见附图）。甲方转让给乙方的土地使用权总面积为：_____平方米，其中，①共有土地使用权面积为：_____平方米，其中分摊土地面积_____平方米；②独自土地使用权面积为：_____平方米。土地使用期限自____年____月____日至____年____月____日止。土地用途为：_____。

第三条　乙方应于____年____月____日前向甲方支付土地使用权转让金（人民币）_____元，大写_____。甲方于乙方付清土地使用权转让金后交付土地使用权。甲方承诺交付给乙方的该宗土地无权属及经济纠纷，该宗土地无他项权和法院查封等情况。

第四条　本协议签订后20日内双方依据有关土地法规的规定，到_____自然资源管理部门办理土地使用权登记过户手续，乙方按有关规定交纳土地登记费、契税后领取《中华人民共和国国有土地使用证》。

第五条　本宗土地涉及《_____国有土地使用权有偿出让合同（____字第____号）》（见附件）所规定的受让方权利、义务关系一并转移，乙方承担_____字第_____号出让合同中受让方的原有权利和义务。

第六条　当本合同所指宗地的土地使用权连同地上建筑物发生转让、出租或因抵押等事由出现土地使用权发生转移时，合同乙方所有后继者受让人都是本合同中乙方权益和责任的承受人。

第七条　乙方在受让土地使用权范围内的活动，应遵守中华人民共和国法律、法规以及_____市的法规及规定，其合法权益受法律保护。

第八条　本合同的订立、生效、解释履行及争议的解决，均受中华人民共和国法律的保护和管辖。

第九条　本合同未尽事宜可由双方约定后作为合同附件。本合同一式____份，双方各执一份，自然资源管理部门、公证机关各一份。

第十条 本合同于双方法定代表人签字并加盖公章之日起生效。

甲方：	乙方：
法定代表人：	法定代表人：
地址：	地址：
邮政编码：	邮政编码：
联系方式：	联系方式：

年   月   日

附录十五

国有土地使用权租赁合同（格式）

出租方：＿＿＿＿＿＿＿＿（以下简称甲方）
承租方：＿＿＿＿＿＿＿＿（以下简称乙方）

根据《中华人民共和国土地管理法》《中华人民共和国合同法》《中华人民共和国城镇国有土地使用权出让和转让暂行条例》以及国家、地方的其他有关规定，本着平等、自愿、有偿的原则，经双发协商一致，就甲方将本合同项下的国有土地使用权出租给乙方等事宜签订本合同，以兹双方共同遵守。

一、租赁国有土地使用权的基本情况

1. 甲方同意将位于＿＿＿＿＿＿＿＿＿＿＿＿＿＿＿＿＿的第＿＿＿＿号国有土地使用权出租给乙方使用，但地下资源、埋藏物和市政公用设施均不属土地使用权的出租范围。

2. 租赁地块的总面积为＿＿＿＿＿亩（折合＿＿＿＿＿平方米）。

3. 租赁地块的四至范围由附件一之附图确定。该附图经甲乙双方盖章确认有效。

4. 在签订本合同之前，在租赁地块上已经存在的建筑物、构造物及建筑附着物的所有权归甲方所有，具体数量、位置及其他概况详见附件二《租赁地块上的建筑物、构造物、建筑附属物清单》，该附件经甲乙双方盖章确认有效。

二、对于租赁地块，乙方承诺其承租该地块仅用于＿＿＿＿＿＿＿＿＿＿＿＿＿＿。

三、租赁期限

1. 租赁期限为＿＿＿＿年，从＿＿＿＿年＿＿月＿＿日起至＿＿＿＿年＿＿＿＿月＿＿＿＿日止。

2. 在本合同约定的租赁期限届满前，乙方如需继续承租该地块的，应当于本合同约定的租赁期限届满前3个月向甲方提出续租申请，并在双方就续租事宜协商一致后，另行签订书面的租赁合同。

四、租金

1. 租金的计算方式：每年每平方米人民币＿＿＿＿＿元，年租金总额为人民币＿＿＿＿＿元（大写：＿＿＿＿＿＿＿＿元）。

2. 本合同租金采用先付后用、按12个自然月为一个结算周期的方式支付，在本合同签订后＿＿＿＿＿日内一次性支付第一个结算周期的租金，共计人民币＿＿＿＿＿元；在租赁合同下一个结算周期开始前30天内，乙方一次性支付下一个结算周期的租金。

3. 在租赁期间，如遇有国家政策调整，则甲方有权对租金进行相应的调整。如果乙方不接受甲方对租金进行调整的，则甲方有权单方提前终止本合同，并提前收回本合同项下的国有土地使用权；在此情形下，乙方按实际使用天数支付租金，并应在收到甲方提前终止本合同的书面通知后3个自然日内返还本合同项下的国有土地使用权及租赁地块上的建筑物、构造物及建筑附着物等。

4. 乙方将租金支付至甲方以下的银行账户：

账户名称：

账号：

开户行：

五、甲方于_____年_____月_____日前将符合本合同约定的租赁地块交付乙方使用。

六、租赁地块的开发利用

1. 在租赁期限内，乙方未经甲方事先书面同意，不得在该租赁地块上新建永久性建筑物；若乙方对租赁地块的开发利用需要有关部门审批的，乙方在未取得有关政府部门书面的审批同意意见前，不得对租赁地块进行相应的开发利用。

2. 在租赁期限内，乙方如需改变本合同规定的土地用途，须事先取得甲方的书面同意和规划行政主管部门等政府部门的书面审批同意意见，并重新签订土地使用权租赁合同，调整土地使用权租金。

七、特别约定

1. 乙方不得将本租赁合同项下的土地使用权的全部或部分以转租、转借等形式交由第三方使用，但甲方事先书面同意的情形除外。

2. 乙方不得对本租赁合同项下的土地使用权及租赁地块上的建筑物、构筑物、其他附着物进行任何形式的处分，包括但不限于转让、抵押或其他担保形式等。

3. 在本合同约定的租赁期间，因政策调整等政府原因或其他不可抗力事件导致本合同不能继续履行的，双方同意提前终止本合同，租赁地块由甲方无条件收回，租赁地块上的建筑物、构造物及其他附属设施归甲方所有，并按照如下方式处理相关问题。

（1）乙方按实际使用的天数支付当期的租金，甲方在扣除乙方应付的租金及其他款项后，将当期乙方已支付的剩余的租金无息退还给乙方。

（2）日租金＝年租金/360。

4. 乙方要求提前终止本合同的，应当提前60个工作日书面告知甲方，甲方同意解除本合同的，则本租赁合同终止，乙方无权要求甲方退还已交租金，甲方收回土地使用权，同时乙方应当向甲方支付相当于本合同总价款20%的违约金。

5. 双方根据法律规定，依法缴纳各自应承担的税费。

6. 乙方应在本合同终止后3个自然日内返还本合同项下的国有土地使用权及租赁地块上的建筑物、构造物及建筑附着物等，若在租赁期内，前述租赁物发生毁损的，乙方应当就甲方由此遭受的全部损失进行赔偿。若乙方迟延返还本合同项下的国有土地使用权及租赁地块上的建筑物、构造物及建筑附着物等的，乙方应按日租金三倍的标准向甲方支付租赁物的使用费，同时，甲方有权采取强制措施，强制收回本合同项下的国有土地使用权及租赁地块上的建筑物、构造物及建筑附着物等。

八、违约责任及合同的解除

1. 甲方未按本合同的约定交付租赁地块的，乙方可以解除租赁合同。

2. 乙方未按本合同约定支付租金的，甲方有权责令乙方限期支付，并按每日年租金1%的标准计收逾期付款违约金；乙方逾期30个自然日仍未支付租金的，甲方有权解除本合同、提前收回租赁地块，并要求乙方支付逾期付款违约金。

3. 乙方有下列情形之一的，甲方有权单方提前解除本合同，乙方已支付租金甲方有权不予退还并提前收回租赁地块。

（1）乙方未按本合同约定的土地用途使用租赁地块的。

（2）未经甲方事先书面同意，乙方将本租赁合同项下的土地使用权的全部或部分以转租、转借等形式交由第三方使用的。

（3）未经甲方事先书面同意，乙方对本租赁合同项下的土地使用权及土地地块上的建筑物、构筑物、其他附着物进行任何形式的处分的，包括但不限于转让、抵押或其他担保形式等。

（4）乙方违反本合同的约定及法律、法规、规章等规定，对租赁地块进行开发利用的。

九、争议的解决

1. 双方均应自觉遵守中华人民共和国有关法律法规履行本合同各项条款。本合同未尽事宜，由双方另行签订书面补充协议。补充协议与本合同内容不一致的，以补充协议的内容为准；补充协议没有约定或约定不明的，以本合同的内容为准。

2. 因本合同发生的一切纠纷，甲、乙双方应及时协商解决；协商不成的，任何一方均可向甲方所在地有管辖权的人民法院提起诉讼。

十、保密

1. 乙方对在本合同签订、履行过程中接触到的甲方的任何资料、文件、数据（无论是书面的还是电子的），负有为甲方保密的责任。未经甲方事先书面同意，乙方不得以任何方式向任何第三方提供或透露。

2. 甲方向乙方提供的任何资料、文件和信息及前述信息资料的任何载体，在本合同终止后，乙方均应及时归还甲方或按甲方要求销毁，若采用销毁方式的，乙方应在销毁后24小时内向甲方提供销毁的证明材料。

3. 乙方及乙方人员违反上述保密规定的，乙方应向甲方支付相当于本合同总价款20%的违约金，违约金不足以弥补甲方损失的，乙方还应赔偿甲方由此遭受的全部损失。

4. 以上1、2、3款在合同终止后继续有效。

十一、通知与送达

1. 甲、乙双方关于本合同履行及相关事宜的通知，应当按照本合同载明的地址发出。如果以特快专递或者挂号信形式寄送的，自发出之日起第三日视为送达之日。

2. 在合同有效期内，任何一方的联系方式发生变更的，应当及时通知对方，否则因此产生的一切不利后果由该方自行承担。

　　十二、本合同自甲、乙双方签字盖章后生效

　　十三、本合同一式二份，甲、乙双方各执一份，具有同等法律效力

　　十四、本合同签订地点

　　十五、本合同附件如下（附件是本合同不可分割的组成部分，与本合同具有同等的法律效力。）

　　附件一：

　　附件二：

甲方：	乙方：
法定代表人：	法定代表人：
地址：	地址：
邮政编码：	邮政编码：
联系方式：	联系方式：

年　　月　　日

附录十六

国有土地使用权抵押合同（格式）

抵押人：_____（义务人，下称甲方）

抵押权人：_____（权利人，下称乙方）

甲方为了贷款，依据《中华人民共和国城市房地产管理法》《中华人民共和国城镇国有土地使用权出让和转让暂行条例》《＊＊省抵押贷款暂行办法》《＊＊市国有土地使用权抵押管理暂行办法》等法律、法规、规定，甲方将国有土地使用权抵押予乙方，作为还款的保证，为明确双方责任，恪守信用，双方遵循自愿、互利、公平、诚实的原则，经共同协商，特订立本合同。

第一条 宗地坐落于_____县_____，面积_____平方米，土地用途_____用地，使用年限_____年另___月，自___年___月___日起到_____年___月___日止。土地使用证编号：____国用（　　）字第___号。国有土地使用权类型为_____。

经评估，并由_____县自然资源局确认土地使用权总价值为（人民币）_____元，大写_____；许可抵押限额为（人民币）_____元，大写_____。该宗地曾于____年___月___日抵押予_____，期限为_____年_____月_____日起到_____年___月___日止，担保债务为（人民币）_____元，大写_____。

第二条 甲方根据《土地使用权抵押许可证》许可抵押的限额，将上述土地使用权全部（部分）抵押给乙方，抵押土地范围已经双方确认（见附图）。

第三条 本次担保价值为（人民币）_____元，大写_____。

第四条 设定抵押之土地使用权担保范围为被担保债务的本金、利息、罚金、违约金及有关税费。

第五条 抵押期限：_____年另___月，自___年___月_____日起至_____年_____月_____日止。

第六条 抵押期间，已设定抵押的土地使用权由甲方占管。甲方应保证土地的完整。甲方在占管期间，未征得乙方书面同意，不得改变土地用途，土地及地上附着物不得转让、出租、抵押及作其他权属处分，乙方对抵押物有检查监督权。

第七条 发生自然灾害造成抵押物和附着物毁损时，甲方应采取有效措施，减少损失，并及时通知乙方。

第八条 抵押期间，甲乙双方的任何一方因企业兼并、更名、分立或死亡时，应通知对方并由新的企业或继承人、遗产受赠人继续履行本合同。根据国家的有关规定，落实债务、债权关系，承担本合同的权利、义务，并于发生变更后30日内共同向原登记机关办理抵押变更登记。

第九条 需要变更合同条款或解除合同的，当事人需以书面形式通知对方，得到对方书面认可后，应签订本合同补充文本，否则为违约。任何一方无权单方面变更、解除合同。

第十条　甲方逾期不能履行债务或未按抵押合同规定履行债务，乙方有权依法向登记机关申请处分抵押的土地使用权。

第十一条　乙方申请处分抵押土地使用权时，应当书面通知甲方和其他当事人。

第十二条　乙方可采取转让方式处分抵押物，也可委托土地所在地的市、县国土管理部门处分抵押物。

第十三条　处分抵押土地使用权所得价款，按下列顺序分配：

（一）支付处分抵押物的费用；

（二）扣缴抵押物应当缴纳的税费；

（三）支付划拨土地使用权应缴纳的土地出让金；

（四）偿还抵押权人债权本息、罚息及违约金；

（五）剩余价款交还抵押人。

第十四条　双方约定的其他事项。

第十五条　本合同签订之日起十五日内，甲、乙双方应向县自然资源管理部门申请抵押登记，甲方向县自然资源管理部门交押《国有土地使用证》，乙方领取《他项权利证明书》。

第十六条　甲、乙双方在履行合同中发生争议，应协商解决；协商不成的，任何一方可依法向＿＿＿＿县自然资源管理部门申请调解，或申请仲裁，也可向人民法院起诉。

第十七条　甲方债务履行完毕，抵押合同即告终结。甲、乙双方应于履行终结之日起15日内向原登记机关办理抵押注销登记。

第十八条　抵押合同期满，经甲、乙双方当事人协商同意，抵押合同可延期或续期，并报原登记机关备案。

第十九条　本合同经双方签字盖章，并经＿＿＿＿县自然资源管理部门登记后生效。

第二十条　本合同及补充协议、附件一式三份，甲、乙双方各执一份，登记部门一份。

甲方（盖章）：　　　　　　　　　　乙方（盖章）：

法定代表人（签字）：　　　　　　　法定代表人（签字）：

银行账号：　　　　　　　　　　　　银行账号：

法定地址：　　　　　　　　　　　　法定地址：

委托代理人（签字）：　　　　　　　委托代理人（签字）：

签约时间：　　　　年　　月　　日

签约地点：＿＿＿＿＿＿＿＿＿＿

附录十七

农村村民宅基地申请审批表

年第　号

申请人姓名			乡（镇）			村	
现住址						联系电话	
申请用地理由					申请人签名： （盖章） 　　年　月　日		
申请户基本情况	申请人及家庭人员情况	姓名	性别	年龄	与申请人关系	职业	与老人及其他人员居住情况
现有住房情况	位置						
	面积（m²）				间数		
	平面布置示意图						
其他情况		是否出卖过住房			是否出租住房		
村民（代表）大会表决情况		应到人数			实到人数	同意人数	
张榜公布情况		公布时间			公布地点	村民意见	
村委会审核意见					盖章 村主任（签字）： 　　年　月　日		

(续表)

拟批准占地情况	宅基地四至	东至：		南至：	
		西至：		北至：	
	宅基地	东西长（m）：	南北长（m）：	面积（m²）	
	平面图				

乡（镇）人民政府审核批准意见	盖章 主管领导（签字）： 　　年　　月　　日

参考文献

[1] 李凌. 建设用地管理［M］. 北京：化学工业出版社，2008.
[2] 甘藏春. 社会转型与中国土地管理制度改革［M］. 北京：中国发展出版社，2014.
[3] 张跃松，杨洪涛. 地产经营与管理［M］. 北京：中国人民大学出版社，2005.
[4] 周江. 城市土地管理［M］. 北京：中国发展出版社，2007.
[5] 范兰礼. 农村土地管理与实务［M］. 北京：中国农业科学技术出版社，2011.
[6] 陆红生. 土地管理学总论［M］. 北京：中国农业出版社，2015.
[7] 吴均，李朝阳. 城市建设用地节约集约利用制度体系建设与实践［M］. 天津：南开大学出版社，2015.